CineActive 1

Jukka Halttunen

CINEACTIVE 1

FSC
www.fsc.org
MIX
Paperi vastuul -
lisista lähteistä
Paper from
responsible sources
FSC® C105338

Kustantaja: BoD – Books on Demand, Helsinki, Suomi
Valmistaja: BoD – Books on Demand, Norderstedt, Saksa

ISBN 978-952-80-8206-4

Kannen kuva: Felix Mooneeram

Sisällys

JOHDANTO

Kuuluin kauan sitten kaveriporukkaan, joka harrasti intohimoisesti elokuvia ja alkoi säännöllisin väliajoin kokoontua katsomaan niitä porukalla pitkinä yli yön kestävinä maratoneina. Tyypillisesti katseluputki avautui myöhään lauantai-iltapäivänä ja päättyi vasta sunnuntaiaamuna. Katsottujen elokuvien pituudesta riippuen niitä ehdittiin nähdä kahdeksasta kymmeneen kappaletta, tosin katsojien vireys ei ollut välttämättä koko tuota aikaa parhaalla mahdollisella tasolla.

Ensimmäinen tällainen elokuvamaraton pidettiin 2. - 3. marraskuuta 1991 ja ensimmäinen tuolloin katsottu elokuva oli Kanadan body horror -mestari **David Cronenbergin** ohjaama *Dead Ringers* (1988). Kun perinne päättyi runsaat 20 vuotta myöhemmin, 5. - 6. toukokuuta 2012, viimeisenä katsottu elokuva oli **Richard T. Heffronin** ohjaama *Futureworld* (1976). Näiden päivämäärien välissä olimme katselleet yhteensä 724 pitkää draamelokuvaa sekä niiden lisäksi toista sataa dokumentti- ja lyhytelokuvaa.

Vaikka kaveriporukan kanssa katselu päättyi tuohon, minua viehätti edelleen ajatus katsella elokuvia pidempinä putkina kerrallaan. Vain kolme kuukautta viimeisen yhteisen elokuvamaratonin jälkeen aloitin omat henkilökohtaiset pikkumaratonini katselemalla 22. elokuuta yhdessä illassa peräjälkeen kolme elokuvaa. Tuolloin näin **Peter Bergin** tuolloin tuoreen tehoste-elokuvan *Battleship* (2012), **Xavier Gensin** lähes katselukelvottoman ydinsotapainajaisen *The Divide* (2011) sekä **Ken Russellin** tieteisfilmin *Altered States* (1980).

Elokuvien katselu yksin on tietysti aina hiukan tylsempää kuin kaveriporukan kanssa, mutta uusi käytäntö tuntui silti ihan mukavalta korvikkeelta vanhalle. Kokeilin samaa uudelleen syyskuun 4. ja 12. päivinä ja totesin homman toimivan.

Aluksi omat pikkumaratonini käsittivät tyypillisesti vain kolme elokuvaa ja kestivät suunnilleen viidestä viiteen ja puoleen tuntia per ilta. Myöhemmin laajensin formaattia ja olen nyt jo pitkään katsonut elokuvia noin seitsemän tunnin ja viidentoista minuutin mittaisissa putkissa. Pääsääntöisesti tuossa ajassa ehtii katsoa neljä elokuvaa peräjälkeen, toisinaan vain kolme jos katsottavat nimikkeet ovat kovin pitkiä. Toisinaan jopa viisi jos kaikki kestävät vain vajaat puolitoista tuntia, mutta tämä on varsin harvinaista.

Omat elokuvaputkeni ovat tätä kirjoitettaessa (toukokuun alussa 2024) jatkuneet säännöllisinä pian jo kahdentoista vuoden ajan. Niiden suorituspaikka on kotini kellarikerros, jonne on rajattu likimain 24 neliömetrin laajuinen kotiteatteri. (Tilaa olisi paljon enemmänkin, mutta projektorin valovoima asettaa rajoituksia sille miten suurelta kankaalta elokuvia kannattaa katsoa.)

Myös viimeiset kaveriporukan elokuvamaratonit järjestettiin tässä samassa tilassa ennen niiden loppumista kokonaan. Elokuvat heijastuvat 150-tuumaiselle valkokankaalle, joka täyttää yhden seinän lähes kokonaan. Käytössä on järjestyksessä jo kolmas projektori, joka tarjoaa natiivia 4K-kuvaa, pino levysoittimia, Apple TV 4K -mediatoistin sekä 7.1 -muotoinen surround-kaiutinsetti. Kotiteatterivahvistin tukee kaikkia monikanavaisia ääniformaatteja Dolby Atmos mukaan lukien.

Elokuvaan keskittyminen yksin tällaisessa ympäristössä ei häviä paljoakaan vastaavalle kokemukselle kaupallisessa elokuvateatterissa. Itse asiassa se jopa päihittää sen monessa suhteessa, koska paikalla ei ole häiritsevää muuta yleisöä potkimassa istuintani, pelailemassa puhelimellaan ja keskustelemassa keskenään. Lisäksi käytössäni on pause-näppäin taukoja varten.

Jatkettuani näitä yhden hengen elokuvamaratoneja tarpeeksi kauan mieleeni tuli, että voisin kirjoittaa niistä myös arvioluonteisia muistiinpanoja. Tämän aloitin joskus pari, kolme vuotta sitten ja arvosteluja on tähän päivään mennessä kertynyt melkoinen määrä.

Hiljattain mieleeni tuli, että kun noita arvioita oli kertynyt itse asiassa jo aika paljon, voisin koostaa niistä vaikka kirjan ja antaa sille nimen *CineActive 1,* koska varmaan kirjoitan niitä jatkossakin jolloin myös *CineActive 2* valmistunee jossakin vaiheessa.

Tämä kirja sisältää siis suurelta osin yksityisten elokuvamaratonieni aikana katsomieni elokuvien arvioita, painottuen katseluihin vuoden 2023 alusta vuoden 2024 kevääseen. Arvostelujen ote on kaukana haudanvakavasta; ne on monin paikoin kirjoitettu kieli tukevasti poskessa ja kommentit saattavat elokuvan lisäksi liittyä tavalla tai toisella myös katselutilanteeseen, elokuvien fanikulttuuriin sekä katsotun tallenteen teknisiin ominaisuuksiin.

Viimeksi mainittu pätee erityisesti uusiin 4K Ultra HD -julkaisuihin, joiden teknisen toteutuksen kommentointi itse elokuvan ohella on enemmän sääntö kuin poikkeus.

CineActive oli alun perin Filmifriikki Oy:n vuosina 1999 ja 2000 lyhyen aikaa kustantama elokuvafanzine, jonka päätoimittajana tuolloin toimin. Sitä julkaistiin vain kaksi numeroa, 1/1999 ja 1/2000. Tarkoitukseni on poimia omia tekstejäni myös sieltä näihin Cine-Active -kirjoihin. Nyt ensimmäisellä kerralla en vielä niin tehnyt, koska tekstejä oli muutenkin runsaasti.

Jokaisen arvion ohessa on tieto käsiteltävän elokuvan viimeisimmästä katselupäivämäärästä sekä tieto katsotusta versiosta: levyn formaatti tai streaming-palvelu jota käytin. Lisäksi elokuvista on vakioidusti näkyvillä sen nimi, ohjaaja, pääosien näyttelijät, valmistusmaa ja -vuosi, sekä oma arvioni elokuvasta asteikolla 1 - 10:

10	**Mestariteos!**
9	**Loistava**
8	**Erittäin hyvä**
7	**Melko hyvä**
6	**Tyydyttävä**
5	**Siedettävä**
4	**Melko huono**
3	**Erittäin huono**
2	**Tyrmistyttävän huono**
1	**Jätettä**

Elokuvat on aseteltu kirjassa ikäjärjestykseen siten, että aloitetaan vuosikymmenten takaa ja päädytään aivan lopussa kaikkein uusimpiin teoksiin. Jokaisen arvion alussa on infolaatikko ja kuva joko elokuvan julisteesta tai videojulkaisun kannesta, pääsääntöisesti jälkimmäisestä.

Lisäksi olen käyttänyt arvioiden ohessa seuraavanlaisisa symboleita tarpeen mukaan:

Tämä symboli tarkoittaa, että arviotekstissä on käytetty poliittisesti epäkorrekteja ilmaisuja, joista on mahdollista triggeröityä. Etenkin nuorten lukijoiden kannattaa varoa.

Tämä symboli tarkoittaa, että arviotekstissä avataan elokuvan tapahtumia niin yksityiskohtaisesti, että se saatetaan kokea spoilaamisena. Jos et ole nähnyt elokuvaa, varo.

Tämän johdannon lopuksi vielä taustatietoja itsestäni. Aloitin elokuvien harrastamisen vakavassa mielessä jo 1970-luvun loppupuolella, minkä jälkeen siitä muotoutui intohimo 1980-luvulle tultaessa. Jatkuva elokuvateattereissa käynti ja elokuvakerhojen tarjonnan koluaminen laajenivat myös kotikatseluharrastukseksi kun kotivideot yleistyivät noin vuosina 1982 - 1983. Hankin ensimmäisen oman videonauhurini kesällä 1984.

Alkuaikoina olin erityisesti kauhuelokuvan ystävä, mikä varmasti näkyy läpi joistakin tämän kirjan arvioista. Kauhuelokuvien yliedustus ainakin tässä ensimmäisessä kirjassa on aikamoinen.

Taustalla on turhautuminen 1980-luvulla Suomessa säädettyyn videosensuurilakiin, jonka takia aloin hankkia suosikkieni leikkaamattomia versioita videokasetteina ulkomailta jo vuonna 1986. Kauhun lisäksi suosin myös väkivaltaista toimintaa. Siis kaikkea sitä mitä vallanpitäjät eivät olisi halunneet meidän näkevän. Kiitti vaan vitusti, **Sirpa Pietikäinen**.

Kehitys johti kauhukulttuuria edistävän ja videosensuuria kaikin keinoin vastustavan yhdistyksen, Dark Fantasy ry:n perustamiseen elokuussa 1991. Melko pian tämän jälkeen minusta tuli ensimmäistä kertaa päätoimittaja, kun kauhufanzine Gorehound siirtyi yhdistyksen kustantamaksi seuraavan vuoden puolella. Elokuva-arvosteluja olin kirjoittanut jo lehden aloituksesta alkaen keväällä 1990.

Gorehoundiin kirjoittaminen ja lehden päätoimittaminen kesti osaltani vain vuoden 1995 loppuun, jonka jälkeen seurasi muutaman vuoden tauko. Paluu sekä elokuvien arviointiin että päätoimittamiseen tapahtui keväällä 2001, kun minua pyydettiin yhdistyksen tuolloin aloittaman Hohto -lehden päätoimittajaksi. Nimestä huolimatta tuo lehti ei keskittynyt enää pelkästään kauhuelokuviin vaikka lajityyppi saikin sen kansien välissä paljon huomiota.

Yhdistyksen kustantamana Hohtoa julkaistiin lopulta vain kaksi numeroa, molemmat vuonna 2001, ennen kuin lehtikustantaminen siirtyi kokonaan oman kustannusyhtiön hoitoon. Olin yksi tuon yhtiön neljästä perustajasta ja osakas. Tuolloin elokuvakirjoittamisesta tuli ylivoimaisesti aikaavievin harrastukseni.

Tämä vaihe kesti aika tarkalleen neljä vuotta ja huipentui vuoden 2005 keväällä Hohdon kustantajan liiketoiminnan myynnillä silloiselle Como Media Oy:lle, jonka kustantama Episodi on edelleen Suomen suurin ja nykyään ainoa puhtaasti kaupalliselta pohjalta toimiva elokuvalehti. Hohdon ostettuaan siitä tuli toki Suomen suurin jo silloin. Toimin Episodin vastaavana päätoimittajana runsaan vuoden ajan, kesäkuun alusta 2005 elokuun loppuun 2006 ennen kuin lähdin omille teilleni.

Sen jälkeen en ole enää kirjoittanut elokuva-arvioita säännöllisesti muuten kuin omaksi ilokseni, lukuun ottamatta lyhyttä avustajuutta Hifimaailma -lehdelle 2010-luvun alussa. Elokuvakirjoittaminen on kuitenkin edelleen kutsumukseni ja lisäksi se on muutenkin vähän kuin polkupyörällä ajo, ei sen tekniikoita unohda kun sen kerran on oppinut.

Yritin joskus kirjoittaa Hohtoon arvioita myös soundtrack-levyistä, mutta siitä ei tullut yhtään mitään. Elokuvia arvioidessani minulla on aina valmiina eräänlainen "työkalupakki", jota käyttäen saan aikaiseksi suhteellisen pätevän arvion. Riippumatta siitä, millaisen elokuvan olen nähnyt, aina sieltä löytyy sopiva väline jota käyttämällä se syntyy. Musiikin arviointiin tuo sama välineistö ei sopinut ollenkaan.

Tosin tässä kirjassa tuota työkalupakkia käytetään hyvinkin joustavasti. Itse asiassa se on monin paikoin kokonaan unohdettu, koska tässä kirjassa minun ei ole edes tarkoitus kirjoittaa asiallisia arvioita jotka voisi julkaista alan lehdessä. Elokuvia katsoessa oli hauskaa, ja haluan tämän kirjan arvioiden henkivän tuota hauskuutta.

Kirjoitankin täysin vapaamuotoisesti ja monen mielestä ajoittain miltei asiattomasti, riippuen siitä miten kohteena oleva elokuva on vaikuttanut katselukokemukseen. Kirjoittaja erottuu monin paikoin arviosta eikä objektiivisuuteen välttämättä aina pyritä. Kirjoittaminen on kivaa ja toivottavasti lukeminen on myös.

Seuraavassa elokuva-arviot on, kuten jo edellä todettiin, järjestetty tiukasti ikäjärjestykseen: vanhin ensin, uusin viimeisenä. Sen lisäksi ne on myös ryhmitelty erillisiin lukuihin vuosikymmenittäin. 1950- ja 1960-luvut jakavat yhteisen luvun, koska tuolta ajalta elokuvia on mukana lukumääräisestä varsin vähän.

Viime aikoina olen katsonut enimmäkseen melko uusia elokuvia, joten vuosilta 2022 ja 2023 olevia elokuvia on mukana todella paljon. Tarkoitukseni on todennäköisissä tulevissa CineActive -kirjoissa noudattaa täsmälleen samanlaista järjestystä ja ryhmittelyä. Nyt ensimmäisellä kerralla saadaan ikään kuin karkea käsitys eri vuosikymmenten tarjonnasta, joka seuraavissa kirjoissa tarkentuu tarkentumistaan. Parhaassa tapauksessa CineActive 2 tulee saataville jo vuoden kuluttua, mikäli kirjoitustahtini säilyy hyvänä.

Näillä johdantosanoilla, tervetuloa elokuvien sekä etenkin niiden katselukokemusten ihmeelliseen maailmaan.

1950- JA 1960-LUVUT

PATHS OF GLORY
USA 1957
Ohjaus: Stanley Kubrick
Pääosissa: Kirk Douglas, Ralph Meeker, Adolphe Menjou
Katsottu: 23.4.2024
Formaatti: 4K Ultra HD

9

Näin **Stanley Kubrickin** neljännen pitkän elokuvan ensi kertaa jo varsin nuorella iällä televisiosta ja se teki minuun suuren vaikutuksen jo silloin. Nyt kehitys on sitten huipentunut Eurekan hienoon 4K UHD -julkaisuun.

Paths of Gloryn edellinen katselukerta oli Criterionin blu-rayn läpikäynti tuon julkaisun ollessa uunituore, 2. marraskuuta 2010. Nyt mustavalkoinen sotaklassikko levisi kankaalle todella terävällä mutta myös varsin rakeisella UHD-kuvalla. Kolmentoista ja puolen vuoden mittainen tauko katseluissa oli saanut unohtamaan joitakin elokuvan yksityiskohtia, jotka oli nyt mukava palauttaa mieleen. Pääpiirteissään tarinan toki muistin.

Ensimmäisen maailmansodan aikana vuonna 1916 ranskalaisten kenraalien päätettyä komentaa joukkonsa täysin mahdottomaan hyökkäykseen kohti saksalaisten asemia tässä ei tietenkään onnistuta. Syyllisiä on rangaistava, eivätkä syyllisiä tietenkään ole kenraalit vaan hyökkäyksessä epäonnistuneet sotilaat, joiden joukosta poimitaan kolme sijaiskärsijää sotaoikeuteen ja sieltä edelleen teloituskomppanian eteen.

Kubrick ivaa tavoilleen uskollisesti puhtaasti asemavaltaa käyttäviä turhamaisia johtajia ja osoittaa, miten absurdeihin tilanteisiin poikkeusoloissa voidaan päätyä. **Joe Turkelin** (*Hohdon* hovimestari ja *Blade Runnerin* Tyrell) pahasti vammautunut sotilas joudutaan nostamaan teloitusta varten paareineen pystyasentoon jotta tämä voidaan ja ehditään ampua ettei henki vain ehdi mennä vahingossa jo muutenkin. Tässä kohtaa Kubrickin satiiri on mustimmillaan.

Paths of Glory on nyt vanhin Kubrick, joka löytyy hyllystäni 4K-formaatissa. Muut ovat *Spartacus, Dr. Strangelove, 2001, Kellopeliappelsiini, Hohto* ja *Full Metal Jacket.* Eipä siitä enää jääkään kovin monta puuttumaan.

En tiedä miksi olen merkinnyt tälle viimeksi vain kahdeksikon, ehkä katsoin silloin jotenkin väärin, onhan tämä kuitenkin itsestäänselvästi 9 pisteen elokuva.

RIO BRAVO
USA 1959
Ohjaus: Howard Hawks
Pääosissa: John Wayne, Dean Martin, Angie Dickinson
Katsottu: 8.12.2023
Formaatti: 4K Ultra HD

9

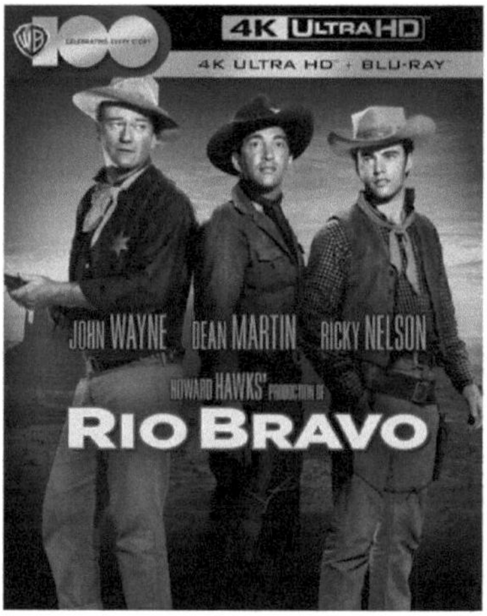

John Waynen tähdittämä klassikkowestern näytti 4K:na varsin hyvältä, mutta ei ihan hirmuisen paljon paremmalta kuin blu-ray, jonka jo ennestään omistin. Kuten jostakin syystä vanhojen elokuvien kohdalla lähes aina, jotkut yksittäiset kohtaukset ovat hädin tuskin edes DVD-tasoa, mutta heti seuraavan leikkauksen jälkeen ollaan taas kohtuullisen hyvällä 4K-tasolla.

Rio Bravon tarina on mieltäylentävä heikompien taistelu oikeuden puolesta vahvempia vastaan. Waynen näyttelemä sheriffi Chance pidättää paikallisen mahtimiehen kelvottoman veljen murhasta, vaikka näin ei saisi periaatteessa tehdä – rikkaiden pitäisi saada olla lain yläpuolella kelvottomuuden asteesta riippumatta.

Chance pitää kuitenkin päänsä ja haluaa pitää roiston sellissä siihen asti kunnes liittovaltion sheriffi ehtii paikalle. Kaupunki katsoo tätä hieman epäuskoisena, mutta sheriffillä on apunaan eriparinen sidekick-joukko: sarkastisia kommentteja huuteleva rampa vanhus, juopotteleva entinen revolverisankari (**Dean Martin**) sekä nuori pyssysankari, jossa oikeudentunto palaa erityisen voimakkaana.

Ei näytä todennäköiseltä, että sheriffi tulisi voittamaan tämän taistelun mutta sitä hän kuitenkin yrittää. Oman mausteensa tähän keitokseen tuo kaupunkiin pysähtynyt kiertävä revyytyttö (**Angie Dickinson** ihastuttavimmillaan), jonka romanttinen kiinnostus jäyhää sheriffiä kohtaan on pian ilmiselvää.

Perinteisten kirkasotsaisten, vanhan kansan länkkärien sarjassa *Rio Bravo* on tietenkin yksi maailmanhistorian todellisista huipuista, äärimmäisen viihdyttävä elokuva jossa Wayne on parhaimmillaan.

On tietysti myös toisenlaisia länkkäreitä, kuten hikiset ja nihilistiset italowesternit. Niiden kuningas on hiljattain katsomani *Hyvät, pahat ja rumat,* johon palaamme pian; sekä revisionistiset westernit joissa cowboyt ovat pahiksia ja intiaanit hyviksiä - niiden kirkas ykkönen on suurin suosikkini koko lajityypissä eli *Pieni suuri mies.*

Rio Bravossa miehet ovat miehiä ja naiset heidän nöyriä ihailijoitaan, eikä siinä sinänsä ole tietenkään mitään väärää. Kyseessä on vain ajan kuva. Sekä Angie Dickinson että **Ricky Nelson** palkittiin rooleistaan Golden Globella sittemmin lakkautetuissa sarjoissa Most Promising Newcomer – Female / Male. Ohjaajalegenda **Howard Hawks** puolestaan voitti DGA:n palkinnon parhaasta ohjauksesta. Komeaa työtä, vähän niin kuin nautittava romaani jonka pariin palaa mielellään.

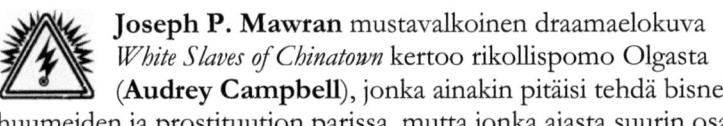

Joseph P. Mawran mustavalkoinen draamaelokuva *White Slaves of Chinatown* kertoo rikollispomo Olgasta (**Audrey Campbell**), jonka ainakin pitäisi tehdä bisneksiä huumeiden ja prostituution parissa, mutta jonka ajasta suurin osa menee kapinoivien naispuolisten alaistensa kurittamiseen.

Jo johdantojuonnossa Olgan luonne tehdään katsojalle selväksi: *"She made sadism her full time business."* Elokuvan alettua kävi nopeasti ilmi, että sen juoni oli ohjaajalle yhdentekevä. Pääasia oli, että hän sai kuvattua mahdollisimman paljon kohtauksia, joissa oli sidottuja naisia alusvaatteisillaan.

WHITE SLAVES OF CHINATOWN
USA 1964
Ohjaus: Joseph P. Mawra
Pääosissa: Audrey Campbell, Marlaiana Abbie, Gigi Darlene
Katsottu: 20.2.2023
Formaatti: DVD

5

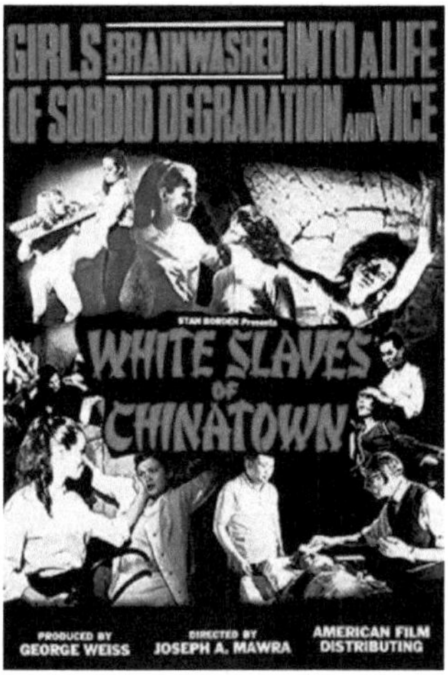

White Slaves of Chinatown ei juuri sisällä dialogia, ainoastaan kertojanäänen. Dramaattisin äänenpainoin tämä hehkuttaa Olgan määrätietoista pahuutta. Lisäksi taustalla soi suurimman osan aikaa musiikkia, josta ei luultavasti ollut maksettu paljon. Kuulosti siltä, kuin se olisi nauhoitettu salaa kiinalaisten paraatissa.

Vaikka tarina selvästi sijoittui nimenomaan New Yorkin Chinatowniin, sen oli helppo päätellä olevan yleispätevä, universaali kertomus. *"Sooner or later they all became white slaves"*, vahvisti kertojakin esitellessään kuvissa Olgan vangeiksi joutuneita naisia.

Olgalla oli omat kurinpitomenetelmänsä, jolla kapinalliset laitettiin ruotuun. Tässä auttoi kiinnittäminen erilaisiin kaakinpuihin ja muihin vastaaviin laitteisiin. Kääntöpuolena tässä oli tietenkin, että kun kaikki naiset oli kiinnitetty lautoihin, ei heistä kukaan pystynyt tekemään töitä. Tämä oli käsikirjoittajalta selvästi unohtunut. Toisaalta ohjaajalle se oli varmasti muutenkin sivuseikka.

Kuvassa nähtävän vangitun naisen saattoi helposti ajattelevan suostua allekirjoittamaan Olgan vaatiman sopimuksen, jos taustalla soiva musiikki edes hetkeksi taukoaisi. Toinen ei kertojan mukaan ollut saanut mukaansa lainkaan vaatteita, mutta tämän maatessa tyrmässä saattoi silti erottaa, että tällä oli shortsit jalassa. Miten lienee saanut ne salakuljetettua. Kyseessä oli varmaankin elokuvasensuurin vaatimus, vaikka se samalla aiheutti loogisen virheen juonen jatkumoon.

Katsojan oli pakko pysähtyä miettimään, mikä tässä operaatiossa olikaan sidotun pääoman tuotto. Luultavasti ei kovin hyvä. Elokuva esitteli katsojille Gretan, joka päätyi sidotuksi tultuaan Olgan äkisti heränneiden seksihalujen kohteeksi. Luultavasti juuri tässä kohtaa alkoivat 1960-luvulla elokuvateatterin katsomossa sadetakit kahista.

Olga lupasi aina naisia käsitellessään saavansa nämä tekemään mitä hän haluaa. Mutta mitä hän halusi näiden tekevän? Se jäi toistuvasti epäselväksi. Ehkä Olga ei ole vielä tehnyt päätöstä sen suhteen.

Uuvuttavaa elokuvaa katsoessa ajatus harhaili ja mieleen tuli väistämättä tärkeä kysymys: kumpikohan on lopulta tunnetumpi, **Roman Polanskin** *Chinatown* vai tämä? Ainakin useampi on lauennut tätä katsoessaan. Luultavasti Polanskikin pari kertaa.

Kestettyään runsaan tunnin tämä elokuvan tapainen yhtäkkiä päättyy. Pisteet enemmänkin viihdyttävyydelle kuin elokuvallisille ansioille, joita ei juuri ole.

OLGA'S GIRLS
USA 1964
Ohjaus: Joseph P. Mawra
Pääosissa: Audrey Campbell, Rickey Bell, Dolly Simmons
Katsottu: 20.2.2023
Formaatti: DVD

4

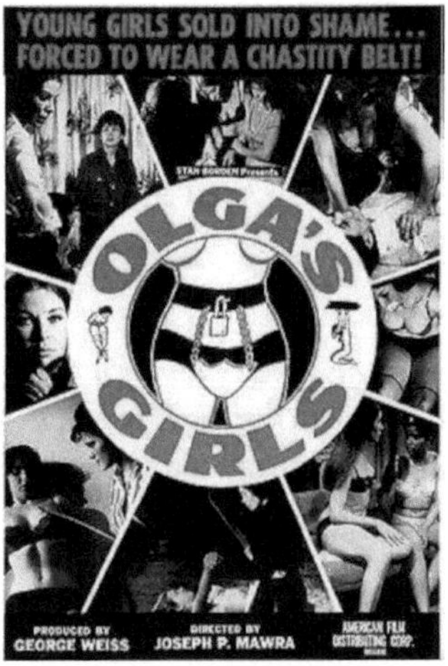

Seuraavan Olga-elokuvan kuvanlaatu on sekin oikein mainio, mutta kuva on oudosti rajattu ruudun keskelle siten, että sen kaikilla puolilla on mustat palkit. Käytössä on hieman enemmän mielikuvitusta naisten sitomisvälineiden kanssa, mutta muuten elokuva ei juurikaan eroa trilogian muista osista.

Olgan työpöydällä näkyi lepäävän vaikuttavan kokoinen ruoska. Aikamoinen orjapiiskuri tuo Olga! Loputon voiceover-kerronta käy väistämättä katsojan hermoille. Käsikirjoitus on varmaan ollut 500-sivuinen, tai sitten juontaja puhuu mitä sen mieleen tulee, eivätkä elokuvan varsinaiset tekijät vastaa sen mielipiteistä.

Yksi Olgan vangitsemista naisista, Judy oli sidottu tuoliin ja suu teipattu. Nyt puhut! Bunnyn ja Olgan loputtoman pitkän sekstailu-kohtauksen aikana saattoi helposti todeta, että elokuvan sanoma oli *love conquers all.*

OLGA'S HOUSE OF SHAME
USA 1964
Ohjaus: Joseph P. Mawra
Pääosissa: Audrey Campbell, Judy Young, W. B. Parker
Katsottu: 20.2.2023
Formaatti: DVD

4

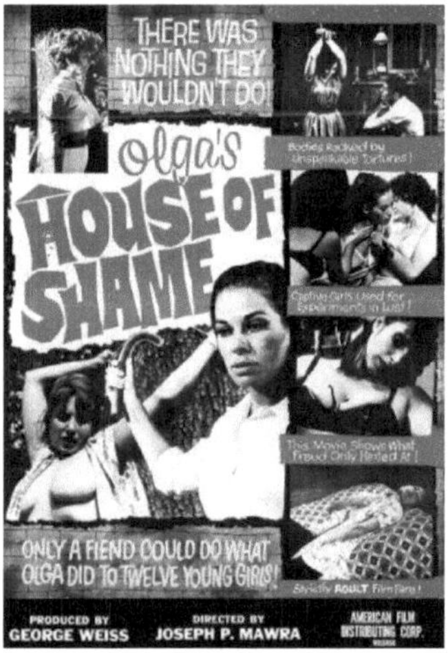

Olga's House of Shame näyttää trilogian osista kaikkein amatöörimäisimmältä, ikään kuin auteur olisi vasta löytämässä oman äänensä. Kaikkien elokuvien saatua ensi-iltansa vuonna 1964 on vaikea sanoa varmuudella, mikä niistä on oikeasti vanhin.

Sarjan muiden osien tavoin myös tämä mustavalkoinen draama kertoo rikollispomo Olgasta, jonka ainakin pitäisi tehdä bisneksiä huumeiden ja prostituution kanssa, mutta kapinoivien naispuolisten alaistensa kurittaminen vie suurimman osan hänen ajastaan. Naisia otetaan kiinni erilaisilta pakomatkoilta, sidotaan kiinni köysillä ja toisinaan heihin kohdistetaan hupaisan kökköä väkivaltaa.

Dialogia ei ole juuri lainkaan, vaan kertojanääni kuvailee tapahtumia. Juonenkin kanssa on vähän niin ja näin. Tärkeintä ohjaajalle on edelleen ollut jollakin tapaa vajavaisesti pukeutuneiden naisten köyttäminen ja kurittaminen.

Myös sarjan tämän osan taustalla kuullaan todella mieleenpainuvaa musiikkia. Olga rekrytoi selvästi ihan vääränlaista porukkaa, kun niitä pitää koko ajan olla rankaisemassa. Yhtä karkulaista jouduttiin ajamaan takaa pitkin metsiä niin kauan, että mieleen tulivat suunnistuksen S/M -kisat.

Pitkäkestoisen piiskaamisen kohteeksi joutuneen naisen takapuoli ei näyttänyt edes punaiselta! Toisaalta tämähän on kyllä mustavalkoinen elokuva, mutta takapuoli ei näyttänyt edes tummuneen. Olgan perimmäinen ongelma näytti olevan henkilöstöhallinto. On vain management by perkele, eikä mitään muuta.

THE GOOD, THE BAD AND THE UGLY
Italia 1966
Ohjaus: Sergio Leone
Pääosissa: Clint Eastwood, Eli Wallach, Lee Van Cleef
Katsottu: 28.9.2023
Formaatti: 4K Ultra HD

9

Sergio Leonen dollaritrilogian kolmas osa on aina ollut suosikkini ohjaajan koko tuotannossa. Hyvän (**Clint Eastwood**), pahan (**Lee Van Cleef**) ja ruman (**Eli Wallach**) juoksu satumaisen kulta-aarteen perässä kasvaa eeppiseksi ajankuvaksi, joka saa katsojan ihmettelemään, mikä saa meistä niin monet unohtamaan inhimillisyyden tavoitellessaan maksimaalista rahallista hyötyä.

Leone korostaa armon ja anteeksiannon merkitystä historian julmimpina aikoina, tässä taustanaan Yhdysvaltain sisällissota. Pääsemme todistamaan sotilaallisen toiminnan järjettömyyttä hiukan samantapaisesti kuin edellä arvioidussa *Paths of Gloryssa;* sen sijaan että silta vallattaisiin korkeiden upseerien vaatimuksesta, se on viisaampaa (ja inhimillisempää) vain räjäyttää.

Toistakymmentä kertaa aiemminkin nähdyn klassikkoelokuvan uusi versio on amerikkalaisen Kino Lorberin 4K UHD -julkaisu. Elokuva itsessään on niin ikoninen klassikko, että siitä on vaikea sanoa enää mitään aidosti uutta edellä kirjoitetun lisäksi. Jos nyt pari asiaa mainitaan kuitenkin.

Kun Clint tulee rehvakkaasti huoneeseen yhdessä alkupuolen kohtauksista (en enää muista tarkalleen missä niistä), näkee täysin selvästi, että käytävän toisen puolen seinä jää heilumaan, eli on siis johonkin telineeseen ripustettu kulissi.

Toinen hiukan samantapainen kohta nähdään loppupuolella, kun Clint ja Tuco lähtevät kantamaan paareilla sillan tuhoamiseen tarkoitettua räjähdelaatikkoa. Näkyy aivan selvästi, että laatikko on oikeasti tyhjä: se jopa hypähtelee epätasaisuuksien kohdalla. Näin meitä huijataan!

Klassisen westernin 4K-kuvanlaatu jättää jonkin verran parantamisen varaa. Filmirae on totisesti jätetty puhdistamatta julkaisusta ja sitähän riittää! Vaikka hyvin valaistut lähikuvat toisaalta näyttävät varsin laadukkailta, ei julkaisu kokonaisuutena ottaen ole minusta kovinkaan paljoa aiempia blu-ray -versioita laadukkaampi.

Subwoofer alkoi elokuvan alussa, tykistön ampuessa elää ihan omaa elämäänsä ja piti ärsyttävää huminaa vielä pitkään kohtauksen loputtuakin, joten otin siitä virrat pois. En tiedä onko vika elokuvan ääniraidassa vai omassa laitteistossani.

•

Epäröin jonkin aikaa Criterionin uuden *Night of the Living Dead* -4K UHD:n ostamista, koska se oli aika kallis. Mietin, kuinka paljon tällaisen public domain -elokuvan levyjulkaisusta ylipäänsä kannattaa maksaa ja kuinka paljon sen kuvanlaatu voi enää parantua.

Lopulta päädyin sen kuitenkin tilaamaan ja nyt kun levy on nähty niin on pakko sanoa että kyllä kannatti. Vanhat elokuvat eivät aina toistu hyvin 4K:ksi käännettynä, mutta tämä näytti erittäin hienolta. Suorastaan palautui mieleen miltä se näytti Helsingin Orionissa vuoden 1986 huhtikuussa, johon näytökseen ajoimme varta vasten kaverin kanssa autolla Lappeenrannasta saakka.

Alkuteksteissä muistutettiin, että elokuva kuuluu New Yorkin Modernin taiteen museon (MOMA) kokoelmiin ja sieltä kai laadukas

NIGHT OF THE LIVING DEAD
USA 1968
Ohjaus: George A. Romero
Pääosissa: Duane Jones, Judith O'Dea, Karl Hardman
Katsottu: 5.12.2023
Formaatti: 4K Ultra HD

9

kopio olikin alun perin saatu 4K-mestarointia varten. Itse elokuva lienee kaikille tuttu ja parikymmentä kertaa nähty, joten sen loistavuus on tiedossa.

Night of the Living Dead käynnistyy uhkaavassa tilanteessa, jossa hautaamattomat kuolleet ovat selittämättömästi palanneet henkiin ja uhkaavat eläviä hyökkäämällä laumoina heidän kimppuunsa pyrkien syömään heidät. Sekasortoisessa tilanteessa joukko eloonjääneitä pelastautuu autioon maalaistaloon Pennsylvanian syrjäseudulla.

Pelastautuminen ei kuitenkaan näytä sielläkään varmalta, sillä illan pimennyttyä ja yön koittaessa talon vaiheille kokoontuu suuri määrä zombeja, joiden ilmeisenä tarkoituksena on päästä sisään ja pistää poskeensa kaikki edelleen elossa olevat.

Zombie-sanaa ei elokuvassa kuulla kertaakaan, vaan elävistä kuolleista käytetään termiä *ghoul*. Loppupuolella kuullaan villi teoria siitä, että kammottava ilmiö saattaisi jotenkin liittyä kohti Venusta lähetettyyn miehittämättömään avaruusalukseen, joka oli poiminut paluumatkalla mukaansa salaperäistä säteilyä.

Kiinnitin tällä katselukerralla huomiota siihen, kuinka vauhdikkaasti alun hautausmaa-zombie (**Bill Hinzman**) ajoi takaa Barbraa (**Judith O'Dea**) verraten siihen, kuinka hitaita laahustajia myöhemmin nähtävät zombiet olivat. Kaatuessaan tätä paetessaan Barbra hukkasi molemmat kenkänsäkin.

Myöhemmin maalaistalossa Ben (**Duane Jones**) löysi jostakin tohvelit, jotka hän näytti asettelevan siinä vaiheessa katatonisessa tilassa olleen Barbran jalkoihin. Heti seuraavassa kohtauksessa tällä ei kuitenkaan ollut niitä vaan oli yhä pelkissä sukissa. Joo, tulee kiinnitettyä huomiota sivuseikkoihin kun tarinan pääkohdat osaa ulkoa.

Loistavaa työtä joka tapauksessa ja täysin ansaittu klassikon asema. Kutsuinkin tätä Facebookissa jollakin sivulla melko äskettäin mestariteokseksi. **Russell W. Streiner** (yksi elokuvan tuottajista sekä näyttelijä Barbran veljen Johnnyn roolissa) kävi henkilökohtaisesti kiittelemässä kommentistani: ”Thank you for saying so.” Nykymaailman ihmeitä!

OLGA'S DANCE HALL GIRLS
USA 1969
Ohjaus: Joseph P. Mawra
Pääosissa: Lucy Eldredge, Hattie Felder, Larry Hunter
Katsottu: 21.2.2023
Formaatti: DVD

2

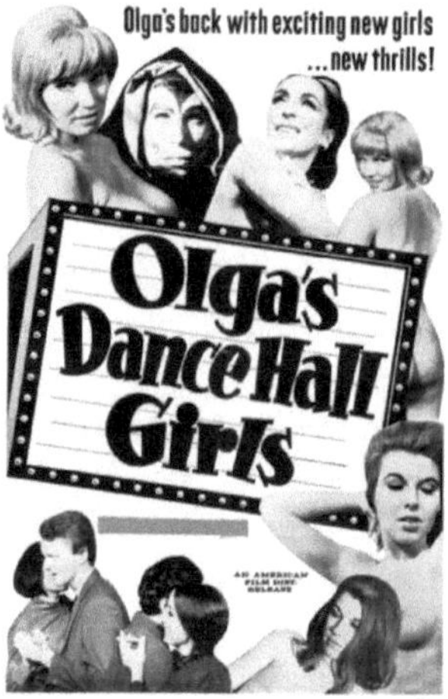

Kolme aiempaa Olga-elokuvaa katsoin putkeen. Neljäs heti perään olisi ollut liikaa, joten nukuin välillä yön yli siirryin tämän Joseph P. Mawran viimeiseksi jääneen ohjaustyön pariin vasta seuraavana päivänä.

Kolmen ensimmäisen Olgan ja tämän välissä Mawra oli ehtinyt ohjata kuusi muuta elokuvaa, kuten esimerkiksi *Chained Girls* (1965) ja *Mondo oscenitá* (1966), joista jälkimmäisessä ”Our Mondo Narrator discusses the rise of Sado Masochism in the world of cinema while showing us varied scenes of Sado Masochism.”

Mawra siis selvästikin tiesi mistä tykkää! Ohjattuaan *Olga's Dance Hall Girlsin* hän päätti tehdä kuten Tarantino ja lopettaa ohjaajanuransa huipulla, kymmenenteen teokseensa. Se olikin varmasti hyvä idea, sillä tuskin maailma olisi näitä enempää kestänyt.

Olga's Dance Hall Girls eroaa aiemmista Olga-elokuvista siinä suhteessa, ettei siinä ole enää sitomiskohtauksia ja Olgan näyttelijäkin on vaihtunut. Nyt naisia houkutellaan tanssitytöiksi ja edelleen ensin käyttämään ja koukkuun jäätyään myös diilaamaan huumeita, Olgan tietenkin kääriessä voitot kookkaisiin liiveihinsä.

Tällä kertaa elokuvassa on jopa aika paljon jopa melko pitkiäkin dialogeja ja se on todella harmi. Niiden taso on niin onneton, että Mawran olisi toivonut pysyttelevän pelkässä kertojanäänen käytössä. Se oli kikka, jonka hän hallitsi.

1970-LUKU

JOHNNY GOT HIS GUN
USA 1971
Ohjaus: Dalton Trumbo
Pääosissa: Timothy Bottoms, Jason Robards, Donald Sutherland
Katsottu: 19.2.2024
Formaatti: DVD

5

Metallican ensimmäinen musiikkivideo *One* sai ensiesityksensä musiikkikanava MTV:llä vuoden 1989 alussa. Kun näin sen ensimmäistä kertaa vuonna 1991, se tutustutti minut aiemmin käsikirjoittajana paremmin tunnetun **Dalton Trumbon** ohjaamaan pasifistiseen elokuvaan *Johnny Got His Gun,* jonka kuvastoa ja jopa dialogia Metallica käytti videossaan.

Elokuva perustuu Trumbon vuonna 1939, toisen maailmansodan alla julkaisemaan romaaniin, jonka hän on tässä nyt sovittanut myös elokuvakäsikirjoitukseksi. Kuulostaa hyvältä, ja Metallican videon perusteella erittäin kiinnostavaltakin, mutta muistan miten pettynyt olin kun katsoin tämän DVD:n ensimmäistä kertaa aivan 00-luvun alussa. Toista katseluaan odottaneiden levyjen pinosta se löytyikin ansaitusti alimmaiselta paikalta.

Kaikki kunnia sodanvastaiselle sanomalle, mutta elokuvallisesti *Johnny Got His Gun* on aikansa lapsi tajunnanvirtamaisine tarinankuljetuksineen, jossa kaikki raajansa ja puhekykynsä menettänyt nimihenkilö muistelee sotaa edeltäviä tapahtumia sekä näkee muuten vaan näkyjä kiusallisen tekotaiteellisesti esitettynä. Sanomana on tietenkin, että sota on väärin ja näinkin pahasti voi käydä jos lähtee sotimaan. Miten päättää elämä, jota ei enää halua jatkaa?

Elokuvan tarina nähtiin keskeisiltä osin jo Metallican videossa, kaikki muu on etupäässä haahuilua. En myöskään pidä nuorta, enkelikasvoista **Timothy Bottomsia** (ensimmäisessä elokuvaroolissaan) kovin onnistuneena valintana pääosaan. Takaumissa hän melkein ärsyttää ja vähentää siten itse päätarinan iskuvoimaa.

Donald Sutherland nähdään Jeesuksen roolissa, niinpä tietysti. **Jason Robards** näyttelee Johnnyn isää. Tämän rooli on antaa puheääni *the manille,* joka ajaa yhteiskunnan nuoret miehet sotimaan, ja on ehdottomasti parasta koko elokuvassa. Nuorten miesten ei tarvitse haluta sotaan; vanhat miehet kyllä tilaisuuden tullen pakottavat heidät sinne.

THE DEVILS
Iso-Britannia 1971
Ohjaus: Ken Russell
Pääosissa: Oliver Reed, Vanessa Redgrave, Dudley Sutton
Katsottu: 20.2.2024
Formaatti: MP4

9

Vain pari kuukautta *Johnny Got His Gunin* julkaisun jälkeen skandaalihakuinen brittiohjaaja **Ken Russell** sai Warner Bros. -yhtiön tuella kankaille sellaisen teoksen, että sen lyhennettykin versio kiellettiin Suomessa niin valtion elokuvatarkastamossa, valtion elokuvalautakunnassa kuin jopa korkeimmassa hallinto-oikeudessakin. Sittemmin Warner on lisäksi ryhtynyt häpeämään elokuvaa niin, ettei anna julkaista siitä HD-tasoisia videojulkaisuja.

Vuonna 2012 Britanniassa saatiin sentään ulos kohtalaisen hyvä DVD, joka on minullakin ollut siitä saakka hyllyssä, mutta joka ei sisällä kaikkea mitä elokuvassa on ollut alun perin mukana. *The Devilsin* viralliseksi pituudeksi on mainittu 111 minuuttia. Nyt katsomani version pituus oli 113'36" eli se on kaksi ja puoli minuuttia levyllä julkaistua perusversiota pidempi.

Näin elokuvan ensimmäistä kertaa kesäkuun 1992 elokuvamaratonilla, jolloin en ihan vielä päässyt sisälle sen ideaan. Elokuvan alku rinnastettiin silloin niihin aikoihin suositun ruotsalaisen **Army of Loversin** musiikkivideoon ja muutenkin taide-elämys meni jossakin määrin katsomon ohitse.

Pohjimmiltaan hyvin vakava elokuva kertoo ainakin jossakin määrin tosipohjaisesti erikoisista tapahtumista Loudunin kaupungissa 1600-luvun Ranskassa, jossa komea pappi Grandier (**Oliver Reed**) herättää paikallisen nunnaluostarin asukkaiden seksuaaliset halut. Kun sisar Jeanne (**Vanessa Redgrave**) ei saa mitä haluaa ja Grandier valitsee kumppanikseen toisen naisen, alkavat hirveydet.

Ensimmäisten tunnin ja 15 minuutin aikana en havainnut mitään eroja aiemmin nähtyyn, mutta erot tulevat näkyviin, kun alastomat nunnat alkavat suunnilleen tuossa kohden sekoilla kunnolla. He kaatavat ison Kristus-patsaan nurin ja kiipeilevät sen päällä pari minuuttia hieroskellen itseään patsasta vasten sanoinkuvaamattomin tavoin. Tätä katsellessaan pastori Mignon näyttää sivummalla masturboivan rajuotteisesti, kuitenkin kaapunsa alla.

Pelkästään tämä jakso lisää elokuvaan pituutta melkein tuon kaksi ja puoli minuuttia. Toinen lisäys nähdään ihan lopussa, kun paroni De Laubardemont (**Dudley Sutton**) tuo sisar Jeannelle Grandierin roviolta löytyneen hiiltyneen luunpalan, jonka muoto muistuttaa hiukan dildoa. Jeanne ryhtyy sitten käyttämään sitä juuri sellaisena, ilman että mitään kuitenkaan näytetään.

En havainnut muita lisäyksiä kuin nämä kaksi. Lisäysten kuvanlaatu oli selkeästi heikompi kuin muun elokuvan, mutta kyllä niistä silti selvän sai. Internet Movie Database tietää kertoa, että katsomani versio on ns. Restored Version, josta kiertää kopioita netissä.

•

Katsoin skandaalinkäryisen pseudodokumentin *Goodbye Uncle Tom* helmikuussa 2023 tilanteessa, jossa oheisessa kuvassa näkyvän 4K UHD -julkaisun oli ilmoitettu olevan tulossa, mutta jota yhä vain odoteltiin. Sittemmin se on toki julkaistu.

Kun löysin elokuvan YouTubesta, päätin että odotus riitti ja katsoin sen – myös siksi etten uskonut sen edes olevan niin hyvin

GOODBYE UNCLE TOM
Italia 1971
Ohjaus: Gualtiero Jacopetti & Franco Prosperi
Pääosissa: Stefano Sibaldi, Susan Hampshire, Dick Gregory
Katsottu: 24.2.2023
Formaatti: MP4

6

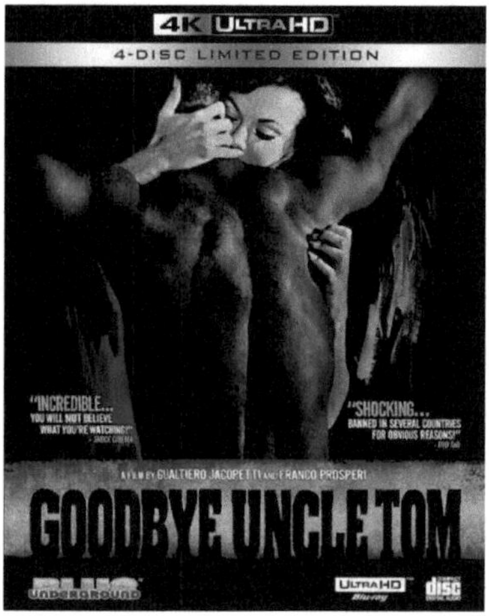

minun makuuni sopiva, että 4K-ostos kannattaisi. Siksi 4K-julkaisun kuvan lisääminen oheen on hieman harhaanjohtavaa.

YouTubesta löytynyt kopio oli pääosin DVD-tasoinen. Sen alkupuolella on muutama häiritsevä droppi ääniraidalla. En ollut koskaan aiemmin nähnyt tätä elokuvaa, muita **Gualtiero Jacopettin** ja **Franco Prosperin** teoksia kyllä. Kaksikko toimii nyt kertojanääninä ja havaitsijoina 1800-luvun alkupuolen Amerikassa, kauhistelemassa sitä miten Afrikasta tuotu orjalaiva puretaan ja miten orjia sen jälkeen kohdellaan.

Koko kaksituntinen on melkoista provosointia. Oli siinä varmaan tuon ajan jenkeillä kestämistä: ensin alettiin tehdä revisionistisia länkkäreitä joissa cowboyt olivatkin yhtäkkiä pahiksia ja intiaanit uhreja, ja samoihin aikoihin kaksi italialaista tuli vielä kettuilemaan orjuuden ajasta etelävaltioissa.

Orjien omistajat esitetään pääosin joko vähämielisinä julmureina tai sitten rotunsa ylemmyyteen elegantisti uskovina aristokraatteina. Hiukan outoina mustatkin kuvataan. Kun esimerkiksi yhtä heistä ryhdytään rankaisemaan lujalla kädellä, muutkin tungeksivat hihittämään paikalle: heh, nyt siltä lähtee pallit. Varsinaista juonta ei ole, vain sarja dramatisoituja havaintoja oudolta ajalta. En ole varma tarvitseeko tätä katsoa enää uudelleen, mutta ei tästä katselusta toisaalta varsinaista vitutustakaan jäänyt päälle.

DUEL
USA 1971
Ohjaus: Steven Spielberg
Pääosissa: Dennis Weaver, Jacqueline Scott, Eddie Firestone
Katsottu: 24.11.2023
Formaatti: 4K Ultra HD

9

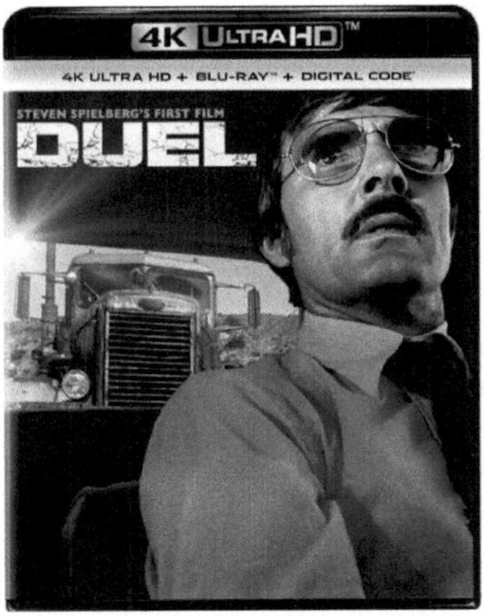

Steven Spielbergin klassikkojännäristä *Duel,* käännösnimeltään *Kauhun kilometrit,* julkaistiin marraskuussa 2023 4K UHD, jota en malttanut olla tilaamatta täyteen hintaan, vaikka samalla otaksuinkin että saman levyn saisi puolen vuoden viiva vuoden sisällä alle puoleen hintaan nettikaupoista.

Näin *Duelin* ensimmäistä kertaa Suomen televisiosta 5. toukokuuta 1979 ja olin saman tien ihan myyty, olihan muuten loistava jännäri! Sittemmin ei mielipide ole muuttunut, nuori Spielberg oli todella taitava luomaan puristavaa jännitystä yksinkertaisin keinoin.

Dennis Weaver on jossakin Yhdysvaltain lounaisosissa asuva tuikitavallinen myyntimies, joka lähtee autollaan työhönsä liittyvälle ajomatkalle. Se saa pahaenteisen käänteen, kun valtavaa säiliörekkaa kuljettava mies alkaa kiusata häntä tien päällä, aiheuttaen vaaratilanteita. Lopulta myyntimiehen on pakko myöntää karu totuus: vainoava rekkakuski yrittää ihan oikeasti tappaa hänet, ja hänen on myös pakko asennoitua tilanteeseen jommankumman kuolemaan johtavana kaksintaisteluna.

Elokuvan 4K-ylöspano on oikein mainio, terävä ja värikylläinen, ja aivan erityisesti kiinnitin huomiota komeasti upgreidattuun Dolby Atmos -ääniraitaan. Eivätpä vuoden 1971 tv-elokuvan katsojat osanneet kuvitellakaan miten komealta tämä joskus tulevaisuudessa sekä kuulostaisi että näyttäisi!

Toivoin itsekseni tämän 4K-julkaisun enteilevän sitä, että myös Spielbergin ensimmäinen teatterilevitykseen tekemä elokuva *The Sugarland Express* (1974) tulisi myöskin piakkoin 4K-tasoisena levylle, mutta eipä sellaista julkaisua ainakaan nyt puoli vuotta myöhemmin ole julkaistu eikä näy tulossa olevien listoillakaan.

A CLOCKWORK ORANGE
Iso-Britannia/USA 1971
Ohjaus: Stanley Kubrick
Pääosissa: Malcolm McDowell, Patrick Magee, Michael Bates
Katsottu: 21.9.2021
Formaatti: 4K Ultra HD

9

Stanley Kubrick ei tunnetusti tehnyt alkuperäiskäsikirjoituksia vaan tarvitsi aina jonkun muun kehittämän aiheen elokuvilleen. Tieteisklassikko *2001: A Space Odysseyn* (1968) jälkeen hänen huomionsa kiinnittyi **Anthony Burgessin** vuonna 1962 julkaistuun dystopiakuvaukseen *A Clockwork Orange,* josta hän ohjasi uransa kenties provokatiivisimman elokuvan.

Lähitulevaisuuden Britanniaa kuvaavan elokuvan päähenkilö on jokseenkin moraaliton jengijohtaja Alex, roolissa loistavasti castattu nuori **Malcolm McDowell.** Ilkeästi virnuileva nuorimies kylvää kavereineen hävitystä öisillä ultraväkivaltaan keskittyvillä seikkailuillaan joiden pääasiallista sisältöä ovat pahoinpitelyt ja raiskaukset.

Kun Alexin asema jenginsä johtajana kyseenalaistetaan, käynnistyy tapahtumaketju jonka päätteeksi hän jää kiinni ja saa pitkän vankilatuomion. Mutta onko kukaan oikeasti läpeensä paha? Voisiko Alex oppia paremmille tavoille ja siten uudelleen ansaita jäsenyytensä yhteiskunnassa?

Minua on aina hykerryttänyt se, millaisen Moebiuksen silmukan *A Clockwork Orangen* käsikirjoitus muodostaa. Jokainen seuraava vaihe Alexin tarinassa on loogisesti järkevä suhteessa edeltäjäänsä. Teet pahaa, joudut vankilaan. Haluat tehdä parannuksen, saat siihen mahdollisuuden, ja niin poispäin. Ja kuitenkin yksittäisistä loogisista seuraamuksista huolimatta lopputulos on alkutilanteeseen nähden täysin epälooginen.

4K:na *A Clockwork Orange* ei ole harmi kyllä kovinkaan kummoinen esitys. Valoisuutta piti vetää varsin pienelle, eikä sekään auttanut paikoin hyvin pehmeään kuvaan, jonka ajoittainen sumeus vain näkyi entistä selvemmin tarkemmalla resoluutiolla.

Esimerkiksi kohtauksessa, jossa demottiin lavalla Alexin parantumista, näyttelijöiden kasvot menivät kauempaa kuvattuna pelkäksi sutuksi, jonka hyvä blu-raykin olisi toistanut tarkemmin. Paikoitellen kuva oli kyllä hienolaatuinen, kohtauksesta toiseen vaihdellen, mutta harppaus blu-raystä eteenpäin ei mielestäni ollut iso.

RETURN OF THE BLIND DEAD

Espanja 1973
Ohjaus: Amando De Ossorio
Pääosissa: Tony Kendall, Fernando Sancho, Esperanza Roy
Katsottu: 27.9.2023
Formaatti: MP4

7

Minulla ei ole ollut pitkiin aikoihin mitään fyysistä versiota **Amando De Ossorion** neliosaisen *Blind Dead* -sarjan toisesta osasta. Kun löysin sen YouTubesta, päätin katsoa sen sieltä ihan nostalgiamielessä.

Juuri tällä elokuvalla on nimittäin iso merkitys minulle: kun aikoinaan vuonna 1986 tilasin kaverin kanssa briteistä sen aivan ensimmäisen paketin kauhuelokuvia originaalikasetteina, tämä oli yksi sen sisältämästä kolmesta elokuvasta. Kaksi muuta olivat *Friday the 13th Part 2* (leikkaamaton) ja *Videodrome* (leikattu, mutta paljon vähemmän kuin Suomessa).

Return of the Blind Dead päätyi pakettiin, koska se oli julkaistu Britanniassa nimellä *Return of the Evil Dead,* jotta saataisiin hyödynnettyä silloin melko tuoreen kauhuhitin *Evil Dead* nimeä. Minäkin kuvittelin, että sillä oli jotakin tekemistä *Evil Deadin* kanssa, mutta eihän niin tietysti ollut. Brittikasetti oli vielä lisäksi sekin leikattu.

Tätä edeltäneestä ykkösosasta *Tombs of the Blind Dead* (1972) tutut keskiaikaiset temppeliherrat ratsastavat jälleen miekkoineen luurankomaisina aaveina zombieratsuillaan. Kun edellisessä osassa heidät kohtasi vain kourallinen väärälle syrjäseudulle eksyneitä henkilöitä, nyt heillä on kohteenaan kokonainen pikkukaupunki.

Kuten elokuvien nimet kertovat, ratsastavat aaveet ovat sokeita, koska heidän silmänsä poltettiin jo keskiajalla rangaistukseksi silloin tehdyistä kataluuksista. Mutta heillä on tarkka kuulo, ja jos elävät ihmiset eivät osaa olla täysin hiljaa heidät paikannetaan ja tapetaan verisesti, usein valtavan miekan iskulla.

Return of the Blind Deadin YouTube -versio näytti leikkaamattomalta sydämien yksityiskohtaisine irtikaivamisineen, mutta sen kuvanlaatu oli varsin heikko. Mukava palautuma silti 1970-luvun alkupuolen tunnelmiin ja mielestäni myös parempi ja tunnelmallisempi elokuva kuin edeltäjänsä. Kolmososa *Ghost Galleon* (1974) on mielestäni sarjan heikoin, kun taas *Night of the Seagulls* (1975) ehkä paras.

Sarjan osista ensimmäinen ja viimeinen minulla onkin hyllyssä blu-ray -julkaisuina. Ja juuri nyt kun hain sopivaa kuvaa netistä tämän tekstin oheen, huomasin että myös *Return of the Blind Dead* on julkaistu blu-ray -formaatissa: kotimaassaan Espanjassa, englanninkielisin tekstein. Hinta on kuitenkin aika suolainen, pitää vielä harkita tilaamista.

•

Viehättävä eksploitaatioelokuva *Pets* oli minulle kansikuvansa osalta tuttu jo 1980-luvun VHS-ajoilta. Muistan nähneeni sitä useinkin tarjolla vuokrattavaksi. En vain koskaan sitä tullut vuokranneeksi, koska nuorena miehenä halusin katsoa vain korkealaatuisia elokuvia eikä tämä vaikuttanut sellaiselta.

PETS
USA 1973
Ohjaus: Raphael Nussbaum
Pääosissa: Candice Rialson, Ed Bishop, Joan Blackman
Katsottu: 15.3.2023
Formaatti: Blu-ray

6

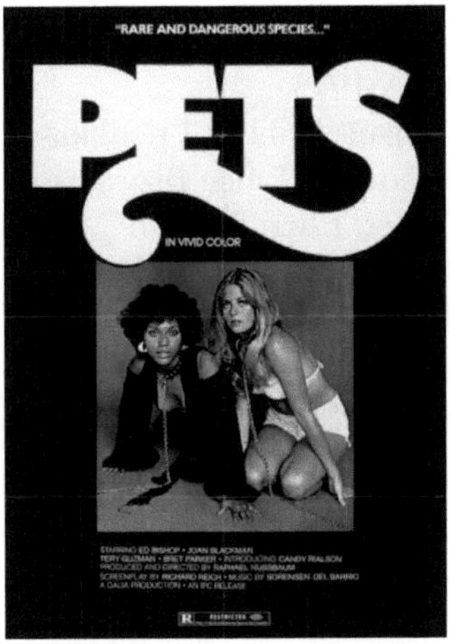

Kun huomasin vuosien 2018 ja 2019 vaihteen tienoilla *Petsin* olevan saatavilla blu-raynä jenkeistä, tein välittömästi tilauksen. Olin utelias teoksen suhteen ja lisäksi sen pääosassahan on iki-ihana **Candice Rialson** *(Chatterbox)*. Maaliskuun 2023 puolivälissä katselin levyn jo toistamiseen ja muistiinpanoni ovat sieltä peräisin.

Aikakauden suloisin blondi Rialson näyttelee *Petsissä* Los Angelesin alueella jonkin sortin karkumatkalla pitkin katuja ajelehtivaa Bonnieta, joka joutuu erikoisiin tilanteisiin tapaamiensa ihmisten kanssa. Episodimaisessa elokuvassa Bonnie kohtaa ensin mustan, naispuolisen pikkurikollisen joka johdattelee hänet osallistumaan rikkaan miehen ryöstöön; sen jälkeen hän päätyy lesbon taidemaalarin malliksi ja himojen kohteeksi, sekä lopulta outoihin tekemisiin viimeksi mainitun tauluja myyvän gallerian omistajan kanssa.

Bonnie ei paljoa harkitse vaan ajautuu sujuvasti tilanteesta toiseen, olleen tämän tästä myös hyvin niukasti puettu, monesti lisäksi rinnat paljaina. Hieman yllättäen aikakaudelle melko tavanomainen seksploitaatio perustuu näytelmään, mikä varmasti osin selittää eksploitaatioelokuvien asteikolla keskitasoa selvästi järjellisemmän juonenkujetuksen.

Candice Rialson kuoli 31.3.2006 vasta 54-vuotiaana. Kuinka paljon mielenkiintoisempi paikka maailma olisikaan, jos hän olisi saanut vaikkapa **Goldie Hawnin** uran!

THE EXORCIST
USA 1973
Ohjaus: William Friedkin
Pääosissa: Linda Blair, Jason Miller, Ellen Burstyn
Katsottu: 18.12.2023
Formaatti: 4K Ultra HD

8

Myös **William Friedkinin** klassikkoelokuva *The Exorcist* julkaistiin 4K UHD -formaatissa samoihin aikoihin *Duelin* kanssa. Saamassani versiossa oli tarjolla pelkkä Director's Cut, kun itse olisin ollut kiinnostuneempi näkemään alkuperäisen teatteriversion. Pituuttakin elokuvalle oli nyt tullut kymmenen minuuttia lisää IMDb:n ilmoittaman kahden tunnin ja kahden minuutin päälle.

Lopulta olin kuitenkin tyytyväinen katsomaani versioon, joka oli oikein toimiva kokonaisuus. Mukana oli useita jaksoja, joista olin varma, etten ollut nähnyt niitä teatterissa, mutta kovin tarkasti en eroja enää muistanut.

William Peter Blattyn romaaniin perustuvassa elokuvassa Washingtonin hienostoalue Georgetownissa asuva teinityttö Regan (**Linda Blair**) alkaa käyttäytyä oudosti samaan aikaan, kun hänen kotitalonsa ullakolta alkaa kuulua etäisesti leijonan karjuntaa muistuttavia ääniä. Ennen pitkää Reganin oireille ei enää keksitä muuta selitystä kuin riivaus.

Elokuva käyttää runsaasti aikaa toisen päähenkilön, uskonkriisin kanssa painiskelevan pappi Karrasin (**Jason Miller**) toimien seuraamiseen, ennen kuin tämä lopulta päätyy isä Merrinin (**Dick Smithin** maskeeraustehosteiden upeasti vanhentama **Max von Sydow**) avustajaksi uskaliaassa manausoperaatiossa. Merrin kohtaa näin uudemman kerran Irakin aavikolta hänelle jo tutun Pazuzu -demonin.

The Exorcist mainitaan usein yhtenä kaikkien aikojen pelottavimmista elokuvista, mitä minun on aina ollut vaikea ymmärtää. En itse osaa suhtautua kovin vakavasti kauhuelokuvan hirviöihin, jotka kavahtavat minusta harmittoman tuntuisia uskonnollisia symboleja. Siksi aitoa kauhun tunnetta ei synny. Mutta tämä on varmasti yksilöllistä, pelkäämme eri asioita. Hienosti tässä joka tapauksessa kumuloidaan pirulliseksi muuttuneen pikkutytön uhkaa.

4K-kuva oli juuri sellainen kuin vanhoissa elokuvissa yleensä: välillä nähtiin yksittäisiä ottoja joissa oltiin hädin tuskin DVD-tasolla, ja sitten taas heti seuraava kohtaus saattoi olla erittäin skarppi tuoden esiin 4K:n parhaat puolet.

DEATH WISH
USA 1974
Ohjaus: Michael Winner
Pääosissa: Charles Bronson, Hope Lange, Vincent Gardenia
Katsottu: 3.10.2023
Formaatti: 4K Ultra HD

8

Vuoden 1976 kohdalla piakkoin käsiteltävän *Marathon Manin* tavoin myös alkuperäinen *Death Wish* on Kino Lorberin 4K UHD:nä julkaisema tunnettu 1970-luvun Paramount-elokuva, joka on tuossa resoluutiossa sen tavoin lievä pettymys.

Death Wishin 4K-kuva näyttää toki ihan kivalta valoisissa kohtauksissa, mutta erottaakseen terävyydessä kovinkaan kummoista parannusta tavalliseen blu-rayhin saa olla todella tarkkana. *Marathon Manissa* on sentään edes jokunen kohtaus joiden aikana tuntui, että tuohon ei olisi pelkkä blu-ray pystynyt, tässä ei juurikaan. Ei tämä toisaalta blu-raytä huonompikaan ollut ja kotelo näyttää komeammalta hyllyssä.

Death Wishin keskushenkilö on liberaali newyorkilainen arkkitehti Paul Kersey (**Charles Bronson**), jonka perhettä kohtaa traaginen onnettomuus. Joukko huligaaneja onnistuu tunkeutumaan heidän kotiinsa, kun siellä ovat vain Kerseyn vaimo (**Hope Lange**) ja aikuinen tytär. Pahoinpitelyjen ja raiskauksen seurauksena vaimo kuolee ja tyttären mielenterveys järkkyy siinä määrin, että hänet on pakko siirtää hoitokotiin.

Jotta Kerseyn ajatukset saataisiin uudelleen kirkkaiksi, työnantaja lähettää hänet aurinkoiseen Arizonaan tutkailemaan uutta rakennusprojektia. Mitä muuta Arizonassa on kuin aurinkoa? Paljon aseita! Niitä saa osavaltion lakien mukaan vieläpä kantaa vapaasti näkyvillä. Kun Kersey vielä osoittautuu erinomaiseksi ampujaksi, on selvää että pian newyorkilaisilla kriminaaleilla on kuumat paikat.

Kun katujen uusi vigilante on suorittanut ensimmäiset pahisten teloitukset, tapausta ryhtyy tutkimaan persoonallinen poliisietsivä (**Vincent Gardenia**), joka rajaa nopeasti Kerseyn yhdeksi pääepäillyistään.

Kun *Death Wish* aikanaan julkaistiin teattereissa, Charles Bronson oli seitsemän vuotta nuorempi kuin minä katseluhetkellä! Luin 1980-luvun puolivälin paikkeilla myös **Brian Garfieldin** kirjan, johon elokuva perustuu (olin siinä vaiheessa jo nähnyt elokuvan videolta), eikä se minusta hassumpi ollut. Muistaakseni Garfield teki Paul Kerseystä selkeämmin pahiksen.

Death Wish -elokuvasarja on siitä jännä, että sen elokuvien taso laskee loppuun asti täsmälleen numerojärjestyksessä. Kakkoselle antaisin pisteen vähemmän kuin tälle, kolmoselle kaksi pistettä vähemmän, ja sen jälkeen tuleekin vähän isompi pudotus.

•

Klassisen *The Texas Chain Saw Massacren* uusin 4K UHD -versio on kaikkien aikojen ensimmäinen elokuvakokoelmani päivitys, jonka tein melkein pelkästään kansikuvan perusteella.

Minulla nimittäin oli elokuva jo ennestään 4K-julkaisuna Saksasta, mutta en voinut millään vastustaa Second Sightin uutta julkaisua. Siinä kun oli vihdoinkin tuo upea, vanhasta britti-VHS:stä (varmaan toki muualtakin) tuttu hieno kansitaide, jossa nähdään pelkkä Leat-

THE TEXAS CHAIN SAW MASSACRE
USA 1974
Ohjaus: Tobe Hooper
Pääosissa: Marilyn Burns, Paul A. Partain, Edwin Neal
Katsottu: 21.2.2024
Formaatti: 4K Ultra HD

10

herfacen silhuetti. Yksi hienoimmista julistekuvista koskaan, joka oli minulla seinällä jo nuorena miehenä, ja siitä on pitkä aika!

Toissijainen motiivi hankintaan oli halu nähdä olisiko Second Sight saanut elokuvan restauroitua jotenkin paremmin kuin saksalaiset mutta se oli turha toivo, kuvanlaatu oli minusta ihan täsmälleen samaa tasoa molemmissa julkaisuissa. 4K lähinnä terävöittää filmiraetta. Mutta näyttäähän tämä julkaisu joka tapauksessa komealta hyllyssä.

The Texas Chain Saw Massacre on se 1980-luvun alun kaikkein legendaarisin ”väkivaltavideo”, tunnetuin ja paras esimerkki elokuvien turmeluksesta kotimaisen videopaniikin vuosina. Television ajankohtaisohjelma A-studion esitettyä siitä ja muutamasta muusta kauhuelokuvasta näytteitä muistaakseni syksyllä 1981 koulun pihalla kävi heti seuraavana aamuna kova kuhina! Itse missasin tilaisuuden kun en tuosta aiheesta etukäteen tiennyt, ja se harmitti kovasti.

Vaikka on kerrottu, että TCM oli aivan 1980-luvun alkuvuosina Suomessakin vuokrattavana ”tiskin alta” ilman tekstityksiä, en sitä koskaan onnistunut sitä kautta näkemään. Vasta joskus kesän 1986 aikana sain käsiini oman VHS-kopion elokuvasta, josta kaikki olivat hieman aiemmin puhuneet. Sen jälkeen minulla on ollut siitä hyllyssäni lukuisia eri versioita ja nyt viimeksi siis tämä Second Sightin 4K UHD.

Elokuvana TCM on eräänlainen kaikkien syrjäseutupainajasten äiti. Viiden nuoren aikuisen ryhmä matkaa kuumana elokuun päivänä teksasilaisella syrjäseudulla tarkistaakseen ensin, onko isoisän hauta koskematon taannoisen vandalismin jäljiltä, ja sen jälkeen viettää aikaa kahden heistä isän tyhjillään olevan talon vaiheilla.

Matkalla perille sattuu jo häiriinnyttävä tapahtuma, kun joukko ensin ottaa kyytiin ja sitten pikaisesti häätää pois omituisesti käyttäytyvän liftarin (**Edwin Neal**). Todelliset kauhut alkavat, kun kaksi heistä löytää läheisen omakotitalon, josta pitäisi saada bensiiniä, ettei seudulle ole pakko jäädä yöksi odottamaan säiliöauton tuomaa täydennystä lähistön ainoalle huoltoasemalle.

Teksasin moottorisahamurhaaja Leatherface (**Gunnar Hansen**) tulee näyttävästi esiin rakennuksen takahuoneesta, ja siitä eteenpäin nuorten päivä on lopullisesti pilalla.

Yksityiskohtaista väkivaltaa elokuvassa on varsin vähän; sen sijasta nyttemmin jo edesmennyt ohjaaja **Tobe Hooper** keskittyy painostavaan tunnelmaan, vatsaa vääntäviin näkymiin syrjäseudun rappiosta, sekä naispäähenkilöksi nousevan Sallyn (**Marilyn Burns**) jatkuvaan kirkumiseen. TCM pyrkii olemaan enemmänkin rasittava kuin raaka.

Hiukan kyllä pyrki lopussa roska silmään kun ihailin, miten hienoja elokuvia voi saada aikaan pikkurahallakin kun on selkeä näkemys ja paljon nuoruuden intoa. Leatherfacen klassinen lopputanssi auringonnousua vasten on yksi koko kauhuelokuvan historian ikonisimmista jaksoista, ja siihen 4K-julkaisun tyylitelty kansikuvakin perustuu.

•

Omistamani hollantilainen DVD on pisin saatavilla oleva, jopa hardcore-inserttejä sisältävä versio legendaarisen **Luigi Batzellan** *(Beast in Heat)* varhaisesta kauhuelokuvasta *Nude for Satan.* Levyn kuva on tosin muotoa 4:3 vaikka se sisältää letterboxatun version, eli resoluutio jättää totisesti parantamisen varaa. Kymmenisen vuotta sitten huhuttiin blu-ray -julkaisusta, mutta sellaisen en ole havainnut ilmestyneen.

NUDE FOR SATAN
Italia 1974
Ohjaus: Luigi Batzella
Pääosissa: Rita Calderoni, Stelio Candelli, James Harris
Katsottu: 27.6.2023
Formaatti: DVD

7

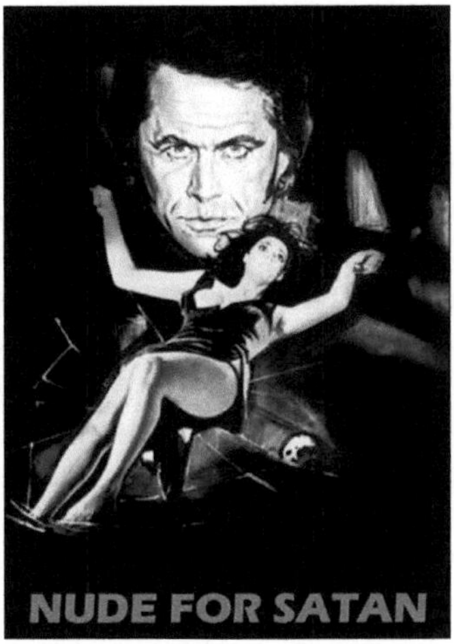

Eräänä syrjäseudun synkkänä yönä **Rita Calderonin** tulkitsema kaunis Susan joutuu auto-onnettomuuteen. Budjetin rajoitteista johtuen tuo onnettomuus joudutaan esittämään niin, että ensin kuplavolkkari katoaa kuvasta, sitten kuuluu kova rysähdys ja sen jälkeen kuvan laidasta toiseen vierii irrallinen auton pyörä. Liekö se ollut auton alla vai irtosiko vain varapyörä takapaksista?

Oli miten oli, Susan jää makaamaan tarkoituksellisen seksikkäästi taju kankaalla puolittain auton oven ulkopuolelle. **Stelio Candellin** näyttelemä komea lääkärimies osuu paikalle, huomaa mitä on tapahtunut, ja lähtee hakemaan apua.

Avunhakureissullaan tohtori joutuu ottamaan yllättäen aseen esiin, ilmeisesti tilanteen muututtua uhkaavaksi, vaikka ketään ei näy missään. Mies päätyy kummalliseen linnaan, jonka huoneita hän alkaa käydä ase kädessä läpi. Ensimmäisestä löytyy elävältä ruumiilta näyttävä vanha, rääkyvä ukko. Toisessa harjoitetaan seksiä ja se esitetään yksityiskohtaisesti hardcorena. Oli helppo arvata, että tohtori piti jälkimmäisestä huoneesta enemmän.

Lopulta päästiin kiinni itse tarinaan, kun tohtori kohtasi linnassa Susanin näköisen mutta paljon vanhempaan tyyliin pukeutuneen kaunottaren, joka suuteli häntä. Miehellä ei näyttänyt olevan oikein tunnetta mukana, oli kuin kaksikko olisi näytellyt eri elokuvassa. Suutelun jälkeen nainen alkoi puhua filosofisesti.

Tällä välin oikea Susan oli jo palannut tajuihinsa ja kompuroinut myös salaperäiseen linnaan. Oli helppo nähdä, että elokuvalla oli ollut kunnianhimoinen kuvaaja, kun nähtiin alaviistosta otettua kuvaa ns. oikeasta Susanista ja tämän kartanossa kohtaamasta oudosta, tummanpuhuvasta mieshenkilöstä. Tai sitten kuvaaja oli erittäin pienikasvuinen. Takaisin kohti seksuaalisempaa kuvastoa pyrittiin, kun mies äkisti riisui kaunottaren katseellaan, aivan kirjaimellisesti.

Kohta vuorossa tosiaan olikin jälleen yksi elokuvaan kenties jälkikäteen lisätty hardcore-pornokohtaus. Ideana oli, että myös Susan olisi ottanut siihen osaa, mutta koska häntä näyttelevä Rita Calderoni oli hieno nainen, pornokohtauksessa jouduttiin käyttämään sijaisnäyttelijää. Tämä ei valitettavasti ollut paljoakaan Ritan näköinen, tai ylipäänsäkään minkään näköinen.

Elokuvan seksikohtaukset eivät tuntuneet vievän sen tarinaa eteenpäin. Toisaalta katsojalle oli jo vihjattu ajan pysähtyneen tässä linnassa, joten se oli ihan loogista. Huono puoli asiassa tosin oli, että jos aika on pysähtynyt, voiko elokuva koskaan loppua? Seksikohtauksen päätteeksi Susan heräsi huutaen omassa sängyssään. Kauheaa, kaksoisolentoni on kuusysissä jonkun mustan naisen kanssa!

Monissa *Nude for Satanin* promokuvissa nähty kohtaus, jossa Susan ensin putoaa jättimäiseen hämähäkinverkkoon (jolloin toinen hänen rinnoistaan muljahtaa ”vahingossa” samalla näkyviin) oli muilta osin vaikuttava, paitsi että hänen kimppuunsa hiipivä suurikokoinen hyönteinen näytti enemmän pölypunkilta kuin hämähäkiltä.

Salaperäisessä linnassa toisaalla seikkaileva lääkärimies oli jo melkein unohdettu, mutta seuraavaksi hänet saatiin uudelleen kuviin. Mies juoksi ase kädessä linnan ulkokuistille ja hyppäsi sieltä näyttävästi kaiteen yli pihamaalle. Näin elokuvaan saatiin hieman toimintaakin, hienoa!

Nude for Satan tavoittelee tulkintaa siitä, että outo linna johon sen henkilöhahmot joutuivat, oli itse asiassa helvetti. Se, miksi juuri he sinne joutuivat, jää epäselväksi, mutta kun nähtiin vielä yksi hardcore-kohtaus, kuka hyvänsä katsoja varmastikin totesi, että on paras olla kiltti, ettei vaan ikinä joudu tällaiseen helvettiin.

Confused? You will be, koko ajan. Mutta ihan mielellään näin pöhköä tajunnanvirtaa silti katselee.

MARATHON MAN
USA 1976
Ohjaus: John Schlesinger
Pääosissa: Dustin Hoffman,
Roy Scheider, William Devane
Katsottu: 11.9.2023
Formaatti: 4K Ultra HD

7

1970-luvun toiminnalliset jännärit olivat todella erilaisia kuin nykyään. Karvan verran yli kahden tunnin mittaiseksi venyvä *Marathon Man* on monin paikoin kuin viipyilevä draama.

Itselläni on siitä nuoruudesta omanlaisensa kokemus: olin silloin innokas kirjastolainaaja ja olin lukenut **William Goldmanin** kirjaversion jo ennen kuin näin elokuvan. Enkä muista nähneeni elokuvaa lainkaan teatterissa vaan katsoneeni sen aikanaan ensi kertaa VHS-vuokravideona. Tiesinhän jo etukäteen mitä siinä tapahtuu.

Tarina seuraa kahta miestä aluksi täysin erillisissä juonilangoissa. Babe Levy (**Dustin Hoffman**) on vähän päälle parikymppinen, hiukan homssuisen oloinen yliopisto-opiskelija. Hän vaikuttaa jossain määrin sulkeutuneelta ja on intohimoinen kestävyysjuoksija. Hänet nähdään heti elokuvan aluksi harjoittelemassa.

Scylla (**Roy Scheider**) on puolestaan Jaoston paras tappaja. Hänen työnantajansa on ilmeisestikin jonkinlainen aakkosvirasto, tiedusteluorganisaatio josta meille ei kerrota paljoa. Scylla elää vähän James Bondin tyyliin, hänen elämäänsä kuuluvat sekä kansainväliset seikkailut että raaka väkivalta. Naisia ei juurikaan näy.

Sulkeutuneisuudestaan huolimatta Babe onnistuu tutustumaan sievään Elsaan (**Marthe Keller**), jonka äkillinen ilmestyminen hänen läheisyyteensä tuntuu kuitenkin hieman epäilyttävältä. Kun Baben ja Scyllan tiet viimein risteävät, Babe joutuu tempaistuksi väkivaltaiseen tapahtumasarjaan, jossa on isot panokset. *Is it safe?*

Tämänkertaisella katselulla esiin nousi hajanaisia ajatuksia. Dustin Hoffmanin päähenkilöstä Babe Levystä ei oikeastaan edes yritetä tehdä kovin sympaattista. Suurimman osan aikaa hän on vain eri syistä vinkuva, rasittava nörtti, joka ei viitsi keskustella kunnolla edes häneen positiivisesti suhtautuvan professorin (tv-sarjasta *Holocaust* ja *Creepshow'sta* tuttu **Fritz Weaver**) kanssa.

Elokuvaversio ei juurikaan piittaa kirjassa toistuvasta Baben maratoonari **Abebe Bikilaan** kohdistuvasta ihailusta eikä korosta erityisesti sitä, että hänen onnistunut pakonsa pahisten luolasta perustui juurikin harjaantuneisuuteen kestävyysjuoksijana.

Lisäksi pohdin, että **John Schlesinger** sai varmaan tämän elokuvan ohjaajanpestin Hoffmanin ansiosta. Kaksikkohan oli jo tehnyt menestyksekästä yhteistyötä *Midnight Cowboyssa* (1969) ilman, että Schlesingeristä oli silti tullut kiintotähteä ohjaajien taivaalle.

Levyn 4K-toteutus oli kyllä hetkittäin hyvä, mutta noin puolet ajasta sitä ei olisi erottunut blu-raystä. Ilmeisesti filmilaatu tuotti hyvin pehmeän kuvan, joka näytti monessa kohdin aika suttuiselta parantuneesta resoluutiosta huolimatta.

CARRIE
USA 1976
Ohjaus: Brian De Palma
Pääosissa: Sissy Spacek, Piper Laurie, William Katt
Katsottu: 9.5.2023
Formaatti: 4K Ultra HD

10

Kauhukirjallisuuden kuninkaan **Stephen Kingin** ihan ensimmäisen romaanin *Carrie* julkaisusta tuli hiljattain kuluneeksi tasan 50 vuotta. Amerikassa Kingin nimi tuli suurelle yleisölle tutuksi sen kaksi vuotta myöhemmin valmistuneen elokuvaversion ansiosta.

Meillä niin ei käynyt, sillä Valtion elokuvatarkastamo kielsi *Carrien* Suomessa "raaistavana" kun sitä yritettiin melko tuoreeltaan tuoda meikäläisille kankaille. Suomalaiset pääsivät tutustumaan *Carrieen* vasta 1990-luvulla. Kingiin sentään jo 1980, kun tämän nimi esiintyi Stanley Kubrickin *Hohdon* alkuteksteissä.

Nämä rajoitteet koskettivat tietysti vain suurta yleisöä. Kapinahenkisimmät elokuvanharrastajat pystyivät näkemään *Carrien* jo aiemmin, jos halusivat. Oma brittiläinen VHS-originaalini kolahti postilaatikkoon ja vuoden 1986 elokuussa. Siihen mennessä olin jo lukenut kirjankin, ja olin varsin tyytyväinen siihen miten iskevämpiä ratkaisuja **Brian De Palma** oli elokuvaversiossa tehnyt.

Juonikuvio lienee monille tuttu. Carrie (**Sissy Spacek**) on high schoolissa opiskeleva ujo, hiljainen ja perin pohjin kiusattu tyttö. Koulussa kiusaavat muut tytöt, kotona alistaa kiihkouskovainen äiti (**Piper Laurie**).

Kuukautisten alkaminen voimistaa Carrien nupullaan ollutta kykyä siirtää esineitä ajatusten voimalla. Kun amerikkalaiseen perinteeseen kuuluvien kouluvuoden päättäjäistanssiaisten yhteydessä Carrieen kohdistetaan julmin ja nöyryyttävin mahdollinen pila, tämä käyttää yliluonnollista lahjaansa mittakaavaltaan valtavaan kostoon.

Tuolloin vielä verrattain nuori De Palma oli ehtinyt tehdä useita elokuvia jo ennen tätä, mutta vasta *Carrie* näytti toden teolla millainen lahjakkuus hän oli. Kankaan jako kahtia ja hidastukset toimivat hienoina tehokeinoina; etenkin jälkimmäiset kiristävät jännityksen aivan äärimmilleen juuri ennen väkivallan alkamista.

Carrien 4K UHD:nä Amerikassa julkaissut Scream Factory lienee tehnyt parhaansa, mutta lopputulosta on vaikea kehua. Elokuvan aiemmatkin videoversiot ovat olleet erittäin pehmeäkuvaisia. Sellaisen materiaalin 4K-terävöittäminen ei hyödytä juuri mitään. Aika samanlaiselta lopputulos näyttää edelleen.

Ehkä toteamme tässä kohtaa, että *Carrie* näyttää 4K UHD:nä niin hyvältä kuin se ylipäänsä pystyy näyttämään ja jäämme odottamaan teknologiaa, jossa tekoäly terävöittää myös lähdemateriaalin skarpiksi ennen masterkopion valmistamista. Jos jo omistat elokuvan bluraynä, 4K:ksi päivittäminen tuo vain hyvin marginaalisen hyödyn.

S. S. CAMP 5: WOMEN'S HELL

Italia 1977
Ohjaus: Sergio Garrone
Pääosissa: Paola Corazzi, Rita Manna, Giorgio Cerioni
Katsottu: 4.7.2023
Formaatti: DVD

6

Italialainen eksploitaatio-ohjaaja **Sergio Garrone** kuvasi pahamaineisen video nastynsä *S. S. Experiment Camp* (1976) jatko-osan samalla kertaa sen kanssa, samoissa lavasteissa ja samoilla näyttelijöillä. Elokuva saatiin julki seuraavana vuonna ja jälki oli ymmärrettävästi varsin tasalaatuista. Jälleen seurataan kourallista saksalaisen keskitysleirin naisvankeja ja näiden keskinäisiä juonitteluja.

Elokuvan aluksi joukko jaetaan kahteen osaan: ensimmäinen porukka joutuu epäinhimillisten ihmiskokeiden uhriksi, toinen taas tyydyttämään sotilaiden seksuaalisia himoja. Kun vartijat käskynjaon yhteydessä kutsuivat naisvankeja numeroilla, tuli ohimennen mietittyä, olivatko kyseessä näiden mitat.

Ja sitten mentiin varsin samalla tyylillä kuin ykkösosassa. Ei näyttänyt lainkaan varmalta, oliko käytössä ollut edes käsikirjoitusta, vai oliko kyseessä vain sikermä edellisvuoden elokuvan outtakes -materiaalia. Ohjaajalla ei odotetusti ollut minkäänlaista tyylitajua: välillä näytetään koomisia seksikohtauksia, välillä siirrellään ruumiskasoja katerpillarilla.

Monia elokuvia katsoessa tuntuu siltä, että käsikirjoitusta on keksitty sitä mukaa kuin kuvaukset ovat edenneet. Tässä vaikutti siltä, että lisäksi myös musiikki oli sävelletty sitä mukaa.

Kirjoittaminen, näytteleminen ja ohjaus ovat jälleen niin kökköä tasoa, ettei tällainen voine shokeerata ketään, huvittaa ja pitkästyttää sen sijaan melko varmasti. Täytyy myöntää, että itselläkin ajatus hieman harhaili elokuvan äärellä, vaikka se omalla vinksahtaneella tavallaan viihdyttävä olikin. Mutta ei tällaisista aineksista toisaalta liene edes mahdollista tehdä täysin katselukelvotonta elokuvaa.

THE HILLS HAVE EYES
USA 1977
Ohjaus: Wes Craven
Pääosissa: Susan Lanier, Robert Houston, John Steadman
Katsottu: 16.5.2023
Formaatti: 4K Ultra HD

6

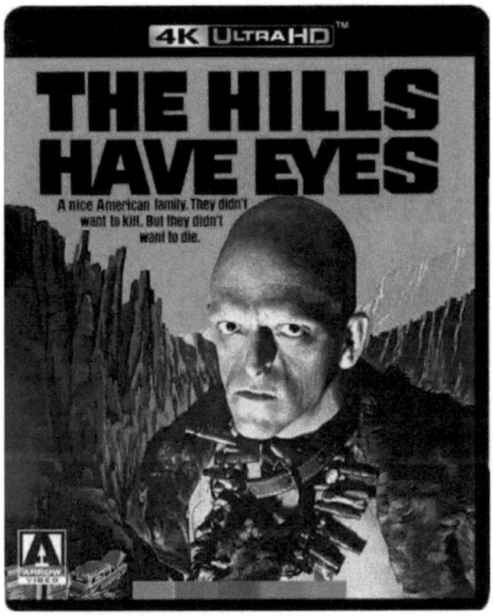

Lounaisten Yhdysvaltojen erämaan läpi oikaisemassa ollut suurperhe, johon kuuluvat isovanhemmat, näiden aikuiset lapset siippoineen, yksi vauva ja kaksi susikoiraa, joutuu vakaviin vaikeuksiin tehtyään haaksirikon ja jouduttuaan brutaalin kannibaaliperheen piirittämäksi.

Maineikkaan kauhuohjaaja **Wes Cravenin** toinen pitkä elokuva on yksi niistä kulttiklassikoista, joista en ole koskaan jaksanut innostua yhtä paljon kuin moni muu, mutta kieltämättä sen katselu onnistui kyllä nyt varsin sujuvasti. Uudelleen katsominen tuli ajankohtaiseksi, kun Arrow julkaisi siitä 4K UHD -version, jonka olin hankkinut itselleni.

Katsottaessa *The Hills Have Eyes* 4K UHD osoittautui toteutuksena vähän samantapaiseksi kuin edellä esittelemäni *The Texas Chain Saw Massacren* UHD: onhan siinä vähän lisää terävyyttä, mutta se näkyy parhaiten vain rakeisuuden tolkuttomana ylikorostumisena. Vaikka silmä tottui tähän melko pian, en kuitenkaan katselun jälkeen halunnut jättää elokuvaa hyllyyn vaan myin sen eteenpäin.

Valitsin katsottavaksi versioksi aiemmin näkemättä olleen alternative endingin, jossa loppukamppailujen järjestys on vaihtunut ja aivan lopussa on ihan uusi lyhyt kohtaus. Ei sen huonompi kuin alkuperäinenkään loppu, erilainen vain. Elokuvana siis edelleen ihan OK mutta en siitä saa kovin isoja tehoja irti. Moni muu kuitenkin pitää, joten kannattaa testata jos kohdalle osuu.

PIRANHA
USA 1978
Ohjaus: Joe Dante
Pääosissa: Bradford Dillman, Heather Menzies, Kevin McCarthy
Katsottu: 3.10.2023
Formaatti: 4K Ultra HD

8

Tuntuu hupaisalta ajatella, että kun *Piranhaa* yritettiin aikoinaan tuoda Suomessa teatterilevitykseen, se joutui meillä täyskieltoon ”raaistavana”. Nähtyäni joskus 1980-luvun alkupuolella **Joe Danten** loistavan *The Howlingin* (täysin päreiksi leikatulta) suomi-VHS:ltä innostuin luettuani, että sama ohjaaja oli sitä ennen tehnyt tämmöisen elokuvan, jota ei saanut levittää maassa ollenkaan!

Eipä ihme, että odotukset kasvoivat vähän ylisuuriksi ja sitten kun *Piranha* lopulta saatiin myöhemmin VHS-levitykseen myös meillä, se oli pieni pettymys vaikka toki hyvä olikin.

Johdantojaksossa nuoripari on patikoimassa öisessä metsässä, kun he törmäävät salaperäiselle altaalle. Varoituskilvistä välittämättä he päättävät mennä uimaan ja tulevat saman tien syödyiksi; altaassa uiskennelleet piraijat saavat heidät saaliikseen.

Tilanne pahenee, kun päähenkilöt tulevat tutkimaan nuorenparin katoamista ja tyhjentävät piraija-altaan puolivahingossa läheiseen jokeen. Alajuoksulla on sen jälkeen vaarallista oleilla, ja siellä on kuinkas sattuikaan kaikenlaista kesätapahtumaa menossa.

Sievä **Heather Menzies** on todella sydämeenkäypä naispääosassa, vaikka hänen hahmonsa onkin kirjoitettu hiukan tarpeettoman bimboksi. Yhdessä kohtauksessa hän saa tilaisuuden reväyttää jopa rintansa esille, tietenkin käsikirjoittaja **John Saylesin** näyttelemälle sotilaspoliisille.

Saylesin fiksut ja hauskat käsikirjoitukset tekevät sekä tästä että *The Howlingista* lajityypin todellista eliittiä. Aika julma elokuva *Piranha* kuitenkin on, ottaen huomioon että piraijat hyökkäävät lopussa pienten lasten kesäleirille ja (teko)veri ihan oikeasti lentää. Tällaista ei enää nykyään voisi tehdä, ei olisi poliittisesti korrektia.

Scream Factoryn 4K-toteutus ei ole lainkaan hassumpi, mutta raetta on kyllä silti todella paljon. Lisäksi kuva on vedetty todella valoisaksi ja väreiltään haaleaksi, minkä saa kyllä kohtuullisesti korjattua valoisuutta selvästi pienemmälle ja värikkyyttä isommalle säätäen.

1980-LUKU

FRIDAY THE 13TH
USA 1980
Ohjaus: Sean S. Cunningham
Pääosissa: Betsy Palmer,
Adrienne King, Harry Crosby
Katsottu: 2.5.2023
Formaatti: 4K Ultra HD

8

Sen jälkeen kun **John Carpenterin** *Halloweenista* (1978) tuli valtava independent-hitti, alkoi teinislasherien kultakausi. Pienellä viiveellä myös isot studiot kiinnostuivat aiheesta. Yksi niistä oli Paramount, joka esitteli oman versionsa 9. toukokuuta 1980, jolloin ensi-iltaan tuli *Friday the 13th.*

Muistan ikuisesti ulkoa jonkun Paramountin studiopomon kommentin elokuvasta: hänen mukaansa sen julkaisu hiukan hävetti studiota, mutta se tunnisti (ja käytti) kuitenkin tilaisuuden tehdä hyvät rahat. Ehkä jonkinlaisen riskinhallinnan vuoksi oikeudet Pohjois-Amerikan ulkopuolella myytiin kuitenkin Warnerille.

Samaan aikaan Wes Cravenin nuhjuisen väkivaltaklassikon *The Last House on the Left* (1972) tuottanut **Sean S. Cunningham** oli saanut hyvän idean. Hänen kommenttinsa muistan myös ikuisesti: hitto, jos minulla olisi jotakin jonka nimi olisi *Friday the 13th,* sitä voisin myydä. Tällaisista varsin opportunistisista lähtökohdista Cunningham ja Paramount päätyivät sopimukseen tämännimisen teinislasherin tuottamisesta.

On vaikea sanoa olisiko elokuvasta kuitenkaan tullut hittiä, ellei sen tekijäjoukkoon olisi liittynyt myös tuolloin kovassa nosteessa ollut veritehosteiden mestari **Tom Savini**. Hän oli tuossa vaiheessa kerännyt jo jonkin verran kulttimainetta *Dawn of the Deadin* splatter-orgiasta, mutta sekin oli tullut vielä varsin pienestä elokuvasta. *Friday* *the 13th* tehtiin sitä vastoin ison studion suojeluksessa. Se teki Savinista vihdoin tähden, ja loppu on historiaa.

Tapahtumapaikka on kovan onnen kesäleiri Camp Crystal Lake, jossa ensin hukkui kauan sitten yksi leiriläinen, sen jälkeen murhattiin kaksi. Sen jälkeen kaivovesi oli myrkytetty ja lopulta koko leiri paloi maan tasalle ja oli suljettuna 20 vuotta. Nykyajassa uusi omistaja haluaa avata sen uudelleen ja on palkannut sitä kunnostamaan joukon vähän uunoja, mutta silti enimmäkseen sympaattisen oloisia nuoria.

Joku ei kuitenkaan halua leiriä avattavan, ja alkaa tappaa nuoria yksitellen Savinin hurjalta näyttävien, ennennäkemättömän tarkasti esitettyjen veritehosteiden tuella. Jos nuoret ovat harrastaneet seksiä, se tekee heistä erityisen varmasti murhaajan kohteita. Kuka on tämä äärimmäisen raaka tappaja, ja miksi hän tappaa?

Amerikkalaisille nuorille tuttu, positiivisia mielikuvia antava kesäleiriympäristö yhdistettynä julmaan splatterkuvastoon tuotti Paramountille hitin. Murhamysteeri itsessään oli toissijainen. Murhattavien nuorten joukossa on mm. **Kevin Bacon**, joka heistä ainoana on luonut jonkinlaista uraa myöhemminkin.

Cunningham ei ole ohjaajana totisesti mikään John Carpenter eikä osaa tämän tavoin kehitellä piinaavaa jännitystä. **Harry Manfredinin** *Psykosta* muistumia tuova musiikki tuntuu monin paikoin enemmän häiritsevältä kuin tunnelmaa tukevalta. Silti kokonaisuus toimii varsin hyvin.

Näin itse *Friday the 13th:n* ensi kertaa keskikesällä 1986, jolloin olin vihdoin saanut siitä katsottavakseni hiukan suttuisen VHS-kopion. Saamani kopio sattui vielä olemaan (pelkkää tuuria) unrated-versio, joka sisälsi aivan kaikki Savinin hurmeisimmatkin tehosteet. Teatterilevitystä varten elokuvaa oli jo Amerikassa hieman siistitty R-ikärajan varmistamiseksi.

Vajaat 37 vuotta myöhemmin katselussa oli amerikkalainen 4K UHD, joka sisältää molemmat versiot elokuvasta. Katsoin tietenkin leikkaamattoman unrated-version. Sen kuvanlaatua sai jonkun aikaa jännittää, mutta se osoittautui lopulta varsin tyydyttäväksi. Vanhoista elokuvista, etenkin 1980-luvulla tehdyistä, ei aina saa kovin hyvää 4K-kuvaa aikaan. Tässä kohden on onnistuttu riittävän hyvin, ettei blu-rayn päivitys kalliiseen UHD-julkaisuun alkanut harmittaa jälkikäteen.

Loputtoman pitkän jatko-osien sarjan poikinut alkuperäisteos tuntuu elokuvana edelleen sen parhaalta, vaikka toisaalta selvästi hönömpi kolmas osa (1982) kuuluu myös suosikkeihini. Siitä hyllyssäni on hieno 3D blu-ray.

HUMANOIDS FROM THE DEEP
USA 1980
Ohjaus: Barbara Peeters
Pääosissa: Doug McClure, Ann Turkel, Vic Morrow
Katsottu: 15.3.2023
Formaatti: Blu-ray

6

Melko äskettäin 98-vuotiaana kuolleen b-elokuvien keisari **Roger Cormanin** tallista tullut hurmaava, raiskaavista ihmismäisistä merihirviöistä kertova *Humanoids from the Deep* sai ensi-iltansa jenkeissä tasan viikkoa *Friday the 13th:n* jälkeen.

Elokuvan videotallenteen työnsin ensi kertaa koneeseen jo VHS-aikakaudella joskus 1980- ja 1990-lukujen taitteessa, jolloin kaveri lainasi minulle sen alkuperäisen NTSC-kasetin. Muistan, että pidin elokuvaa typeränä ja merkitsin sille omaan kirjanpitooni 2 pistettä kymmenestä. Kyllä, olin aikamoinen tosikko nuorena.

Seuraava yritys koitti kesällä 2005, jolloin *Humanoids from the Deep* oli löytänyt tiensä elokuvamaratonin esityslistalle. Vaikka sen esitys alkoi hiukan hankalaan aikaan kymmentä yli neljältä heinäkuun aamuyönä, jaksoin silti seurata sitä yllättävänkin tarkkaavaisesti ja merkitsin sen pisteytykseksi tuplasti isomman lukeman kuin edellisellä kerralla, 4 pistettä. Tuolloin elokuva katsottiin DVD:ltä.

Kolmas katselukerta oli aivan vuoden 2020 alussa, jolloin olin kaikesta huolimatta päättänyt hankkia hyllyyni elokuvan blu-ray -julkaisun. Silloin *Humanoids from the Deep* oli minusta aivan mainio kaikessa hassuudessaan ja merkitsin sille peräti 7 pistettä. Maaliskuussa 2023 katsoin sen vielä kertaalleen, jolloin pisteet putosivat edellä nyt näkyvään kuuteen.

Pieneen kalastajakylään sijoittuva halpis käynnistyy hitaanlaisesti. Tapahtumat käynnistyvät, kun kalastajaporukalta loppuu veneestä polttoaine kesken pyyntimatkan. Joukon nuorimmaista alettiin heti kurmottaa: hänet komennettiin tankkaamaan. Katsoja odotti jo, että tämän pitäisi uida maihin hakemaan lisää bensiiniä. Tilanne oli kuitenkin pahaenteisempi: syvyydestä pintaan tulleet humanoidit hyökkäävät kalastajien kimppuun ja lopulta he päätyvät räjäyttämään vahingossa koko aluksensa.

Siinä piti olla todella taitava, mutta ainakin humanoidien hyökkäys saatiin edes hetkellisesti torjutuksi. Kuviin tuli naishahmo, joka etsi koiraansa tämän kopista mutta sieltä tulikin esiin kissa. Oliko lemmikki siis muuttunut kissaksi, mitä ihmettä.

Seksikkääseen bodyyn ja avoimeen aamutakkiin pukeutunut nainen säikähti kotonaan ensin pyykkiä ja sitten tiskejä. Hän ei selvästikään ollut tottunut olemaan keittiössä. Seuraavaksi nainen säikähti jo puhelintakin!

Tällä tavoin elokuvaan saatiin pohjustettua pahaenteistä tunnelmaa, joka lunastetaan pian kun hiukan Mustan laguunin hirviötä muistuttavat humanoidit lopulta kiipeävät maihin ja aloittavat nuorten naisten väkisinmakaamiset sekä heidän poikaystäviensä veriset tappamiset. Yksi otuksista saadaan kiinni ja todetaan, että sillä on valtava aivokapasiteetti.

Humanoids from the Deep on hölmö hirviöelokuva, jonka parissa on vaikeaa olla viihtymättä ainakin jonkin verran. Sen gore-efektit ovat itse asiassa varsin asiallisia, vaikka niitä on aikakaudelle tyypillisesti suhteellisen vähän.

•

Kanadalainen teinislasher *Prom Night* oli tuttu näky videovuokraamoissa niihin aikoihin kun aktivoiduin niiden asiakkaana ja tuli se silloin totta kai myös vuokrattua. Elokuvan esikuvat on helppo havaita: se yhdistelee tuolloin melko tuoreiden hittielokuvien *Carrie* ja *Halloween* piirteitä ja heittää sekoitukseen lisäksi vielä *Satuday Night Feverin*.

PROM NIGHT
Kanada 1980
Ohjaus: Paul Lynch
Pääosissa: Leslie Nielsen, Jamie Lee Curtis, Anne-Marie Martin
Katsottu: 27.5.2024
Formaatti: Blu-ray

6

Prom Nightin ohjaaja **Paul Lynch** teki 1980-luvulla useita genre-elokuvia nimenomaan Kanadassa, mutta on syntyperältään britti, kotoisin Liverpoolista. Lynchin muita maininnan arvoisia töitä ovat hänen toinen kauhujännärinsä *Humongous* (1982) sekä kiusaajaelokuvan ja syrjäseutupainajaisen taitava yhdistelmä *Bullies* (1986).

Yllättävän pitkäksi venyvässä johdantojaksossa kolmen noin 10-vuotiaan tytön ja samanikäisen pojan kuurupiiloleikki hylätyssä teollisuusrakennuksessa päättyy traagisesti, kun he intoutuvat kiusaamaan rajusti paikalle osunutta neljättä tyttöä, joka saa tämän takia surmansa. Nelikko vannoo pysyvänsä tapahtumasta ikuisesti vaiti. Joku kuitenkin näki tapahtuneen.

Kuusi vuotta myöhemmin kaikki ovat valmistautumassa koulun päättäjäistanssiaisiin, kun alkaa tapahtua. Surmansa saanutta tyttöä kiusanneet nuoret saavat uhkaavia puhelinsoittoja, joissa annetaan ymmärtää, että tämän *prom nightin* aikana tasataan tilit. Lynch esittää puhelinsoitot upeasti, kun tuntematon soittaja kähisee uhkauksensa pahaenteisen musiikin säestyksellä, lyijykynä muistivihkoa verkkaisesti naputtaen.

Epäiltyjä alkaa kertyä. Yksi heistä on koulun omalaatuinen talonmies, roolissa jopa viidestä eri David Cronenbergin elokuvista tuttu **Robert Silverman** (mm. *Rabid, Scanners).* Toinen on juuri sopivasti vankilamielisairaalasta karannut psykopaattimurhaaja, joka jäi aikanaan kiinni juuri tässä kaupungissa. Jopa kuolleen tytön isä, koulun rehtori (**Leslie Nielsen**) tekee itsestään epäillyn katoamalla näkyviltä tanssiaisten alkuvaiheessa, jolloin kirveshippa käynnistyy.

Hiukan häijynkin oloista kaunotar Wendyä näyttelevä **Anne-Marie Martin** tuli sittemmin tunnetuksi tv-komediasarjan *Sledge Hammer* naispääosassa. Wendy ja koulun paha poika Lou ovat ilmiselvästi *Carrien* **Nancy Allenin** ja **John Travoltan** vastineet tässä elokuvassa. Tämä olisi ollut helppo huomata jo 1980-luvulla, jos Suomessa täyskielletty *Carrie* olisi ollut mahdollista nähdä ennen *Prom Nightia.*

Wendy on katkera, koska rehtorin toinen tytär Kim (**Jamie Lee Curtis**) vei häneltä poikakaverin, joka on koulun ja siten myös prom-tanssiaisten kingi. Lou taas on huligaani, joka kiusaa vähän kaikkia ja saa potkut koulusta, mikä katkeroittaa. Molemmat haluavat sabotoida prom-tanssiaiset kuten esikuvansa *Carriessa,* mutta meille ei kerrota etukäteen millä tavoin.

Silmiinpistävää on, että suunnilleen kaikki näyttelijät ovat aivan liian vanhoja teinirooleihinsa. Tämä korostuu etenkin, kun päähenkilönuoret nähtiin alussa noin kymmenvuotiaina, mutta sitten kuusi vuotta myöhemmin he ovat yhtäkkiä yli parikymppisiä. Leslie Nielsenin näkeminen vakavassa draamaroolissa tuntuu oudolta, ja hänen tanssahtelunsa katselu saa odottamaan jotakin hassua kommellusta.

Elokuva pysähtyy pitkäksi aikaa paikalleen Jamie Lee Curtisin tanssiessa kavaljeerinsa kanssa elokuvan nimikappaletta kohtauksessa, jossa selvästi kanavoidaan *Saturday Night Feveriä.* Tanssimiseen keskitytään ylipäänsäkin niin täysin, että pitkään näyttää ettei kukaan juhlavieraista malta edes syödä tai juoda, kaikkien vain tanssiessa koko ajan. Lopussa nähdään sentään yhdessä kohtauksessa, että juhlasalin laidoilla on buffet-tarjoilu.

Juhlia näytetään toistuvasti limittäin jaksojen kanssa, joissa murhaaja jahtaa uhreja pitkin koulun pimentyneitä käytäviä. Tappaminen alkaa varsin myöhään: puolentoista tunnin elokuvasta on kulunut jo yli tunti ennen kuin ensimmäinen uhri heittää henkensä. Murhia ei esitetä kovinkaan yksityiskohtaisesti, lukuun ottamatta yhtä aivan elokuvan lopussa, joka kyllä palkitsee odottamisen.

Synapsen amerikkalaisen blu-rayn kuva on hyvin pehmeä, mutta sellaisia ovat olleet elokuvan aiemmatkin videojulkaisut. Syynä tähän lienee alkuperäinen filmilaatu. Rakeisuuttakin kuvassa on, mutta kuvan pehmeys lieventää sen silmiinpistävyyttä.

CITY OF THE LIVING DEAD
Italia 1980
Ohjaus: Lucio Fulci
Pääosissa: Christopher George, Catriona MacColl, Carlo De Mejo
Katsottu: 22.2.2024
Formaatti: 4K Ultra HD

6

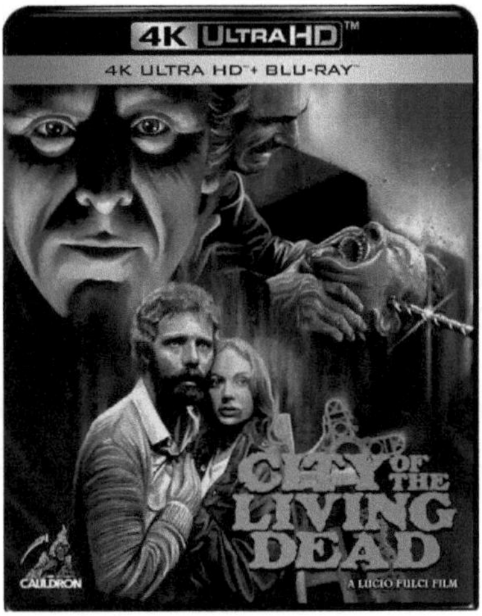

Italialaisen splatter-maestro **Lucio Fulcin** huippukauden töistä *City of the Living Dead* on aina ollut minulle niistä kaikkein haastavin. Looginen, järjellinen tarina on siinä häivytetty niin kauas taka-alalle, että vaikka näin elokuvan varmaan jo lähes kymmenettä kertaa, en vieläkään pystynyt muistamaan aiemmista katseluista läheskään kaikkea, mitä siinä juonen tasolla tapahtuu.

Tämä johtuu siitä, ettei elokuvassa oikeastaan ole mitään kovin selkeää juonta. On vain toisiinsa löyhästi liittyvä sarja unenomaisia tapahtumia, joista muutamat ovat äärimmäisen verisiä, ja sitten elokuva yhtäkkiä loppuu. Fulci onkin panostanut tässä selvästi enemmän kauhutunnelmiin kuin mihinkään loogisesti etenevään jatkumoon.

City of the Living Dead on Fulcin lovecraftilainen elokuva: paikkakunta on nimeltään Dunwich, ja tapahtumat siellä käynnistyvät kun paikallinen pappi hirttäytyy. Siitä seuraa helvetin porttien aukeaminen, ja pian joudumme todistamaan mitä hirveimpiä kauhunäkyjä.

Journalisti (**Christopher George**, *The Exterminator)* ja meedio (**Catriona MacColl**, *The Beyond)* kiirehtivät paikan päälle selvittelemään tapahtumia, mutta harmi kyllä tulevan kauhuohjaaja **Michele Soavin** takaraivo ehditään jo repiä irti ja hänen tyttöystävänsä oksentaa koko suolistonsa suun kautta ulos kesken treffien. Ja kaikki tämä vain itsemurhan tehneen papin vaikutuksesta.

Giovanni Lombardo Radicea käy suorastaan sääliksi: hänellä ei ole elokuvan hahmona oikeastaan muita ominaisuuksia kuin äärimmäisyyten asti viety luuserius, eikä hän ehdi kehittyä siitä mihinkään ennen kuin tulee jo isoa poraa päähän.

Motiivi elokuvan tämänkertaiseen katseluun oli uudehkon 4K-julkaisun tulo hyllyyn. Sen kuvanlaadussa ei ole hurraamista, enkä sitä oikeastaan odottanutkaan. Muutamassa yksittäisessä kuvassa ylletään tarkkuuteen, johon blu-ray ei yltäisi, mutta niitä on todella harvakseltaan. Jos omistaa jo ennestään blu-rayn, ei tähän välttämättä kannata päivittää, mutta näyttäähän se komealta hyllyssä.

SOMEWHERE IN TIME
USA 1980
Ohjaus: Jeannot Szwarc
Pääosissa: Christopher Reeve, Jane Seymour, Christopher Plummer
Katsottu: 6.8.2023
Formaatti: Blu-ray

6

And now for something completely different! **Richard Mathesonin** (mm. *Duel, I Am Legend, The Twilight Zone)* romaaniin perustuva ja myös hänen elokuvakäsikirjoitukseksi sovittamansa *Somewhere in Time* on lempeä romanttinen fantasiadraama, jossa **Christopher Reeven** *(Superman)* tulkitsema menestynyt näytelmäkirjailija kehittää elokuvan valmistumisen aikaisessa nykyajassa itselleen pakkomielteen kauniista 1910-luvun näyttelijättärestä. Viimeksi mainittua tulkitsee kuvankaunis **Jane Seymour** *(Live and Let Die).*

Mies keksii keinon palata menneisyyteen voidakseen saada kaunottaren omakseen. Kaikki tämä tapahtuu sekä **John Barryn** tavattoman kauniin musiikin että **Sergei Rahmaninovin** upean *Paganini Rhapsodyn* säestyksellä.

Kaikki yksittäiset elementit tässä siis ovat enemmänkin kuin vain kohdillaan ja elokuvasta ihan oikeasti haluaisi pitää, mutta lopputulos on siitä huolimatta uskomattoman puolivillainen.

On kuin tekijät eivät oikein itsekään uskoisi romaanin mielikuvitusta kutkuttavaan ideaan ja lisäävät siksi pöhköä hassutteluhuumoria tarinaan, jossa sitä ei tarvittaisi. Ehkä Mathesonin (1926 - 2013) romaani on parempi. Ei elokuvakaan huono ole, mutta se ei tunnu yltävän lähellekään potentiaaliaan.

Ohjauksesta vastaa *Tappajahai 2:sta* tuttu **Jeannot Szwarc**. Minulla oli elokuvasta jo ennestään varsin keskinkertainen muistikuva: löysin 1990-luvulla sille antamani kuuden pisteen merkinnän, enkä nähnyt syytä poiketa siitä nytkään.

DEMONOID
Meksiko 1981
Ohjaus: Alfredo Zacarías
Pääosissa: Samantha Eggar, Stuart Whitman, Roy Jenson
Katsottu: 28.2.2023
Formaatti: Blu-ray

5

Todettakoon heti kärkeen, ettei yllä nähtävällä julistekuvalla ole mitään tekemistä elokuvan kanssa. Se on pelkkää markkinointihömppää.

Demonoid on meksikolainen b-kauhuelokuva, jota en koskaan tullut vuokranneeksi VHS:n alkuaikoina 1980-luvulla, vaikka se Videotragen kultakantisten videoiden sarjaan kuuluvana oli tarjolla näkyvällä paikalla melkein jokaisessa vuokraamossa.

Kuten aiemmin jo mainitsin, olin tuolloin parikymppisenä hyvin laatutietoinen ja *Demonoid* näytti Carpenterin ja Cronenbergin elokuvien rinnalla pelkältä hölmöltä roskalta. Vanhemmalla iällä sellaisestakin on oppinut pitämään. Tilattuani sekä katsottuani Vinegar Syndromen blu-rayn ensi kertaa 5.3.2022 itse asiassa suorastaan pidin *Demonoidista.*

Samantha Eggar *(The Brood)* löytää arkeologimiehineen Meksikossa sijaitsevasta syvästä luolasta paholaisen käden – joka tosin alun takaumassa irrotetaan alun perin isotissiseltä blondilta. Kun saalis viedään kotiin, alkavat pahaenteiset tapahtumat pirullisen käden ottaessa valtaansa yhä uusia uhreja ja näiden yrittäessä päästä kirouksesta eroon leikkaamalla kätensä irti.

En ymmärrä miten oikein katsoin elokuvaa viimeksi, kun olin merkannut sille peräti 7 pistettä. Toisella yrityksellä sen kanssa oli melkeinpä tylsää ja pisteet putosivat kahdella alaspäin. Kyllä tällaisille elokuville paikkansa on, mutta se ehkä toimisi paremmin jos katsomossa olisi myös kavereita kaljapäissään kommentoimassa sen tapahtumia. Onneksi *Demonoid* on vain 80 minuuttia pitkä.

THE BURNING
USA 1981
Ohjaus: Tony Maylam
Pääosissa: Brian Matthews, Leah Ayres, Brian Backer
Katsottu: 9.8.2023
Formaatti: 4K Ultra HD

9

Uuden hienon 4K UHD -julkaisun myötä vuorossa on nyt paluu nuoruuden hienoimpiin kokemuksiin. Meistä jokaisella on varmasti oma teinisplatterelokuvasuosikki: britti **Tony Maylamin** ohjaama *The Burning* on minun.

United Filmin julkaisema hieno suomi-kasetti oli itse asiassa ihan ensimmäinen video, jonka koskaan vuokrasin, joskus loppukesästä tai alkusyksystä vuonna 1983. Silloin sitä piti katsoa naapurin pojan luona, kun kotona ei ollut videoita. Näin jälkikäteen voi vain todeta olleensa onnekas, että syntyi oikea-aikaisesti. Silloin nuoren aikuisuuden huippukohtiin kuului mm. tämän elokuvan lauttateurastuksen näkeminen, vaikkakin ensi alkuun hieman leikattuna suomi-kasetilta.

Tämän uuden julkaisun 4K-kuvanlaatu loksautti heti alussa leuan lattiaan. Miten elokuva onkin saatu näyttämään näin hyvältä? Toki resoluutio ei pääse parhaiten oikeuksiinsa pimeäkohtauksissa, ja niitä tässä elokuvassa on paljon, mutta kuitenkin, huh huh! Alun kaukaa otetuissa yleiskuvissa leirin ruokalasta pystyi erottamaan yksittäiset näyttelijät kasvonpiirteiden perusteella, vaikka nämä olivat kuvassa vain hiukan pistettä suurempia.

Heistä ryhdyin erityisesti bongaamaan **Holly Hunteria**, johon en ollut aiemmin kiinnittänyt erityistä huomiota. Yllättävän monesta kohtauksesta hänet löysi, ja lopussa hän sai pari lyhyttä repliikkiäkin.

Hunterin lisäksi *The Burning* on ollut merkittävä varhaistyö myös monelle muulle kuuluisuudelle. Näyttelijöiden joukossa vaikutti suositun komediasarjan *Seinfeld* tähti **Jason Alexander**. Veritehostenero Tom Savini oli lyönyt itsensä vastikään läpi ja oli elokuvalle onneksi, että hänet saatiin mukaan myös sen tuotantoon.

Leikkaajana toiminut **Jack Sholder** siirtyi sittemmin ohjaajaksi ja teki useita mainioita elokuvia myöhemmin 1980-luvulla. Musiikin säveltänyt **Rick Wakeman** oli ollut tunnettu jo vuosikymmenen verran, etupäässä progemammutti Yesin kosketinsoittajana sekä kunnianhimoisista soololevyistään. Ja sokerina pohjalla, nykyään surullisen kuuluisa tuottaja **Harvey Weinstein** oli **Bob** -veljensä kanssa vetämässä koko projektia.

The Burningin tarinan kummallisin piirre on itselleni aina ollut outo jakso, jossa sairaalasta pahoin palaneena päässyt Cropsy päättää ensimmäiseksi mennä huoriin. Sanoivatko lääkärit sairaalasta lähtiessä, että kyllä se nyt jo sen verran kestää? Eikä kyse lopulta ollut edes yhdynnästä vaan vain tarpeesta tappaa joku, ehkä harjoituksen vuoksi. Outo ja ilkeä, jotenkin ylinuhjuinen jakso muuten viihdyttävässä kesäleirikauhuelokuvassa.

Vasta tämän jälkeen siirrytään kesäleirille, jossa Cropsy haluaa kostaa palamisonnettomuuteensa myötävaikuttaneille nuorille murhaamalla kaikki valtavilla puutarhasaksillaan. Kun yhden sulokkaasti bikineissä baseballia pelanneen tytön takapuolta oli vähän aikaa zoomailtu, saattoi katsoja jo todeta Weinsteinien aloittaneen todella pohjalta.

Ennen murhaamisen aloittamista tutustutaan leiriläisiin henkilöhahmoina. Heistä ensimmäisen vuoron sai kaikkien syvästi inhoama nörttipoika Alfred (**Brian Backer**), joka jää kiinni tytön tirkistelystä suihkussa. Häntä syytetään perverssiksi. Joku muu voisi tietysti ajatella, ettei suihkussa tirkistely nyt niin perverssiä ollut. Olisi ollut eri asia, jos olisi tirkistellyt tyttöä ulkohuusissa.

Välillä uhkaa kasvatetaan näyttämällä point of view -kuvakulmia metsässä hiippailevan murhaaja Cropsyn suunnasta. Wakemanin säveltämä, tunnelmaa kasvattava pelottelumusiikki soi aina näiden jaksojen taustalla. Vai oliko kyseessä Cropsyn päänsisäinen ääni? Se ainakin selittäisi sen, miksi tämä oli koko ajan niin vihainen.

Lisäksi näiden pov-jaksojen aikana kuva oli ehkä tarkoituksella hiukan suttuinen, mille oli mahdollisesti looginen selitys: ehkä Cropsyn verkkokalvot paloivat alkukohtauksessa ja tämä ei ihan oikeasti pystynyt näkemään selvemmin. Elokuva ei tätä millään tavoin vahvistanut, mutta teoriana se on aika hyytävä.

Väistämätöntä murhakavalkadia lykättiin edelleen. Seuraavaksi leiriläiset kokoontuivat isoon ruokasaliin nauttimaan iltapalaa. Siellä heille ylipitkää puhetta pitäneellä vanhemmalla leirinohjaajalla (**Brian Matthews**) oli ilmiselvää johtajakarismaa. Hänen äänensä ei tosin oikein kuulunut puheensorinan ylitse, eikä kukaan tuntunut kuuntelevan sitä vaikka olisi kuulunutkin.

Improvisoidun öisen uintiretken jälkeen tytöltä oli viety rantaan jääneet vaatteet. Ehkä Harvey Weinstein oli vienyt ne voidakseen kuvata tätä pidemmän aikaa alastomana? Jenkkien koko kesäleiritouhu oli melko samanlaista kuin meillä on armeijassa. Annetaan kovasti komentoja, ja aina on kiire kokoontua odottamaan jotakin.

Leiriläisten teurastuksen loppuvaiheissa, kun Cropsy oli tehnyt sekä läsnäolonsa että pahat aikeensa yleisesti tiettäväksi, Alfred juoksi kovaa vauhtia karkuun näyttäen aivan sammakolta. Menenpä tänne raunioihin piiloon, hän päätti. Ja on kai oikeastaan hyvä, että hän pääsee kärsimyksistään. Ei tällaisen tyypin elämästä tulisi kuitenkaan mitään.

The Burning on kerrassaan upea teinislasher, poltettu Cropsy yksi aikakauden hurjimmista psykopaateista ja isot puutarhasakset yksi vaikuttavimmista murha-aseista. Jos lajityyppi kiinnostaa, älä jätä tätä elokuvaa väliin.

Don't move! You're dead!

THE PROWLER
USA 1981
Ohjaus: Joseph Zito
Pääosissa: Vicky Dawson, Christopher Goutman, Lawrence Tierney
Katsottu: 27.5.2024
Formaatti: Blu-ray

6

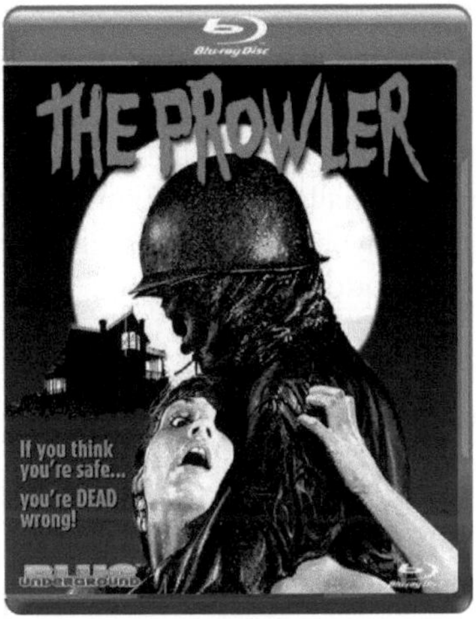

Koulun päättäjäistanssiaiset ovat olleet kauhujen näyttämöitä aiemmin käsitellyissä elokuvissa *Carrie* (1976) ja *Prom Night* (1980), ja sitä ne ovat myös niitä uudemmassa yrittäjässä *The Prowler* (tunnetaan myös nimellä *Rosemary's Killer*).

Elokuvan johdantojaksossa vuosi on 1945. Tanssiaisissa on mukana useita hiljattain toisesta maailmansodasta palanneita sotilaita. Yksi heistä on onnistunut iskemään omakseen kauniin Rosemaryn, joka on juuri ennen sodan loppua kirjoittanut erokirjeen myöskin Euroopassa sotimassa olleelle edelliselle miesystävälleen.

Rosemaryn ja tämän uuden miehen onni päättyy lyhyeen, kun tummanpuhuvaan sotilasasuun pukeutunut mies tappaa molemmat verisesti näiden piilouduttua kuhertelemaan rauhalliseen paikkaan jonkin matkaa juhlasalin ulkopuolelle.

Pikakelaus vuoteen 1980: meille selviää, ettei tanssiaisia ole tällä välin pidetty enää ollenkaan koska alussa tapetun tytön isä majuri Chatham (**Lawrence Tierney**) on sen estänyt. (Milläköhän valtuuksilla?) Nyt vanhan miehen terveys on pettänyt eikä hänellä ole enää voimia estää nuorisoa pitämästä hauskaa. Vai onko sittenkin, väkivaltaisin keinoin?

Muitakin epäiltyjä alkaa kertyä jo ennen kuin tappaminen nykyajassa alkaa. Sheriffi on ensinnäkin jostakin syystä lähdössä yli yön kalareissulle juuri tänään, jättäen nuoren apulaissheriffin (**Christopher Goutman**) vastuuseen kaikesta. Vai onko hän oikeasti lähdössä?

Entä tyttöjen asuntolaa vastapäätä asuva, edellä mainittu majuri Chatham, joka ei muka pääse ylös rullatuolistaan? Tierney kykeni väkivaltaan *Reservoir Dogsissakin,* miksei sitten tässä elokuvassa. Motiivikin hänellä on sen jälkeen kun yksi asuntolan tytöistä kiusaa häntä keimailemalla hänelle ikkunastaan täysin alasti. Näiden epäiltyjen lisäksi myös paikallinen sekatavarakauppias on alkanut käyttäytyä hyvin oudosti.

Kuten jo alkuperäisessä *Friday the 13th:ssä* olisi ollut parempi olla avaamatta kesäleiriä uudestaan, myös täällä olisi ollut parempi olla aloittamatta tanssiaisperinnettä uudelleen. Ei kestä kauan, kun ympäristössä alkaa hiippailla toisen maailmansodan sotilaan asuun pukeutuva tummanpuhuva hahmo.

Tappajan valmistautuessa omaan suoritukseensa kuvissa näytetään vuorotellen häntä ja juhliin valmistautuvia nuoria. Kun tappaminen alkaa, elokuva alkaa vähän toistaa itseään. Joku aina erkanee muiden joukosta ja tulee murhatuksi, sitten sama uudelleen. Murhavälineinä käytetään pitkää pistintä hyvin luovasti, sekä heinähankoa.

Ja kun veritehosteita on tekemässä Tom Savini *(Friday the 13th, The Burning),* niin murhat ovat pöyristyttävän verisiä ja raakoja. Tekniikka on ehtinyt tähän mennessä kehittyä jo niin paljon, etteivät Savinin aiemmat työt enää vedä vertoja *The Prowlerin* tai samoihin aikoihin valmistuneen *Nightmaren* vastaaville.

Tarinan päähenkilöiksi tarkentuvat sievä Pam (**Vicky Dawson**) ja apulaissheriffi, joiden tutkiessa asiaa majuri Chatham löydetään yhtäkkiä pyörätuolistaan keskeltä öistä jalkakäytävää. Ja hän hyökkää Pamin kimppuun, arvasin että hän pystyisi siihen. Kauheaa!

Pam menettää tässä kamppailussa osan juhlamekostaan ja hakee apua apulaissheriffiltä, mutta miehen tultua majuri on yhtäkkiä kadonnut. Minne? Sitä elokuva ei enää selitä, eikä vanhaa miestä nähdä enää sen jälkeen.

Tästä heräsi tietenkin huoli: jos elokuva ei osaa selittää edes tuota kohtausta, miten se pystyy selittämään uskottavasti varsinaisen murhamysteerinsä: kuka tappoi Rosemaryn vuonna 1945, miten se liittyy nykyhetkeen. Onko kyseessä sama tappaja ja mikä on hänen motiivinsa?

Joseph Zito on ohjannut suuren määrän keskinkertaisia tai sitäkin huonompia b-luokan toimintaelokuvia. *The Prowler* on yksi hänen harvinaisista poikkeamistaan genre-elokuvan pariin. Tämän elokuvan meriiteillä hän pääsi seuraavaksi tuhoamaan *Friday the 13th* -sarjan sen huonolla nelososalla *The Final Chapter.* Ziton vanhemmista töistä suosittelen **Patricia Hearstin** tapaukseen pohjautuvaa varsin laadukasta kidnappauselokuvaa *Abduction* (1975).

Loppuun vielä hauska anekdootti. Kesällä 1985 sain erittäin harvoin luonani käyvän kaverini kanssa päähäni etsiä paikallisesta vuokraamosta kaksi mahdollisimman väkivaltaista kauhuelokuvaa, kun kuitenkin aika harvoin tavattiin ja haluttiin että illan viihde olisi ensiluokkaista. Huolellisen mietinnän jälkeen valituiksi tulivat *Maniac* sekä tämä elokuva nimellä *Rosemary's Killer.* Molemmissa oli sattumalta Savinin tehosteet, mutta illan tunnelma kyllä lässähti, kun niiden suomi-kasetit olikin sensuroitu aivan torsoiksi.

Katsomani Blue Undergroundin blu-rayn kuvanlaatu oli vaatimaton. Pehmeänä, rakeisena ja hiukan sumeana se tuntui sijoittuvan laadullisesti jonnekin DVD:n ja normaalin blu-rayn puoliväliin. Toivottavasti elokuva on sittemmin saanut parempilaatuisia julkaisuja.

•

Italialaisen **Andrea Bianchin** *Burial Ground* on yksi lajityyppinsä ällistyttävimmistä edustajista. Mielestäni se on italialaisen zombie-elokuvan vastine George A. Romeron *Dawn of the Deadille,* pikemminkin kuin se ilmeisempi vaihtoehto eli Lucio Fulcin *Zombie.* Fulcin elokuva, niin hyvä kuin se totta kai onkin, maistuu kopiolta. *Burial Ground* sen sijaan on täysin ainoalaatuinen. Näitä ei ole kuin yksi.

Lukkarinrakkauteni elokuvaa kohtaan toki johtuu osittain siitä, että se oli aikanaan yksi aivan ensimmäisistä omaan videohyllyyn saamistani "kielletyistä" jenkkioriginaaleista. Vuosi oli silloin joko 1989 tai 1990 ja formaattina NTSC VHS. Jo tuon julkaisun kansitaide oli niin komea, että se yksinkin riitti odottamaan sisällöltä jotakin ainoalaatuista. Keskellä kesää 2023 julkaistu brittiläisen 88 Filmsin 4K UHD ei jää tässä suhteessa paljoakaan jälkeen.

BURIAL GROUND Italia 1981 Ohjaus: Andrea Bianchi Pääosissa: Karin Well, Gianluigi Chirizzi, Peter Bark Katsottu: 8.7.2023 Formaatti: 4K Ultra HD 8

Burial Ground henkii nautittavaa, unenomaista tunnelmaa jo alusta asti. Joukko aikuisia ihmisiä, miehiä ja naisia, saapuu tarkemmin määrittelemättömästä syystä viikonlopuksi suureen kartanoon samalla kun taustalla soi loistavan epätodellisen tunnelman luojana erikoinen sekoitus jazzia ja hyvin hitaasti soitettua syntikkapainotteista italoprogea. Periltä he odottavat ilmeisesti löytävänsä ”professorin”, jota ei kuitenkaan näy.

Professori on ennen vieraiden tuloa tutkinut hieman liian tarkasti muinaisten etruskien hautausmenetelmiä ja tullut yhtäkkiä elävien kuolleiden yllättämäksi. Bianchi ei tuhlaa aikaa: elokuva ei ole pyörinyt kuin noin 15 minuuttia ennen kuin ammoin kuolleet jo vyöryvät esiin sekä hautaholveista että maan sisuksista. Ja nämä zombiet eivät todellakaan ole mitään Romeron elokuvien äskettäin kuolleita, vaan näyttää, siltä että niiden mädäntyminen on edennyt jo pitkälle.

Yön pimentyessä alussa esitellyt henkilöt joutuvat puolustautumaan elävien kuolleiden hyökkäystä vastaan, mutta epäonnistuvat erilaisin tavoin ja tulevat sen jälkeen yleensä äärimmäisen verisesti syödyiksi. Ja kaikki todellakin näytetään, pitkään ja lähikuvissa!

Veri- ja sisälmysefekteistä on mitä ilmeisimmin vastannut myös Fulcin elokuvista tuttu efektinero **Giannetto de Rossi**, näiden maskeeraauksista taas **Rosario Prestopino**. Osa jälkimmäisistä on kuin olisi vain lyöty näyttelijän naamaan lautasellinen kaurapuuroa ja sitten kovetettu se hiustenkuivaajalla paikalleen.

Olikin todella hyvä juttu, että nämä zombiet olivat hitaasti liikkuvan koulukunnan edustajia, koska näyttelijät olisivat tuskin pystyneet näkemään kaikkien maskien läpi kunnolla eteensä. Mahdolliset kompastelut oli elokuvasta leikattu pois. Lopulta myös vierailun isäntä eli professori ilmaantui esille hautaholvista ja liittyi iloiseen zombieparveen mutustelemaan ihmislihaa. Mitenkäs se professori nyt tolleen?

Elokuvan varmaankin muistettavimmaksi hahmoksi kasvaa pieni Michael-poika, jonka näyttelijä **Peter Bark** (oikealta nimeltään Pietro Barzocchini) oli syntynyt arviolta vuonna 1955 (tarkkaa aikaa ei edes tiedetä) eli oli elokuvan tekoaikaan noin 26-vuotias. Pienikokoisena ja hentorakenteisena hän sopi edelleen oikein hyvin alaikäisen pojan rooliin. Michaelin oidipaalinen suhde erittäin uhkeaan äitiinsä (**Mariangela Giordano**) johtaa varsin ällistyttäviin tilanteisiin, joissa etenkin äidin rinnat joutuvat *todella* koville.

Burial Ground on valmistumisaikansa huomioiden saamiaan pisteitä selvästi tärkeämpi teos, joka kaikkien lajityyppiä harrastavien tulisi pyrkiä näkemään. Se ei ole niin hyvin tehty elokuva, että sille voisi antaa 9 tai 10 pisteen arvosanaa, mutta se on niin omaleimainen, että ilman sitä italialaisen zombie-elokuvan lajityyppi olisi merkittävästi köyhempi.

Rehellisesti sanottuna elokuvan 4K UHD -julkaisu ei ole kuvanlaadultaan erityisen hyvä, eikä sitä voi pitää edes kovin oleellisena parannuksena aiempiin blu-ray -julkaisuihin verrattuna. Mutta ei se ole niitä huonompikaan, ja kansitaide on näyttävämmän näköinen kuin aiemmissa julkaisuissa.

Mommy!

•

Edellä jo käsitellyn vuoden 1974 alkuperäisen *Death Wishin* jatko-osa ilmaantui hyllyyni niin ikään 4K UHD:nä vain puolitoista kuukautta sitä myöhemmin, joten elokuvat tuli nähtyä sopivin välein toisistaan.

Kuten jo kävi ilmi, olin jossain määrin tyytymätön Kino Lorberin julkaiseman ykkösosan kuvanlaatuun. Jatko-osan kuvanlaatu oli sitä vastoin vähällä saada leuan putoamaan lattiaan nähtyäni, miten erinomaista jälkeä Vinegar Syndrome oli saanut sen julkaisussa aikaan. Valitettavasti terävyyden ohella kuvaan oli saatu tallennettua myös

DEATH WISH 2
USA 1982
Ohjaus: Michael Winner
Pääosissa: Charles Bronson, Jill Ireland, Vincent Gardenia
Katsottu: 24.11.2023
Formaatti: 4K Ultra HD

7

melkoinen määrä filmiraetta, joten ihan täysiä pisteitä sille ei voi antaa. Mutta silti, näytti selvästi ykkösosaa paremmalta.

Charles Bronsonin tulkitsema arkkitehti Paul Kersey on nyt muuttanut Los Angelesiin, jossa inhojen jengiläisten lahtaaminen alkaa uudelleen, entistäkin raaemmin menetelmin. Käy aivan samoin kuin New Yorkissakin: jengiläiset tunkeutuvat Kerseyn kotiin hänen ollessaan poissa paikalta. Jo ykkösosassa raiskattu ja pahoinpidelty tytär raiskataan uudelleen ja hän heittää vielä henkensä lävistyttyään terävään aidanpiikkiin.

Kersey toimii toisella kierroksella selvästi suunnitelmallisemmin kuin ensimmäisessä osassa. Silloin hän vaikutti etenkin alussa vielä hiukan epävarmalta siitä, toimiko oikein. Nyt hän hankkii kylmän rauhallisesti itselleen erillisen kämpän kaupungin huonoimmalta alueelta voidakseen muuntautua siellä kenenkään näkemättä nukkavieruksi kommandoksi, ja lähtee jahtaamaan inhoja jengiläisiä antaakseen näille minkä ansaitsevat.

Jimmy Pagen musiikki tuottaa tähän osaan mukavan urbaanin tunnelman. Bronson ei viitsi näytellä kovinkaan isolla effortilla, vaikka tai ehkä juuri siksi että naispääosassa on hänen tosielämän vaimonsa **Jill Ireland**.

4K-levylle on tietenkin tallennettu elokuvan leikkaamaton unrated-versio, joten mainio ostos ja katselukokemus kaiken kaikkiaan.

FORBIDDEN WORLD
USA 1982
Ohjaus: Allan Holzman
Pääosissa: Don Olivera, Jesse Vint, June Chadwick
Katsottu: 21.3.2023
Formaatti: Blu-ray

5

Jälleen korostettakoon, ettei tämän elokuvan kansitaide liity millään tavoin sen sisältöön, vaikka tuollaisen tilanteen sisältävä elokuva periaatteessa ihan kiinnostavalta vaikuttaakin. *Forbidden World* on peräisin melko äskettäin kuolleen b-elokuvamonarkki Roger Cormanin tehtaalta, kuten levynkannen yläreunassa selkeästi lukeekin.

Monet halpaelokuvat hakivat etenkin tähän maailmanaikaan inspiraationsa menestyneemmistä isoista elokuvista. Halvan kopioinnin kohteena on tällä kertaa kolme vuotta aiemmin hitiksi osoittautunut *Alien*. Tämän elokuvan tarinassa miehekäs space ranger (**Jesse Vint**) on juuri taistelemassa tietokonepelimäisesti ulkoavaruudessa, kun hänet kutsutaan ratkomaan hankalaa pulmaa syrjäisellä planeetalla sijaitsevaan tutkimuskeskukseen.

Siellä tiedemiehet ovat tehneet pahojaan: geneettisten testien tuloksena on syntynyt Alienin tyyppinen hirviö, joka pääsee pian karkuun ja uhkaa kaikkien turvallisuutta.

Ennen kuin sitä päästään kunnolla jahtaamaan, könsikäs kiinnittää tiukkailmeisen tohtori Barbara Glaserin (**June Chadwick**) huomion. Kekseliäänä blondina tämä kutsuu komistuksen heti yökylään. Seuraavana aamuna vuorossa on asemalle ilmeisesti kesäharjoittelijaksi palkattu nuori ja uhkea Tracy (suloinen **Dawn Dunlap**), jonka kanssa sankarimme menee turkkilaiseen saunaan.

Voi vain ihailla sitä yhteenkuuluvaisuuden tunnetta, jonka salaisella avaruusasemalla oleskelu näyttää synnyttävän. Naiset käyskentelevät toisinaan alasti myös keskenään ja heidän suunnitelmansa puhua järkeä ilkeälle ötökälle on sydämeenkäypä. Sitten jännitys tiivistyy: on aika ottaa alien kiinni ja eliminoida se.

Vaikka *Forbidden World* kuulostaa kerrottuna hauskalta, ja saahan sen parissa toki hetkittäin nauraakin, on se silti yllättävän pitkäpiimäinen. Se olisi varmaan pitänyt nähdä jo 1980-luvun alussa VHS-vuokravideolta jotta siitä jaksaisi toden teolla innostua.

VIGILANTE
USA 1982
Ohjaus: William Lustig
Pääosissa: Robert Forster, Fred Williamson, Richard Bright
Katsottu: 5.4.2024
Formaatti: 4K Ultra HD

7

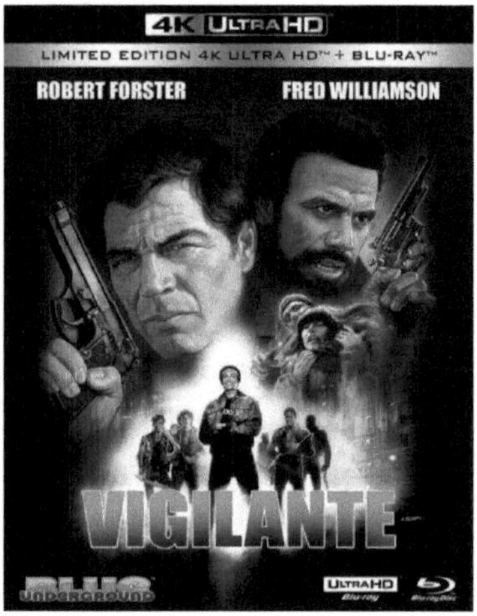

Seuraavaksi vuorossa on **William Lustigin** *(Maniac)* vanha tuttu 1980-luvun alkupuolen väkivaltaklassikko, josta onnistuin hiljattain hankkimaan Blue Undergroundin tuoreehkon 4K UHD -julkaisun.

Tässä pienemmän budjetin *Death Wish* -mukaelmassa **Robert Forster** *(Jackie Brown, The Descendants)* näyttelee erittäin tavallista työväenluokkaista newyorkilaista miestä, jonka on turvauduttava oman käden oikeuteen röyhkeitä väkivaltarikollisia vastaan.

Hyvinkin pitkälle etenkin *Death Wish 2:n* alkua kanavoiden sankarimme kotiin hyökkää aluksi ryhmä inhoja jengiläisiä: poika kuolee, ja vaimokin melkein. Kun tätä seuraavassa oikeudenkäynnissä lahjottu tuomari päästää jengin johtajan vapaaksi, Forster joutuu itse kiven sisään yritettyään hyökätä oikeudenjakajan kimppuun.

Ja siellä sitä aikaa sitten kuluukin! Mies vapautuu kiven sisästä vasta kun 89-minuuttisesta elokuvasta on kulunut 63 minuuttia, joten tulee vähän kiire sen vigilantismin kanssa. Siihen saakka hommat hoitaa todella pökkelösti näyttelevä **Fred Williamson** kavereineen.

Kokonaisuutena *Vigilante* oli hieman parempi kuin aiemmista katseluista muistin. Toiminta on suoraviivaista ja kaikki pahikset saavat upeasti ansionsa mukaan, oikeuslaitosta unohtamatta. 4K-levyn kuvanlaatu sen sijaan on vain vaivoin blu-rayn yläpuolella. Hetkittäin nähdään kyllä kuvaa, johon vanhempi formaatti ei pystyisi, mutta etenkin pimeäkohtaukset ovat yhtä tuhnuisia kuin ennenkin.

Kiinnostava yksityiskohta: *Vigilante* sai maailmanensi-iltansa Cannesin elokuvajuhlilla 18. toukokuuta 1982, tasan kaksi päivää ennen kuin seuraavana vuorossa oleva elokuva.

CREEPSHOW
USA 1982
Ohjaus: George A. Romero
Pääosissa: Hal Holbrook, Fritz Weaver, Leslie Nielsen
Katsottu: 9.8.2023
Formaatti: 4K Ultra HD

10

Episodikauhuelokuvien kruunaamaton kuningas ainakin minulle on George A. Romeron ja Stephen Kingin loistava *Creepshow,* joka sai maailmanensi-iltansa Cannesissa 20. toukokuuta 1982, vain kaksi päivää *Vigilanten* jälkeen. Suomeen tulo kesti vielä aika kauan, sillä varsinainen teatterilevitys alkoi jenkeissäkin vasta saman vuoden Halloweenin tienoilla. Meillä elokuva nähtiin vasta seuraavana vuonna (ja leikattuna tietenkin).

Todellinen yllätys koettiin, kun näin tämän hienon episodielokuvan 4K UHD -julkaisun kuvanlaadun. Olin etukäteen aika skeptinen sen suhteen miten skarppi siitä saataisiin, kun aiemmissa videojulkaisuissa kuva on näyttänyt aika pehmeältä ja suttuiselta. Mutta aivan ihmeitä oli tehty, oli kuin olisi ollut taas 1980-luku ja minä elokuvateatterissa, paitsi että nyt nähtiin elokuvasta leikkaamaton versio.

Ainoa poikkeus erinomaisesta kuvanlaadusta nähtiin jostakin syystä keskimmäisessä tarinassa *Something to Tide You Over*, jonka alkupuolella kuva jäi yllättävän sumeaksi. Tämä toki vaihteli otosta toiseen, kuten tämän ikäisissä elokuvissa tyypillistä on.

Minulle *Creepshow* oli aikanaan ensikosketus George A. Romeron elokuviin. Tiesin toki kuka hän oli, tunsin *Night of the Living Deadin* ja *Dawn of the Deadin* maineelta ja tiesin mitä niissä suurin piirtein tapahtui. Nuoruuden kotikaupunkiini Lappeenrantaan *Creepshow* tuli vasta joskus talven 1983 - 1984 aikana.

Oli aikanaan mahtavaa päästä vihdoin näkemään näin legendaarisen kauhuohjaajan elokuva, ensimmäisenä niistä kaikista. Seuraava taisi olla *Kaikki saastuneet tuhotaan* VHS-vuokrauksena. *Creepshow* tuntui jo silloin täydelliseltä ja on sitä tietysti edelleen.

Lyhyt summaus viiden episodin tapahtumista. Ensimmäisessä tarinassa *Father's Day* harvinaisen vittumainen isä haluaa isänpäivänkakkunsa hinnalla millä hyvänsä, ja vaikka haudan takaa. *The Lonesome Death of Jordy Verrill:* itse Stephen King näyttelee yksinkertaista maajussia, jonka farmin tulevaisuus alkaa näyttää haasteelliselta taivaalta pudonneen meteorin levittäessä vihreyttä ympärilleen.

Something to Tide You Over: Leslie Nielsenin näyttelemä psykopaatti kostaa vaimolleen ja tämän rakastajalle näiden petoksen, mutta teko kostautuu oudolla tavalla. *The Crate:* Lovecraftilaisittain nimetyn yliopiston portaikon alta löytyy yliluonnollinen hirviö, jolle keksitään hyötykäyttöä. *They're Creeping on You:* Suuri määrä torakoita tunkeutuu harvinaisen ilkeän kapitalistin New Yorkin kattohuoneistoon.

Kaikki episodit edustavat aikansa kauhuelokuvan parhaimmistoa, mikä ei ole yllättävää kun katsoo ketkä ovat tekijöinä. Tom Savini on tehnyt efektit ja nähdään cameo-roolissa kehystarinan roskakuskina. *Creepshow* on kunnianosoitus 1950-luvun legendaarisille kauhusarjakuville ja se on julkaistu myös sarjakuvakirjana.

Elokuvassakin nähdään sarjakuvaruutuja, niiden johdantotekstejä, puhekuplia, siirtymiä ruudusta toiseen ja kääntyviä sivuja.

•

The Thingin 4K UHD on varmastikin korkealaatuisin vanhasta elokuvasta tehty 4K-päivitys mitä olen ylipäänsä nähnyt. Yksityiskohdat

THE THING
USA 1982
Ohjaus: John Carpenter
Pääosissa: Kurt Russell, Keith David, Wilford Brimley
Katsottu: 21.9.2021
Formaatti: 4K Ultra HD

10

toistuvat äärimmäisen tarkasti ja katselukokemusta voisi hyvin verrata 1980-luvun alkuun, jolloin kävin katsomassa elokuvan filmiltä teatterissa (muistaakseni kahdesti).

Tämä julkaisu on siis pakkohankinta ei pelkästään elokuvan itsensä huippulaadun vuoksi, vaan myös uutena klassikkoelokuvien 4K-versiointien referenssinä, johon muita jatkossa verrataan.

John W. Campbell Jr:n tarinasta *Who Goes There?* tehtiin jo yksi elokuvaversio vuonna 1951, *The Thing from Another World* jonka näkeminen televisiosta hyvän matkaa alle 10-vuotiaana oli yksi lapsuuteni avainkokemuksia ja ehkä saattoi johtaa koko kauhuelokuvainnostukseen myöhemmin.

Carpenterin versio on yllättävää kyllä uskollisempi alkuperäiselle tarinalle, jonka hirviö oli juuri sellainen muotoaan muuttava avaruusolio kuin hänen elokuvassaan nähdään. 1950-luvun alussa elokuvan toteuttaminen suoraan novellista ei vain olisi ollut mahdollista joten jouduttiin tyytymään mieheen hirviöpuvussa.

Etelänavalla sijaitsevalla amerikkalaisella tutkimusasemalla tapahtuu outoja sen jälkeen kun hieman kauempana sijaitsevalta norjalaiselta asemalta tullaan helikoptereilla heidän alueelleen isoa koiraa takaa ajaen. Syntyvässä välikohtauksessa norjalaiset menehtyvät mutta koira selviää hengissä ja viedään amerikkalaisten omaan kenneliin.

Huono idea! Koiran sisältä esiin kiipeävä muodonmuuttaja-alien saadaan kyllä kovassa paniikissa tuhottua, mutta vasta sen jälkeen ymmärretään, että vapaana aseman alueella koko päivän ollut koira on voinut tartuttaa kenet hyvänsä sen kanssa kosketuksissa olleen.

Tämän jälkeen tunnelma muuttuu vainoharhaiseksi, kun kukaan aseman henkilöstöstä ei voi olla varma onko kollega oikea ihminen vai ihmiseksi naamioitunut muotoaan koska hyvänsä muuttava avaruushirviö. Carpenter tutkii ryhmädynamiikkaaa ja kehittelee jännitystä esimerkillisesti, missä auttavat tehostenero **Rob Bottinin** uskomattomat maskeeraustehosteet.

Carpenterin rakkaus alkuperäiseen vuoden 1951 *The Thing from Another Worldiin* on ollut ilmeistä jo aiemmin. Elokuvaa katseltiin televisiosta jo hänen läpimurtoelokuvassaan *Halloween,* jonka nähtyäni en ollut vähääkään yllättynyt siitä, että maestro päätti versioida sen.

The Thing on yksi kaikkien aikojen merkittävimmistä tieteiskauhun klassikoista, täydellinen elokuva jonka kruunaa vielä italialaisen **Ennio Morriconen** upeasti sykkivä elektroninen musiikkitausta.

VIDEODROME
Kanada 1983
Ohjaus: David Cronenberg
Pääosissa: James Woods, Deborah Harry, Sonja Smits
Katsottu: 11.9.2023
Formaatti: 4K Ultra HD

10

Täydellisyydestä puhutaan myös kanadalaisen David Cronenbergin mestariteoksen *Videodrome* yhteydessä. Olen katsonut sen suunnilleen yhtä monta kertaa kuin *The Texas Chain Saw Massacren* joten osaan sen jo ulkoa. Nuorena miehenä se oli melkoinen kokemus ja saattaa ehkä olla *kaikkien aikojen paras elokuva.*

Max Renn (**James Woods**) on pienen torontolaisen kaapelikanava Channel 83:n johtaja, joka etsii jotakin poikkeuksellisen kiinnostavaa ohjelmasisältöä rajalliselle yleisölleen. Hän törmää salaperäiseen underground-kanava Videodromeen, joka sisältää pelkästään kidutusta, murhaamista ja silpomista ilman muuta juonisisältöä.

Max on välittömästi kiinnostunut ja päättelee, että tämä voisi olla hänen alallaan seuraava iso juttu. Mutta kuka tekee Videodromea ja miksi? Onko heidän kanssaan mahdollista päästä kaupalliseen sopimukseen?

Yrittäessään löytää vastauksia näihin kysymyksiin Max alkaa yhtäkkiä kokea erittäin todentuntuisia hallusinaatioita, jotka saavat pian hänen elämänsä täysin sekaisin. Kaunis tyttöystävä Nicki (**Deborah Harry**) lähtee Videodromen koekuvauksiin ja katoaa sen tien. Mistä on kyse ja miten Max voi päästä takaisin kiinni normaaliin elämään?

David Cronenberg kirjoitti *Videodromen* pitkälti uniensa pohjalta ja niiden logiikka onkin siirtynyt elokuvaan sellaisenaan. Niin ikään Cronenbergin ohjaamaksi jossakin vaiheessa suunniteltu *Total Recall* on *Videodromen* lähisukulainen siinä suhteessa, että myös se tarjoaa tapahtumiensa selitykseksi kaksi vaihtoehtoa, joista kumpi hyvänsä voi olla oikea.

Joko Maxin kokemukset ovat kokonaan hallusinaatioita, tai sitten ne ovat pääosin totta, mutta mukana on silti paljon hallusinaatiota. Tämän rajankäynnin seuraaminen on yksi monista syistä miksi elokuva on niin nautittava elämys. *The Thingin* tavoin osa iskuvoimasta juontaa juurensa loistaviin maskeeraustehosteisiin, joista *Videodromessa* vastasi jo tuolloin Oscar-palkittu **Rick Baker**.

Arrow Videon 4K UHD -julkaisun kuvanlaatu tarjosi heti alkuun järkytyksen, kun Maxin ollessa aamupalalla hämärässä keittiössään tummilla pinnoilla erottui vähäistä, mutta silti häiritsevää värikohinaa, ihan kuin VHS-kaseteilla kauan sitten. Ensisäikähdyksen jälkeen kuva osoittautui kyllä sittemmin varsin teräväksi ja selkeäksi, mutta hämäräkohtauksilta ei kannata kuitenkaan odottaa liikoja.

Levyllä on katsottavaksi valittavana Director's cut ja Theatrical cut, joista jälkimmäinen on selvästikin se R-versio joka on päätynyt moniin videojulkaisuihin. En ole koskaan nähnyt sitä täydessä pituudessaan. Nytkin katsoin vain leikkaamattoman Director's cutin.

Vaikka muistan *Videodromen* dialogin varsin hyvin ulkoa, laitoin kuitenkin tekstityksen päälle ja sain näin selville Mashan sukunimen Borowczyk, joka on aiemmin mennyt minulta ohi. Lienee viittaus samannimiseen puolalaisohjaajaan. Jippii ja ruoskaa telkkareille!

THE MEANING OF LIFE
Iso-Britannia 1983
Ohjaus: Terry Jones
Pääosissa: Graham Chapman, John Cleese, Eric Idle
Katsottu: 17.4.2023
Formaatti: 4K Ultra HD

9

Legendaarinen (pääosin) brittiläinen koomikkoryhmä **Monty Python** oli minulle nuoruudessani, 1980-luvun alussa jotakuinkin yhtä iso juttu kuin kauhuelokuvat. *Monty Python and the Holy Grail* (1975) oli koko nuoruuteni hauskin kokemus elokuvateatterissa.

Ryhmän viimeiseksi jääneen pitkän elokuvan *The Meaning of Life* näin ensi kertaa teatterissa silloin kun se oli ensi-iltakierroksellaan. Korkea pisteytys ei silti johdu pelkästä nostalgiasta vaan kyseessä on todella terävä ja ääneen naurattava episodielokuva. Tällä kertaa on ryhdytty filosofisiksi ja pohdiskellaan elämän tarkoitusta sikermässä aiheeseen jollakin tapaa liittyviä sketsejä.

Niiden aiheet vaikuttavat hieman sattumanvaraisesti valituilta, mutta pääosin kuitenkin teemaan sopivilta. Suosikkini sketseistä kertoo ilmeisesti toisessa maailmansodassa taistelevasta joukkueesta, joka haluaa ihan välttämättä juhlia kapteeninsa syntymäpäivää kesken hyökkäyksen.

Myös seksiopetus tavallisessa brittiläisessä koululuokassa **John Cleesen** näyttelemän seipään nielleen opettajan ja hieman myöhemmin myös tämän vaimon vaikutuksella saattaa nostattaa muutamia tahattomia naurunpyrskähdyksiä. Musiikillinen sisältö on sekin ensiluokkaista, pikaisesti ohimenevänä huippukohtana varmaankin **Eric Idlen** esittämä *The Penis Song.*

Kaikki tämän sketsikokoelman sisältö ei ole ensiluokkaista, kuten ei ollut *Monty Pythonin lentävä sirkus* -tv-sarjankaan, mutta onhan tämä silti parhaimmillaan maailmanhistorian loistavinta komediaa. Tuotantoarvot ovat selvästi Monty Pythonin aiempia töitä korkeampia. Ainoa miinus elokuvalle sen alussa nähtävästä vartin mittaisesta merirosvopastissista, joka ei liity aiheeseen eikä ole edes hauska.

Hiljattain tapahtunut resoluution kohotus 4K:ksi tuotti selviä tuloksia aika harvakseltaan. Suurimman osan aikaa kuva oli tavallista HD-tasoa.

STILL SMOKIN
USA 1983
Ohjaus: Thomas Chong
Pääosissa: Thomas Chong, Cheech Marin, Hans Man in 't Veld
Katsottu: 4.7.2023
Formaatti: DVD

6

Amerikkalaisen koomikkopari **Cheech & Chongin** kaikki kolme ensimmäistä elokuvaa kiellettiin meillä "hyvien tapojen vastaisina" kun niitä yritettiin tuoda teatterilevitykseen. Neljännen elokuvan *Still Smokin* kohdalla maahantuoja oli viimein oppinut läksynsä, eikä edes yrittänyt tuoda sitä Suomeen.

Still Smokin läpäisikin meillä sensuurin vasta tammikuussa 2001, syystä että koko elokuvasensuuri lakkautettiin silloin kokonaan. Se sallittiin tuolloin suoraan videolevitykseen. Silloin elokuva oli tietenkin jo auttamatta vanhentunut; 2000-luvun alun yleisöjä se tuskin enää puhutteli. Puritaanit onnistuivat jälleen kerran taistelussaan edistystä vastaan.

Alkutilanteessa sankarimme saapuvat visiitille Amsterdamin elokuvajuhlille, joissa heidät sekoitetaan **Burt Reynoldsiin** ja **Dolly Partoniin**. Vaikka tämä saattaa kuulostaa ainakin lievästi huvittavalta, ensimmäiset parikymmentä minuuttia ovat vain vaivaannuttavaa hölmöilyä, ennen kuin päästään vihdoin asiaan.

Amsterdamin reissu toimii lopulta vain kehystarinana joukolle monin paikoin ihan hauskojakin takaumia, jotka vievät elokuvaa eteenpäin kokoelmana lyhyitä sketsejä. Viimeiset 20 minuuttia Cheech ja Chong taas esittävät hollantilaiselle yleisölle livenä lavalla uransa alkuaikojen parhaita vetoja, joista useille ainakin minä nauroin.

Niin paradoksaaliselta kuin se kuulostaakin, hyvin monenlaisesta ja eriparisesta materiaalista koostettu sillisalaatti on kuitenkin lopulta koomikkoparin paras elokuva sitten heidän komeasti cinemascopena kuvatun debyyttinsä *Up in Smoke* (1978).

NOSTALGIA
Italia/Neuvostoliitto 1983
Ohjaus: Andrei Tarkovski
Pääosissa: Oleg Jankovski, Erland Josephson, Domiziana Giordano
Katsottu: 7.5.2024
Formaatti: Blu-ray

2

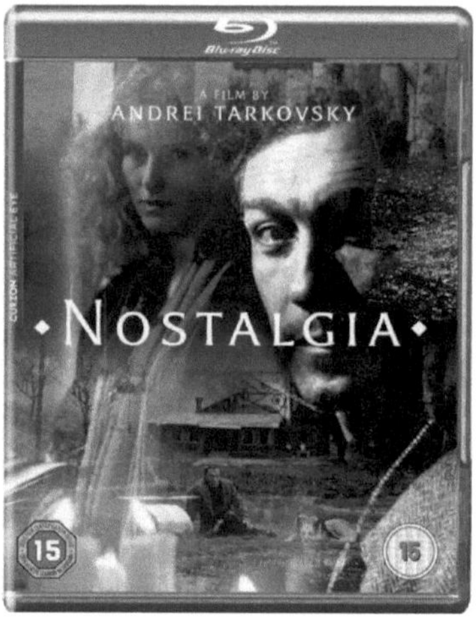

Elokuvat on käsitelty tässä kirjassa niiden alkuperäisen maailman ensi-illan mukaisessa aikajärjestyksessä, eli jokainen käsiteltävä nimike on aina hiukan uudempi kuin edellinen. Siihen, että Monty Pythonin ja Cheech & Chongin jälkeen vuorossa on **Andrei Tarkovski**, ei ole sen kummempaa selitystä. Hauska sattuma kuitenkin.

Tarkovskin uutuuselokuva sai tuon mainitun ensi-iltansa missäpä muualla kuin Cannesin elokuvajuhlilla, 17. toukokuuta 1983. Curzonin Britanniassa julkaiseman blu-rayn ostamiseen houkutteli se, että Tarkovskin elokuvat kuuluvat yleissivistykseen enkä ollut juuri tätä ennalta nähnyt. Lisäksi elokuva oli italialaista tuotantoa, joten ehkä siinä olisi voimakkaita värejä, discomusiikkia ja melodraamaa? No, ei kyllä ollut näistä mitään.

Omistan jo ennaltakäsin blu-raynä Tarkovskin elokuvat *Solaris* (1972) ja *Stalker* (1979) ja olen myös tykännyt niistä. Noille elokuville on yhteistä se, että niissä on tieteiselokuvamainen aihe, niihin sisältyy selittämätön mysteeri ja olin lukenut molemmat kirjoina ennen kuin näin elokuvaversiot.

Nostalgialla ei ole näitä etuja. Sisällössä ei ole mitään mysteerejä, ei tieteisaineksia, eikä elokuva perustu kirjaan, etenkään sellaiseen jonka olisin lukenut. Näin ollen se toi selkeästi esille sen, mitä noihin kahteen suosikkielokuvaani jää jäljelle, jos kyseiset elementit niistä poistetaan: päämäärätöntä haahuilua, jonninjoutavaa dialogia ja tekotaiteellista kuvausta.

Nostalgia ei varsinaisesti kerro mitään mistään, mutta sen kuvissa nähdään venäläinen runoilija ja tämän hehkeä naispuolinen tulkki. Runoilija on näennäisesti saapunut Italian Bolognaan tutkimaan siellä 1700-luvulla asuneen venäläisen säveltäjän vaiheita, mutta ei hän oikeastaan tee sitä, vaan seisoskelee ja satunnaisesti tuijottaa etäisyyteen lausuen arvoituksellisia vuorosanoja.

Naistulkkiakaan runoilija ei varsinaisesti tarvitse, koska osaa puhua varsin hyvin italiaa itsekin. Nainen onkin otettu mukaan vain kaunistukseksi. Hän turhautuu, kiukuttelee ja kaivaa yhtäkkiä esiin toisen tissinsä joka osoittautuu varsin suurikokoiseksi. Vaikka en itse ole tissimiehiä, annoin tästä yllätyskäänteestä elokuvalle heti yhden lisäpisteen.

Runoilija puolestaan kohtaa paikallisen, varsin puheliaan kylähullun (**Ingmar Bergmanin** elokuvista tuttu **Erland Josephson**), joka on aiemmin pitänyt omaa perhettään vankina kivitalossa seitsemän vuoden ajan suojatakseen näitä maailman pahuudelta. Runoilija päätyy käymään hitaita keskusteluja tämän kanssa: suuren osan aikaa tietysti vain tuijotellaan, mutta hetkittäin lausutaan ääneen vuorosanoja, joilla ei ole välttämättä mitään tekemistä toistensa tai minkään muunkaan elokuvassa nähtävän kanssa vaikka ne lausutaankin peräjälkeen.

Joka paikassa on paljon vettä. Sitä sataa taivaalta, valuu italialaisten rakennusten kattojen läpi tehden asunnoista varmastikin asuinkelvottomia, ja runoilija myös kahlaa vedessä tämän tästä. Suuressa, lähes kymmenen minuutin mittaisessa loppukohtauksessa kamera seuraa hänen toistuvaa, hidasta kahlaamistaan vedessä edestakaisin hänen yrittäessään samalla pitää kädessään pitelemänsä kynttilän liekkiä elossa. Tämä ei aina onnistu, joten on pakko palata takaisin sytyttämään se uudestaan. Sitten sama toiminta jatkuu.

Runoilijan ja tulkin maleksiessa paikallisen kylpylän vaiheilla suuri joukko sen asiakkaita lojuu myös vedessä ja tässä kohtauksessa mainitaan ohimennen myös nestemäinen typpi selvänä viittauksena yhteen *Solariksen* avainkohtauksista. Eikä siinä vielä kaikki: kun eräässä kohtauksessa henkilöhahmo haluaa leikittää isoa susikoiraa, hän juoksee ensin ison vesilammikon ääreen ja heittää kepin koiran noudettavaksi vasta sen jälkeen, jolloin eläimen on pakko juosta lammikon läpi voidakseen noutaa sen!

Tarkovski on halunnut näyttää Italian samanlaisena läävänä kuin oman aikansa Neuvostoliiton, joten hienoja maisemakuvia vältetään: värit ovat haaleita, rakennukset ovat rujossa kunnossa vuotavine kattoineen, ja yleiskuvia maisemista ei juuri ole. Siellä täällä nähdään sentään pari yleiskuvaa Bolognan keskustasta, jotka vihjaavat että kaupunki saattaisi näyttää ihan kauniiltakin, jos sitä kuvattaisiin.

Eipä siinä. Lopuksi runoilija asettuu puoliksi makaavaan asentoon keskelle satunnaista sisäpihaa edellä mainittu susikoira vieressään ja tätä poseerausta sitten näytetään viimeiset pari minuuttia kameran ottaessa hiljalleen etäisyyttä mietteliääseen kaksikkoon. Nostalgiaan tunnetilana ei viitata kovinkaan selvästi eikä sitä etenkään saada välitettyä katsojalle.

Nauroin ääneen kohdassa, jossa runoilija valitti tulkilleen, että "I am bored". Sittenhän meitä oli kaksi!

•

Vielä neljäs komedia putkeen ennen paluuta kauhuelokuvien pariin. Yksi kaikkien aikojen mainioimmista viihde-elokuvista, *Trading Places* osoittautui varsin onnistuneeksi formaattipäivitykseksi kun sen 4K UHD -julkaisu tuli saataville loppuvuodesta 2023.

Jännitykseen oli sikäli aihetta, ettei näistä 1980-luvun elokuvista aina tiedä, ja oli tässäkin yksittäisiä ottoja joiden laatu ei yltänyt edes perus-HD -tasolle, mutta silloin kun kuva oli hyvä niin se oli erittäin hyvä. Itse asiassa peräti niin hyvä, että ensimmäistä kertaa onnistuin

TRADING PLACES
USA 1983
Ohjaus: John Landis
Pääosissa: Eddie Murphy,
Dan Aykroyd, Jamie Lee Curtis
Katsottu: 11.12.2023
Formaatti: 4K Ultra HD

10

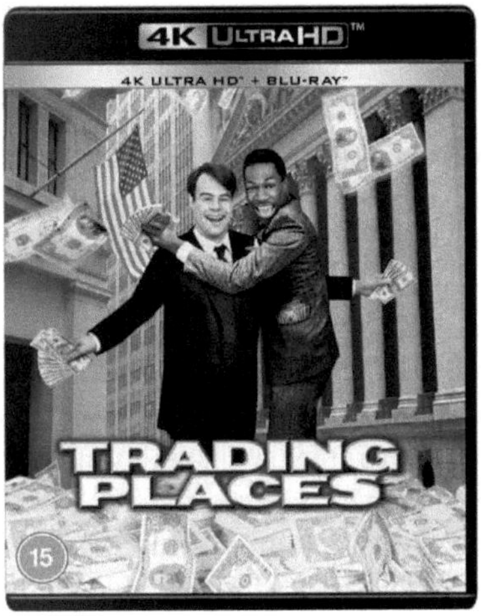

lukemaan Jamie Lee Curtisin hahmon kämpän seinälle ripustetun *See You Next Wednesday* -elokuvajulisteen pienellä kirjoitetut tekstit, ja löysin sieltä jotakin todella kiinnostavaa. Olen nyt harmi kyllä jo unohtanut mitä se oli, joten pitää varmaan katsoa vielä uudelleen.

Näin *Trading Placesin* ensimmäistä kertaa jo ensi-iltakierroksellaan, joka tosin alkoi Suomessa vasta runsaat puoli vuotta maailmanensi-illan jälkeen. Katselupaikka oli tietenkin paikallinen elokuvateatteri, ja jo silloin teos tuntui täydelliseltä viihde-elokuvalta. Mielipide ei ole sen jälkeen muuttunut: tätä voi katsoa toistuvasti uudelleen ja aina se piristää.

Elokuvan juoni kertoo kahdesta täydellisen itsekkäästä vanhasta miljardööristä (**Ralph Bellamy** ja **Don Ameche**), jotka ajautuvat kiistelemään siitä kumpi seikka vaikuttaa enemmän ihmisen kykyyn menestyä: perintötekijät vai ympäristö. He päättävät etsiä vastauksen kokeellisesti ajamalla omistamansa yhtyeen menestyvän johtajan (**Dan Aykroyd**) katuojaan ja nostamalla tämän tilalle kadulta löytämänsä pummin (**Eddie Murphy**)

Menestyykö pummi yritysjohtajana? Sortuuko entinen yritysjohtaja elämänsä romahdettua rikollisuuteen? Vastauksia ei tarvitse miettiä kovin pitkään, sillä jos elokuva antaisi vastaukseksi että on tärkeämpää omistaa hyvät geenit kuin hyvä ympäristö, siitä ei tulisi minkäänlaista feelgood-elokuvaa. Jamie Lee Curtisin ystävällinen ilotyttö on omanlaisessaan avainroolissa auttaessaan pohjalle pudonnutta johtajaa uudelleen jaloilleen.

Tällä katselulla kiinnitin huomiota siihen, miten tavattoman epäkorrektia *Trading Placesin* huumori monin paikoin on. Tällaista ei, harmi kyllä, voisi enää nykyään tehdä. Monet etenkin Curtisin hahmoon liittyvät vitsit ovat häpeilemättömän seksistisiä, ja loppupuolella Dan Aykroyd esiintyy lyhyen aikaa (gasp!) blackfacessa. En halua ottaa osaa taisteluun siitä, mitä nykynormeja rikkoville vanhemmille elokuville pitäisi tehdä, mutta tämä oli ainakin virkistävää kokea.

Lopuksi vielä yksi ihan uusi oivallus: en ole aiemmin tullut ajatelleeksi, että lopun tapahtumapaikkana toimiva raaka-ainepörssi on itse asiassa... rummun pärinää... trading place! Elokuvan nimessä on tuplamerkitys! Olinpa nokkela kun keksin tämän.

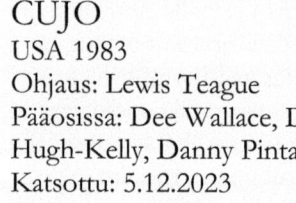

CUJO
USA 1983
Ohjaus: Lewis Teague
Pääosissa: Dee Wallace, Daniel Hugh-Kelly, Danny Pintauro
Katsottu: 5.12.2023
Formaatti: 4K Ultra HD

8

Lewis Teague oli ilmeisesti 1980-luvun alussa lyhyen aikaa eläinkauhuelokuvien erikoismies. Hänhän oli ohjannut jo vuonna 1980 *Alligaattorin,* nyt oli vuorossa tappavasta bernhardilaiskoirasta kertova *Cujo* ja seuraavaksi tulossa oli vielä *Cat's Eye.*

Kauhun mestari Stephen Kingin vuonna 1981 julkaistu romaani *Cujo* on tullut kuuluisaksi siitä, ettei kirjailija itse muista enää sen kirjoitusprosessista juuri mitään, koska oli tuolloin jatkuvasti sekaisin kokaiinista ja alkoholista. Tästä hän on raitistuttuaan kertonut avoimesti.

Tarinan nimihenkilö on tällä kertaa pikemminkin nimikkoeläin: alun perin hyväntuulinen bernhardilaiskoira, johon tarttuu vesikauhu sen jälkeen kun lepakko on purrut sitä kuonoon. Kun eläin on saanut hengiltä pari ensimmäistä lähipiirin jäsentä, kovaan koettelemukseen joutuu perheenäiti (**Dee Wallace**) ja tämän pieni poika, joiden auto sammuu koiran kotitalon pihalle heidän ollessaan tuomassa sitä korjattavaksi tietämättä ettei paikalla ole enää eläviä ihmisiä.

Nykymittapuulla aika hurjaa pelottelua sallittiin vielä elokuvan valmistumisaikaan: pieni poika saa kirkua kauhusta toistuvasti yhteensä minuuttikaupalla ja varsin hysteeriseltä äitikin vaikuttaa. Kaksikko on turvassa ollessaan hajonneen autonsa sisällä, mutta kuinka kauan tilanne voi jatkua jos ruokaa ja juomaa ei ole, eikä kukaan ulkopuolinen tiedä vaaratilanteesta?

Romaanin vuonna 1983 valmistunut elokuvaversio sai Suomen ensi-iltansa vasta vuoden 1984 puolella. Siihen mennessä olin ehtinyt jo lukea kirjan. Näin elokuvaversion ensi kertaa teatterissa, en kuitenkaan kokonaisena koska Valtion elokuvatarkastamo oli lyhentänyt "tappokohtauksia ja koiran hyökkäystä naisen kimppuun".

Suomen sensuurileikkaukset olivat kuitenkin pientä verrattuna siihen turhautumiseen jota koin, kun näin miten kirjan traaginen loppuratkaisu oli elokuvassa käännetty onnelliseksi! Lopun tragediaahan nimenomaan pohjustettiin kirjassa eräänlaiseksi rangaistukseksi täydellisen ydinperheen äidille tämän uskottomuudesta, ja nyt hän sitten vältti sen, eikä siis oppinut mitään.

Kino Lorber julkaisi vesikauhuisen bernhardilaiskoiran tuhotöistä kertovan elokuvan 4K UHD:nä jenkeissä melko äskettäin, Halloweenin 2023 tienoilla. Tällä kertaa onnistuttiin täysin nappiin! Olin jo hiukan epätoivoinen saman julkaisijan *Death Wishin* ja *Marathon Manin* keskinkertaisuuden jälkeen.

Cujon kuva on todella laadukas ja terävä, eikä edes filmiraetta ole häiritsevissä määrin. Elokuvallekin olen antanut paljon anteeksi. Lewis Teague on ihan parhaimmillaan kehittäessään jännitettä ja leikatessaan kohtauksia iskevästi kasaan. Ihan se loppujen loppu jopa yllättää, koska sitä ei ole kirjassa; siinä vaiheessa elokuva on jo lähtenyt omille teilleen.

Hiukan mietityttää, miten kolmihenkinen ydinperhe asuu valtavassa talossa upealla merinäköalalla, eikä niillä silti ole varaa korjauttaa paskaa kakkosautoaan oikeassa korjaamossa. Tai että miksi ylipäänsä pitävät niin huonoa autoa kauppakassina? Mutta näillä mennään, *suspension of disbelief* ja sitä rataa.

THE DEAD ZONE
USA/Kanada 1983
Ohjaus: David Cronenberg
Pääosissa: Christopher Walken, Brooke Adams, Martin Sheen
Katsottu: 9.1.2024
Formaatti: 4K Ultra HD

10

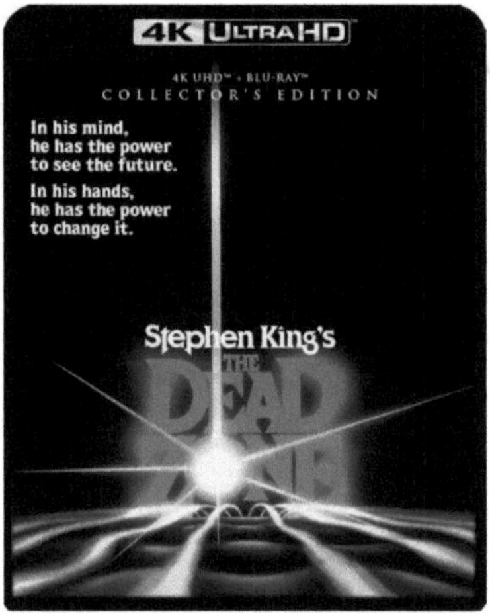

Kanadalainen mestariohjaaja David Cronenberg sai edellä käsitellyn suurteoksensa *Videodrome* jälkeen käyttöönsä Hollywood-studion tuen ja pääsi tekemään elokuvaversion yhdestä tämän aikakauden lukuisista Stephen King -filmatisoinneista (edellä *Creepshow* ja *Cujo;* lisää tulee pian).

The Dead Zone valmistui ja tuli ensi-iltaan vain runsaat puoli vuotta *Videodromen* jälkeen. Mukana on samoja näyttelijöitäkin (**Les Carlson**, **Peter Dvorsky**), tosin pienehköissä sivurooleissa, mutta mukavia muistumia tuottaen.

Olin itse muistaakseni jo lukenut kirjan ennen kuin elokuvaversio tuli teattereihin, ja tämähän oli totisesti sitä aikaa kun King-elokuvien joukosta löytyi oikeasti helmiä. Niiden joukossa tämä oli ilman muuta yksi kaikkein kirkkaimmista.

The Dead Zone on varmaankin aiemmin niin kylmän Cronenbergin tunteellisin elokuva. Yliluonnollista selvänäkökykyä kuvaavan juonen rinnalla kulkee yhtä keskeisenä päähenkilöiden traaginen rakkaustarina, joka ei vaikuta saavan ansaitsemaansa tilaisuutta toteutua.

Johnny Smith (**Christopher Walken**) ja Sarah Bracknell (**Brooke Adams**) ovat toisiinsa rakastuneita opettajia, jotka haaveilevat yhteisestä tulevaisuudesta mutta eivät ole vielä aloittaneet edes seksisuhdetta. Tulevaisuuden tilalle tulee vakava este, kun Johnny vajoaa pahan auto-onnettomuuden tuloksena vuosiksi koomaan.

Hänen palattuaan tajuihinsa on kulunut viisi vuotta. Sarah on mennyt naimisiin uskottuaan menettäneensä Johnnyn, joka on saanut tilalle jotakin kokonaan muuta: kyvyn nähdä kenen hyvänsä tulevaisuuteen ja osin menneisyyteenkin koskettamalla tätä. Johnny erakoituu, käyttää kykyään silloin tällöin pyynnöstä, ennen kuin vastaan tulee todella iso haaste: senaattoriehdokas, jonka hän näkee pääsevän myöhemmin presidentiksi ja aloittavan ydinsodan. Mitä hänen pitäisi tehdä?

Tällä katselulla kiinnitin huomiota siihen, miten *The Dead Zone* maistuu eräänlaiselta episodielokuvalta. Johnny Smithin elämänvaiheet kuvataan ikään kuin itsenäisinä tarinoinaan: yksittäisinä tapahtumakokonaisuuksina, joiden aikana hän kohtaa eri ihmisiä ja monesti myös asuu eri paikoissa kun niin tapahtuu.

Pääjuonen huipentuma, jossa Johnny yrittää pysäyttää **Martin Sheenin** näyttelemän hullun senaattorin aikeen aloittaa ydinsota kestää lopulta vain noin vartin.

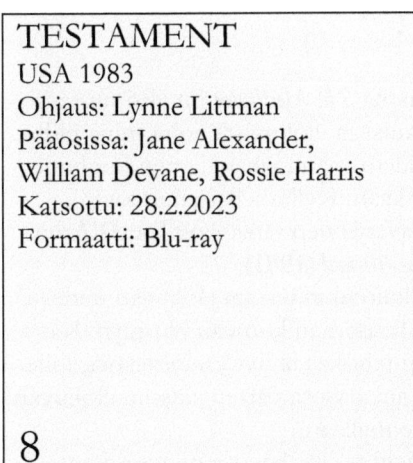

TESTAMENT
USA 1983
Ohjaus: Lynne Littman
Pääosissa: Jane Alexander, William Devane, Rossie Harris
Katsottu: 28.2.2023
Formaatti: Blu-ray

8

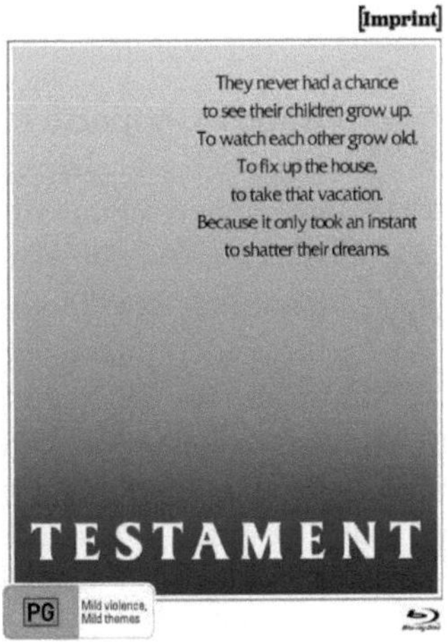

Testament on mennyt minulta kokonaan ohitse 40 vuotta sitten. Kiinnostuin siitä, kun se jossakin nettikeskustelussa rinnastettiin ydinsotapainajaisia aiheuttaneeseen *Threadsiin* ja tilasin elokuvan blu-rayn sitä etukäteen lainkaan näkemättä. Levy tuli jenkeistä mutta taitaa olla australialainen.

Tiiviihkö puolentoista tunnin mittainen draama kuvaa tapahtumia kalifornialaisessa pikkukaupungissa sen jälkeen, kun ydinsota tuhoaa suurimman osan yhteiskunnasta, etenkin kaikki suuret asutuskeskukset. Syrjässä olevissa pikkukaupungeissa elämä ei kuitenkaan pääty heti. Elokuva kertoo yhdestä niistä.

Testamentin kuvaama pikkukaupunki säästyy suoralta osumalta ja sijaitsee muutenkin riittävän syrjässä, ettei normaali arki lopu heti. Mutta se alkaa kyllä loppua vähitellen. Lähin ydinräjähdys nähdään, mutta ihan heti ei tapahdu muuta.

Testament seurailee ydinsodan seurauksia vain muutaman kuukauden päähän, toisin kuin *Threads* jossa jatkettiin vuosia eteenpäin. Jo tuona aikana tunnelmat muuttuvat synkiksi, kun ruuasta alkaa olla pulaa, säteilysairaus saa hiukset putoamaan ja hautausmaiden tultua täyteen kuolleita on pakko alkaa polttaa roviolla.

Vaikuttavaa, hiljaiseksi vetävää draamaa, jonka sivurooleissa nähdään mm. erittäin nuoret **Kevin Costner** ja **Rebecca De Mornay**. *Threads* jatkaa kuitenkin helposti lajityypin kuninkaana, jota ei helpolla ohiteta.

•

Buddy Cooperin ohjaama *The Mutilator* on yksi niistä sinänsä melko harvalukuisista elokuvista, joita minä pidin nuorena miehenä niin älyttömän raakana, etten huolinut sitä omaan hyllyyni lainkaan. Kyllä, sellaistakin saattoi tapahtua! Toinen vastaavanlainen tapaus oli **Joe D'Amaton** varsin pidäkkeetön *Absurd* (1981).

Varttuneemmalla iällä halusin kuitenkin testata elokuvan uudestaan ja hankin hyllyyni Arrow'n julkaiseman komean blu-rayn. Kas kummaa, sieltähän löytyikin varsin tehokas ja hyvä teinislasher, jolle annoin siltä istumalta 7 pistettä. Tätä arviota varten katsoin elokuvan vielä uudelleen ja pisteet säilyivät ennallaan.

Kun päähenkilömme Ed on pieni poika, hän ampuu johdantojaksossa vahingossa äitinsä erittäin verisesti hengiltä metsästysaseella, jonka hän on ensin ottanut ilman lupaa isänsä asekaapista puhdis-

THE MUTILATOR
USA 1984
Ohjaus: Buddy Cooper
Pääosissa: Matt Mitler, Ruth Martinez, Bill Hitchcock
Katsottu: 27.5.2024
Formaatti: Blu-ray

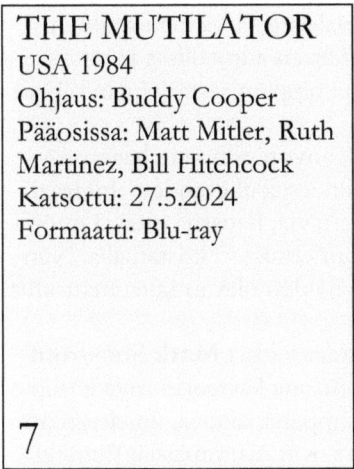

7

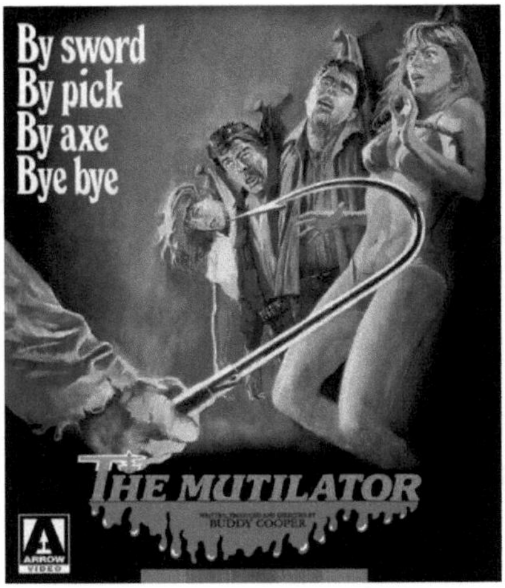

taakseen sen. Isä tulee kotiin ja synkistyy. Traaginen tapaus saa hänet ratkeamaan välittömästi viinaan, jo ennen kuin paikalle hankitaan edes apua.

Vuosia myöhemmin joukko hyvin toimeentulevan näköisiä college-opiskelijoita (kolme miestä, kolme naista) hyväksyy Edin isän pyynnön mennä laittamaan saaressa sijaitseva *condo,* käytännössä kalastusmaja talvikuntoon. Nuorilla ei ollut mitään muuta tekemistä syysloman (elokuvan alkuperäinen nimi on *Fall Break)* päiviksi, joten tilaisuus mennä viettämään aikaa rannalle melko pientä työsuoritusta vastaan kuulostaa heistä houkuttelevalta.

Matkan varrella tavataan sivuhenkilöitä, jotka näyttelevät niin huonosti, että heitä tuskin on edes palkattu rooleihin. Olivat kaiketi vain sattuneet liikkumaan kuvauspaikkojen liepeillä ja saaneet homman ateriapalkalla.

Periltä löytyy upealla paikalla, nimeämättä jäävältä saarelta aivan meren rannalla sijaitseva hiukan vaatimattoman näköinen mutta tilava rakennus, jonka ulko-ovi on auki ja sisäpuolella suuri määrä tyhjiä alkoholijuomapulloja. Edin isä ilmeisesti ryyppää edelleen, mutta näyttää nyt olevan poissa.

Mistä hän on saanut rahat näinkin isoon (vaikkakin nyt aika kuluneeseen) vapaa-ajan asuntoon aivan loistavalla paikalla? Juomatavoista päätellen hänen ei luulisi olevan enää aktiivisesti töissä.

Nuorison asettuessa taloksi meille paljastetaan, ettei isä ole sittenkään poissa vaan makailee talon alakerran autotallissa ja murisee siellä itsekseen haaveillen Edin verisestä tappamisesta (tämän ollessa kuvissa jälleen pikkupoika).

On selvää, että vanhempi Ed on mennyt täysin raiteiltaan runsaan viinanjuonnin ja vuosia kumuloituneen katkeruuden yhteisvaikutuksesta. Kun näkyville ilmestyy kikattavia, hauskaa pitäviä nuoria heistä saa hyvän kohteen pahan olon purkamiseen kostamalla. Niin etenkin, kun hän saattaa vielä kuvitella näiden olevan kutsumattomia vieraita.

Seuraa verilöyly, jonka erikoistehosteet tehnyt **Mark Shostrom** ei juurikaan enää häviä Tom Savinille. Aseina käytetään mitä käsiin sattuu autotallista löytymään, eksoottisimpana valtava, ilmeisestikin keskiaikainen taistelukirves. Tappotavat ovat äärimmäisiä. Etenkin levynkannessa näkyvän valtavan, kalastuksessa käytettävän koukun soveltaminen murhaamiseen oli minusta nuorena liian iljettävää jopa tämän lajityypin elokuvalle.

Kolmesta pariskunnasta ensimmäinen katoaa jonnekin jo heti tuloiltana ja heille tekee pian seuraa paikallinen sheriffi, joka on tullut nuuskimaan mitä ranta-asunnon vaiheilla oikein tapahtuu.

Yllättävän huolettomasti jäljelle jääneet nuoret silti suhtautuvat tilanteeseen vaikka kavereitaan jonkin aikaa etsivätkin. Ed nuorempaakin hermostuttaa ilmeisesti kaverien katoamista enemmän se, että hänen tyttöystävänsä Pam on aivan uskomaton pihtari.

The Mutilator on erittäin tehokas pienen budjetin kauhuelokuva, josta tekee seiskan arvoisen etupäässä kaksi seikkaa. Ensimmäinen niistä on aidosti uskottava psykopaattinen murhaaja. Isompi Ed ei sano koko elokuvan aikana sanaakaan, eikä tarvitse naamiota ollakseen uhkaava. Hänen tarvitsee vain murista ja näyttää pelottavalta, ja nämä molemmat hän kyllä osaa.

Toinen *The Mutilatorin* tehoa lisäävä tekijä on juurikin murhakohtausten julmuus ja rumuus. Kun tuntuu, ettei tappajalla ole minkäänlaisia pidäkkeitä, eikä toisaalta ohjaajallakaan, kaikki tuntuu mahdolliselta ja se lisää kauhutunnelmia: minkälaisia hirveyksiä tässä vielä nähdäänkään, etenkin kun Shostrom ei näytä efektimiehenä lainkaan häviävän Savinille.

Arrow'n brittilevyn kuva on varsin tyydyttävää tasoa.

THE INITIATION

USA 1984
Ohjaus: Larry Stewart
Pääosissa: Daphne Zuniga, Vera Miles, Clu Gulager
Katsottu: 27.5.2024
Formaatti: Blu-ray

7

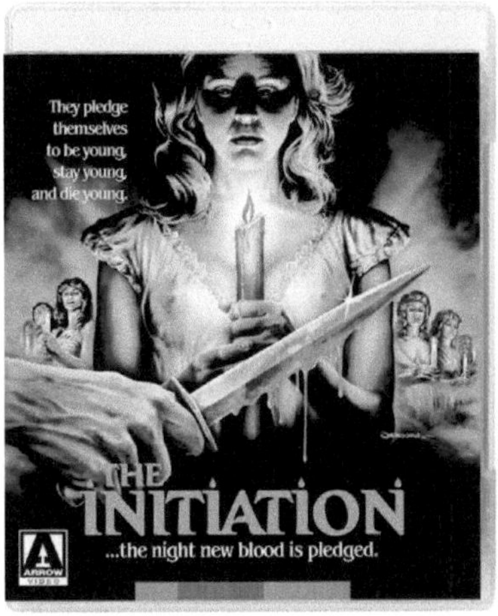

The Initiation julkaistiin Suomessa vuokravideona varsin pian sen jälkeen kun se oli julkaistu Amerikassa. Uusia kauhuelokuvia innolla ahmivana vuokrasin sen tietenkin heti kun sen käsiini sain.

Muistan tuon vuokrauskerran yhtenä nuoruuteni ärsyttävimmistä. Suomi-versiosta näytti olevan leikattu kaikki veritehosteet pois. Tämä otti minua päähän aivan suhteettomasti ja merkitsin elokuvalle tilastoihini ykkösen.

Se oli tietenkin ylimitoitettu reaktio. Eihän se ollut tekijöiden syytä, että Suomessa sensuroitiin elokuvia vailla järjen hiventä. En kuitenkaan pitkiin aikoihin nähnyt *The Initiationia* uudelleen, ennen kuin Arrow julkaisi sen blu-raynä aivan kuten edellä arvioidun *The Mutilatorin*. Samalla tavoin tilasin senkin riskillä, riskinotto kannatti, elokuva oli sittenkin varsin hyvä.

Daphne Zuniga on Kelly Fairchild, upporikkaan kauppiasperheen tytär, joka on pyrkimässä muutaman muun nuoren naisen kanssa yliopistonsa sisarkuntaan. Hänen varakkuutensa on tehnyt hänestä etenkin kyseistä järjetöä johtavan Meganin (**Frances Peterson**) silmätikun. Näyttää siltä, että kiusaaminen tulee olemaan erittäin ankaraa ennen jäseneksi pääsyä.

Kellylle tovereineen esitetään haaste: heidän on hiivittävä Kellyn isän johtaman yhtiön omistamaan tavarataloon sen ollessa yöllä kiinni, ja tuotava sieltä tunnin sisällä mukanaan yövartijan univormu.

Tämä haaste suunnitellaan elokuvan alussa ja toteutetaan lopussa, mutta siinä välissä käsikirjoitus lähtee hieman yllättävään suuntaan.

Lajityypille varsin tyypillisen alun jälkeen elokuva nimittäin menee psykologian puolelle, kun käytetään paljon aikaa Kellyn muistojen ja painajaisten käsittelyyn tohtoriksi opiskelevan parapsykologin (mitä ihmettä?) luona. Syy tähän on, ettei Kelly muista mitään varhaisesta lapsuudestaan sen jälkeen, kun hän alkoi nähdä pelottavaa painajaista palavasta miehestä, joka on ensin tunkeutunut hänen vanhempiensa kotiin.

Kuinka sattuukaan, läheisestä mielisairaalasta karkaa samaan aikaan joukko potilaita. Heistä yksi on synkän oloinen mies, jolla on runsaasti arpeutuneita palovammoja eri puolilla vartaloaan. Onko Kellyn toistuva painajainen sittenkin muisto?

Kuka tuo kyseinen mies on? Jo ennen pakoa hänet nähtiin sairaalan pihalla hoitamassa kasvimaata käyttäen kolmikärkistä kuokkaa. Paon yhteydessä sitä käytettiin tappovälineenä. Myöhemmin samasta kuokasta saa myös Kellyn isä, johtaja Fairchild (**Clu Gulager**) itse. Mistä on kyse?

Koska Fairchild oli muutenkin juuri lähdössä työmatkalle, hänen murhaansa ei havaita, kun sen tekijä ajaa hänen autollaan pois. Tämä kaikki enteilee hurmeisia loppuratkaisuja, kun päästään lopulta öiseen tavarataloon, jonne Kellyn lisäksi tulee myös kaksi muuta kokelasta. Paikalla on luonnollisesti myös murhaaja…

Tavaratalon arkkitehtuuri on mielenkiintoinen. Se näyttää valtavalta bunkkerilta, jonka ikkunat ovat hyvin kapeita ja korkeita. Jos niitä katsoo sisäpuolelta, ne ovat kuitenkin vaakasuuntaiset. Onko tämä nyt sitä kubrickilaista katsojan hermostuttamista epäloogisella arkkitehtuurilla? Asiaa ei selitetä elokuvassa mitenkään.

Arrow oli selvästi tehnyt elokuvasta kokonaan uuden masterin, ehkä jopa 4K-tarkkuudella koska resoluutio on erinomainen mutta rakeisuus tapissaan. Lopullinen presentaatio on tietenkin perus-HD ja sellaiseksi oikein tyydyttävä.

•

The Return of the Living Dead oli 1990-luvulla jonkinlainen sensuurin kiistakapula takapajuisten ankeuttajien ja normaalin, vapaamielisen kansanosan välillä. Muistaakseni elokuva yritettiin esittää MTV 3:lla,

THE RETURN OF
THE LIVING DEAD
USA 1985
Ohjaus: Dan O'Bannon
Pääosissa: Clu Gulager, James Karen, Don Calfa
Katsottu: 9.8.2023
Formaatti: 4K Ultra HD

8

sitten esitys peruttiin ja lopulta itse liikenneministeri **Ole Norrback** joutui antamaan aiheesta vakavamielisen lausunnon. Silloin osattiin keskittyä tärkeisiin asioihin!

Itse luin elokuvasta alun perin jostakin elokuvalehdestä 1980-luvun puolivälissä. Arvasin, ettei juuri tuolloin elokuvasensuurista viehättynyt Suomi koskaan sallisi sen tuontia maan teattereihin, ja kun en keksinyt mitään keinoa saada sitä käsiini, tilasin postimyynnistä siitä tehdyn kirjaversion. Tiesin siis aika hyvin mitä tulee tapahtumaan, kun vihdoin sain VHS:n käteeni. Tämä taisi tapahtua ihan 1990-luvun alussa.

Sen jälkeen, kun edellä arvioidun *Night of the Living Deadin* (1968) tekijät George A. Romero ja **John Russo** lähtivät eri teille, mahdollisista (vähintään temaattisista) jatko-osista sovittiin, että Romero saa käyttää niiden nimissä sanoja *the Dead* ja Russo taas *the Living Dead.* Niinpä Romero on sittemmin tehnyt jo viisi elokuvaa, joiden nimi loppuu *the Dead: Dawn, Day, Land, Diary* ja *Survival of the Dead.*

The Return of the Living Dead on puolestaan Russon porukan työtä. Romero ei olisi saanut tällaista nimeä käyttää. Elokuva alkaakin kuin *Night of the Living Deadin* vaihtoehtoisena jatko-osana. Vanhemmassa elokuvassa kiinni saadut zombiet on säilötty tölkkeihin ja lähetetty vahingossa väärään osoitteeseen, jossa ne edelleen ovat ilman että kukaan tietää minne ne päätyivät. *Typical military fuck-up!*

Kun yksi tölkeistä vahingossa rikkoutuu, ilmoille pääsee kaasua joka tekee lähistöllä olevista ihmisistä niin ikään zombeja, minkä lisäksi alkuperäiset zombiet heräävät uudelleen henkiin. Nyt ne eivät kuitenkaan kaipaa enää sisälmyksiä kuten aiemmissa elokuvissa, vaan aivoja!

Lisäksi zombiet eivät enää laahusta hitaasti kuten alkuperäisessä *Night of the Living Deadissa,* vaan juoksevat reipasta vauhtia saaliidensa perässä. Ne ovat myös ovelia ja osaavat puhua: kun ensimmäinen poliisipartio on syöty, zombie osaa käyttää poliisiradiota ja tilata paikalle lisää syötävää. *"Send more cops!"*

Ehkä noin kymmenisen kertaa katsomassani elokuvassa kiinnitin tällä kertaa huomiota siihen, miten alkupuoliskon nerokkaasti kirjoitettu ja hauska sanailu vaihtuu jälkipuoliskolla pelkäksi huudoksi ja mekastukseksi, mikä on vähän harmi. Nokkelaa sanailua olisi kuullut mielellään enemmänkin. Etenkin **Linnea Quigleyn** replikointi on ensiluokkaista niin kauan kuin sitä kuullaan.

Nuorisoporukka on silmiinpistävän heterogeeninen: ei heti voisi kuvitella hurjan näköisten punkkarien kuuluvan samaan jengiin kuin yksi jupahtava nuori mies ja yksi kiltin oloinen tavallinen naapurintyttö.

Elokuvan 4K-toteutus ei ole aivan yhtä ällistyttävän hyvä kuin esimerkiksi *The Burningin* (jonka katsoin samana iltana), mutta varsin laadukas kuitenkin.

•

Scream Factory on julkaissut Paramountin levittämän mutta Dino De Laurentiis Companyn varsinaisesti tuottaman Stephen King -elokuvan *Silver Bullet* 4K UHD:nä julkaistuaan hieman aiemmin jo erittäin laadukkaan blu-rayn. Ei siis ole mikään yllätys, että myös 4K-levy on kuvanlaadultaan erinomainen vaikkakin merkillisen voimakkaasti kontrastikas; siltä osin kuvaa on ehkä hyvä säätää.

Silver Bullet perustuu Kingin tarinoimaan ja **Berni Wrightsonin** *(Creepshow)* vuonna 1983 sarjakuvaksi piirtämään ihmissusitarinaan nimeltä *Cycle of the Werewolf.* Tarina sijoittuu kirjailijalle tyypillisesti amerikkalaiseen pikkukaupunkiin. Sen asukkaat alkavat vähin erin epäillä, että oudot, säännöllisesti täydenkuun aikaan tapahtuvat kuolemantapaukset ovat ihmissuden aiheuttamia.

Mysteeriä alkaa selvittää rullatuoliin sidottu nuori Marty (**Corey**

SILVER BULLET
USA 1985
Ohjaus: Daniel Attias
Pääosissa: Corey Haim, Gary Busey, Everett McGill
Katsottu: 9.1.2024
Formaatti: 4K Ultra HD

7

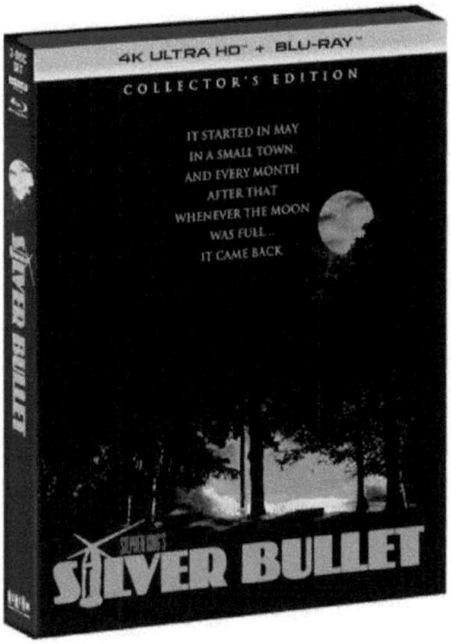

Haim), rasittaen siinä sivussa tomeraa isosiskoaan nimeltä Jane (**Megan Follows**) ja saaden taustatukea kovaääniseltä Red-enoltaan (Gary Busey, *Point Break*).

Näin *Silver Bulletin* ensi kertaa pikkuisen leikattuna sen teatterikierroksella 1980-luvun puolivälissä ja jo silloin tuntui siltä kuin määrältään runsaiden King-filmatisointien taso olisi alkanut laskea. Toisaalta niihin aikoihin oltiin vasta aloittamasta todellista syöksylaskua King-elokuvien tasossa ja moniin myöhempiin verrattuna *Silver Bullet* on elokuvataiteen merkkiteos.

Käsikirjoituksen elokuvaan on tehnyt King itse, ei vielä onneksi malttanut ohjata kuten teki seuraavana vuonna. Osa dialogista kuulosta hiukan kököltä ja osa huumorista on varsin vaivaannuttavaa, mutta onhan tämä muuten oikein nautittavaa viihde-elokuvaa kauhuelementeillä maustettuna.

Corey Haim pääosassa tuntuu hetkittäin hieman rasittavalta, Megan Follows hänen siskonaan on sen sijaan oikein suloinen.

•

Katsoin 1980-luvun rikosklassikon vuoden 2023 elokuun puolivälissä hartain mielin, vain kahdeksan päivää aiemmin edesmennyttä ohjaaja **William Friedkiniä** muistellen. Olin laittanut Kino Lorberin julkaiseman 4K UHD

TO LIVE AND DIE IN L.A.
USA 1985
Ohjaus: William Friedkin
Pääosissa: William L. Petersen, John Pankow, Willem Dafoe
Katsottu: 15.8.2023
Formaatti: 4K Ultra HD

9

-levyn tilauksen sisään jo melkein kuukautta aiemmin osaamatta arvata, että kun lopulta pääsen sitä katsomaan, maestro on poissa.

To Live and Die in L.A:n näin heti ensi-iltakierroksellaan teatterissa vuoden 1986 puolella, kun se ehti Lappeenrantaan asti. Oli virkistävää nähdä se nyt täysin leikkaamattomana, kun tuolloin melkein jokaisesta verisestä ampumisesta oli nipsaistu jotakin pois.

Elokuvan päähenkilö on *Rio Bravon* sheriffin mukaan nimetty maaninen losangelesilainen rikosetsivä Chance (**William L. Petersen**), jonka eläkkeelle jo melkein ehtinyt pari tapetaan hänen ollessaan tutkimassa rahanväärentäjä Eric Mastersin (**Willem Dafoe**) toimia. Chance vetää tästä infernaaliset pultit ja päättää saada Mastersin kiinni vaikka se edellyttäisi poliisin ohjesäännön jokaisen kohdan rikkomista ja vielä runkkaamista ja paskomista sen päälle.

Vastoin tahtoaan Chance saa uuden parin Vukovichista (**John Pankow**), joka vaikuttaa elokuvan pohjana olleen romaanin kirjoittaja **Gerald Petievichin** alter egolta. Vukovich on kunniallisempi poliisi ja vaikka hänkin tuntuu olevan valmis hieman taivuttamaan sääntöjä, hän ei ole valmis rikkomaan niitä niin häikäilemättömästi kuin Chance.

Tämä saa aikaan nautittavan jännitteen päähenkilöiden välille: Vukovichista tulee yhtä aikaa sekä Chancen toimien kauhistelija että niiden mahdollistaja. Lojaalisuus poliisiparia kohtaan ajaa ohi kunnioituksesta ohjesääntöä kohtaan. Kaksikko päätyy Mastersia jahdatessaan koko ajan hurjempiin tilanteisiin.

Tiukkojen poliisielokuvien eliittiin kuuluvan teoksen olen katsonut jo kymmenkunta kertaa eikä siitä ole enää juurikaan uutta sanottavaa. Todettakoon kuitenkin, että tällä kertaa kiinnitin huomiota siihen miten taitavasti Friedkin on koostanut kohtaukset siten, että ne vievät tarinaa eteenpäin olematta sekuntiakaan venytetyn oloisia: kuvissa ja dialogissa kerrotaan juuri se mitä tarvitaan ja sitten leikkaus eteenpäin, mistä elokuvaan kumuloituu aivan vastustamaton draivi. Kivaa nähdä ysärihittisarja *Frasierin* Daphne (**Jane Leeves**) vaihteeksi hieman eroottisemmassa roolissa.

4K-kuva oli kyllä laadultaan selkeä parannus verrattuna tavalliseen blu-rayhin, mutta mitenkään ällistyttävästä kokemuksesta ei silti ollut kyse.

HIGHLANDER
USA 1986
Ohjaus: Russell Mulcahy
Pääosissa: Christopher Lambert, Sean Connery, Clancy Brown
Katsottu: 3.10.2023
Formaatti: 4K Ultra HD

8

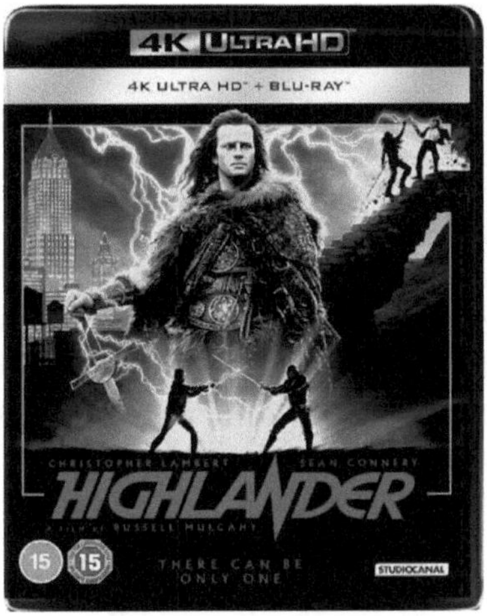

Olin katsonut välittömästi ennen *Highlanderia* edellä jo käsitellyn *Piranhan* (1978) ja kirjoitin tässä kohden muistiin, että uudempaan elokuvaan tultaessa 4K-kuvanlaatu parantui hieman, vaikka tässäkin toteutuksessa filmiraetta riitti. Hetkittäin kuva näyttää hienommalta kuin missään aiemmassa julkaisussa, hetkittäin taas ollaan jopa DVD-laadun alapuolella. Tämä vaihtelee otosta toiseen, onneksi suurimman osan aikaa ollaan positiivisen puolella.

Itse elokuvan katselu toi mieleen ajat nuorena miehenä Helsingin Formia -teatterissa, jossa katsoin tämän mielestäni jopa kahdesti. Olisiko ollut joku Bonnie tai Clyde -kortti tms. siinä kohtaa apuna. Tämänkertaisen katselun aikana taas tuli mieleen, että *Highlander* on tavallaan epäonnistunut elokuva, koska näin mainiosta ideasta olisi pitänyt pystyä rakentamaan ikimuistoinen, kaikkien rakastama klassikko, siinä missä nyt saatu lopputulos on pelkästään hyvä.

Elokuvan päähenkilö Connor MacLeod (**Christopher Lambert**) on skotlantilainen soturi, joka haavoittuu kuolettavasti taistelukentällä mutta ei kuole. Kyläläisten joukosta karkoitettu mies ymmärtää vähitellen olevansa yksi harvinaisista kuolemattomista, missä avustaa paikalle yllättäen ratsastanut espanjalainen hienostelija Ramirez (**Sean Connery**).

Koettuaan traagisen romanssin suloisen **Beatie Edneyn** kanssa MacLeod joutuu vähitellen kovettamaan itsensä: rakkaus ja tunteet eivät ole sellaista varten, joka kuitenkin joutuu ennen pitkää jättämään raastavat jäähyväiset rakkautensa kohteelle tämän kuollessa vanhuuteen. Kun tarina siirtyy nykyaikaan, MacLeod onkin kovettanut itsensä täysin.

Tässä piilee yksi *Highlanderin* vahvuuksista. Elokuva on komea tarina henkisestä kehittymisestä. Sen alussa MacLeod on vihainen, yrmeä, muille ihmisille vittumaisesti puhuva hermokimppu. Tarinan nykyaikaan sijoittuvana aikana hänestä kasvaa vähitellen uudelleen tasapainoinen, rakastamaan kykenevä yksilö, joka nähdään lopussa uuden kumppaninsa kanssa katselemassa Skotlannin Ylämaan maalauksellisia maisemia.

Highlander on kansoitettu mainioilla hahmoilla, joista haluaisin nyt nostaa esiin juurikin edellä mainitun, yleensä vähälle huomiolle jäävän Brendan. Jo elokuvan teatterikierroksella minuun teki vaikutuksen se, miten hienosti **Roxanne Hart** näyttelee kauhistuksen loppupuolen kohtauksessa, jossa päähenkilömme yhtäkkiä tökkää tikarin omaan vatsaansa. Shokki näyttää niin aidolta, että on kuin hänelle ei olisi edes kerrottu mitä vastanäyttelijä aikoo tehdä samaan aikaan kun hän on luullut tikaria oikeaksi.

Highlanderin pitkä lopputaistelu Kurgania (**Clancy Brown**) vastaan on puolestaan ylipitkä, tylsä ja halvan näköinen. There should have been only one!

ALIENS
USA 1986
Ohjaus: James Cameron
Pääosissa: Sigourney Weaver,
Michael Biehn, Bill Paxton
Katsottu: 7.5.2024
Formaatti: 4K Ultra HD

8

Sanottakoon heti aluksi, etten ole koskaan ollut yhtä innoissani **James Cameronin** *Aliensista* kuin ilmeisesti elokuvankatsojien ylivoimainen enemmistö. Kun muutin aikoinaan Helsinkiin, se oli jo sen verran vanha elokuva, että se oli muistaakseni pudonnut isoista saleista johonkin Formian tai Forumin pienemmistä, joista yhdessä näin sen ensi kertaa.

Aliens oli silloin minusta ihan kiva, mutta ei herättänyt sen suurempaa innostusta. Vertailun vuoksi, *The Terminatoria* en nähnyt teattereissa ollenkaan ja silti se oli VHS:ltä ensi kertaa nähtynä täydellinen. Tästä tuntui puuttuvan jotakin. *Alieniakaan* en nähnyt teatterissa koskaan, mutta sekin toimi minulle paremmin ollessaan enemmän kauhuelokuvamainen.

Sigourney Weaverin näyttelemä Ellen Ripley joutuu kellumaan alkuperäisen *Alienin* tapahtumien jälkeen avaruudessa vuosikymmeniä, ennen kuin hänet löydetään ja tuodaan takaisin Maapallolle. Käy ilmi, että ihmiset ovat tällä välin rakentaneet alienien planeetalle jo siirtokunnan eikä kukaan ole silti valittanut facehuggereista.

Kuinka sattuikaan, pian Ripleyn pelastamisen jälkeen yhteys tuohon siirtokuntaan katkeaa. Hänet saadaan houkuteltua mukaan avaruuden merijalkaväen matkalle selvittämään mitä on tapahtunut ja tuhoamaan kaikki löytyneet alienit. Se ei tietenkään onnistu helposti ja tyylilaji on nyt kauhun sijasta enemmän sotaelokuvamainen. Ja se korporaation lähettämä kaveri on tietysti kieroin kaikista.

Katsoin 4K:na elokuvan vuoden 1990 Special Editionin, jonka pituus on päälle kaksi ja puoli tuntia. Olen nähnyt sen pari kertaa aikaisemminkin, mutta katseluista on jo yli kymmenen vuotta, mikä vaikutti siihen, etten muistanut enää kovin tarkasti lisättyjen kohtausten sisältöä.

Vanha Cameron on hiljattain sanonut, ettei laita enää mitään isoja pyssyjä *Avatarin* jatko-osiin koska ei halua tehdä niistä fetissejä. Tämä vienee niistä vähänkin kiinnostavuuden; ensimmäisessä *Avatarissa* sentään oli vielä kunnon pauketta, ja tuskin missään muussa Cameronin elokuvassa kamera on nuollut valtavia ampuma-aseita samalla innolla kuin *Aliensissa.*

En itsekään varsinaisesti pidä aseista, mutta elokuvallisessa asiayhteydessä ne ovat usein todella cooleja, kuten olivat jo Cameronin käsikirjoittamassa *Rambo* kakkosessa vuotta ennen *Aliensia.*

Ja entäpä sitten 4K-kuvanlaatu? Se poikkesi (juuri *Aliensia* ennen katsomastani, mutta vasta vuoden 1994 kohdalla tässä kirjassa vastaan tulevasta) *True Liesista* hurjasti edukseen. Jostakin syystä *Aliens* ei ollut saanut samanlaista muovinaamakäsittelyä kuin tuo uudempi elokuva ja T2. Tuloksena tästä se näytti varmastikin paremmalta kuin mikään näkemäni versio tuo kauan sitten koettu teatterikokemus mukaan lukien. Liikutaan yllättävän lähellä referenssitasoa.

Värimaailmaltaan sinisiä kohtauksia oli vielä enemmän kuin *True Liesissa* ja ne näyttivät upeilta. Toki osa 1980-luvun erikoisefekteistä näyttää nykypäivänä vähän hassuilta.

Alussa nähtiin mainoita väärinarvauksia siitä, millainen kaukainen tulevaisuus olisi: Carter Burken (**Paul Reiser**) kasarikampaus on hihittelyn arvoinen ja joka paikassa tupakoidaan.

Ensimmäistä kertaa koskaan annan tälle kahdeksannen pisteen. Sen ensimmäisen teatterikatselun jälkeen olin vasta kuutosessa.

•

The Lamp (tunnetaan myös nimellä *The Outing)* oli minulla kauan sitten hyllyssä Kööpenhaminasta ostettuna tanska-VHS:nä. En enää muista mitä kasetille sittemmin tapahtui, mutta elokuvasta minulle jäi silloin positiivinen mielikuva.

Olinkin aika yllättynyt, kun löysin vanhoista muistiinpanoistani sille merkinnän 5/10. Mitä ihmettä? Nyt se sai huomattavasti parem-

THE LAMP
USA 1987
Ohjaus: Tom Daley
Pääosissa: Deborah Winters, James Huston, Andra St. Ivanyi
Katsottu: 4.8.2023
Formaatti: Blu-ray

8

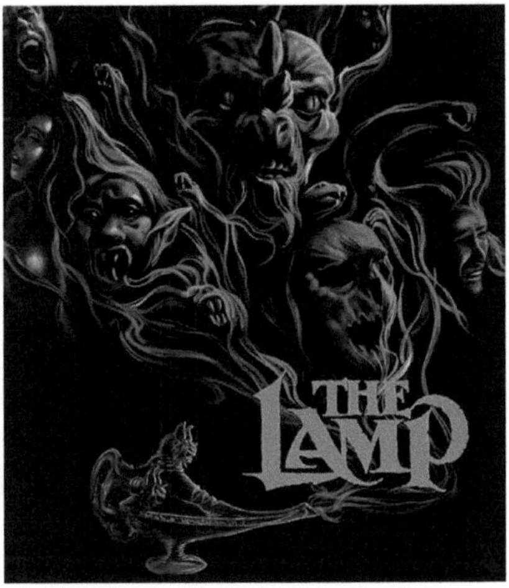

mat pisteet, sillä kuten muistin kyseessä oli tosiaankin oikein mainio pieni kauhuelokuva, jota vielä sulostutti myös tuottajana toiminut kaunis **Deborah Winters**. Näytteleminen on kökköä mutta sympaattiset henkilöhahmot ja yllättävän rajut splatter-tehosteet pelastavat paljon.

Kaikki alkaa 3.500 vuotta ennen ajanlaskun alkua, kun Tuhannen ja yhden yön saduista tutun henkiolento djinnin lamppu valmistetaan ja tämä piiloutuu sinne, mutta ei täyttääkseen lamppua hierovan toiveita vaan pelkästään levittääkseen tuhoa ja kuolemaa. Elokuvan johdantojaksossa djinn toteuttaakin juuri tuota päämäärää 1800-luvun lopun Teksasin rannikolla, ilman kovin selkeää linkkiä muuhun elokuvaan.

Sitten päästään vihdoin 1980-luvulle jolloin ajan muodin mukaisesti pukeutuneet ja hassusti käyttäytyvät nuoret päättävät haluta jäädä kutemaan juuri sen väärän museon kellariin, kun djinn pääsee yläkerrassa ulos lampustaan. Seuraa sarja erittäin karmivia kuolemia yllättävän rujoin veritehostein ryyditettyinä.

Aivan ihana elokuva! Juuri tällaisia halvat kasarisplatterit viihdyttävimmillään ovat. Viimeksi olin katsonut tätä jotenkin väärin. Nyt se sai helpot kahdeksan pistettä ja jää ilman muuta hyllyyn kunniapaikalle.

PREDATOR

USA 1987
Ohjaus: John McTiernan
Pääosissa: Arnold Schwarzenegger, Carl Weathers, Kevin Peter Hall
Katsottu: 10.9.2021
Formaatti: 4K Ultra HD

8

John McTiernanin ohjaama alkuperäinen *Predator* oli aikanaan kova juttu. Ennen kuin pääsin näkemään sen, sitä oli hehkutettu jopa kauhuelokuviin keskittyvässä amerikkalaisessa *Fangoriassa,* mikä tuntui indikoivan että kyseessä on varsin poikkeuksellinen toimintapaukku ja samalla tietysti myös poikkeuksellinen **Arnold Schwarzeneggerin** elokuva.

Predator on toki niitä molempia. Se kuuluu myös niihin elokuviin, joita suomalainen elokuvasensuuri rampautti pahoin, poistaen monia sen huippukohdista. Eipä tullut silloin vielä kuuloonkaan, että olisi sallittua näyttää miten sotilaalta ammutaan käsivarsi irti, joka jatkaa edelleen ampumista maahan pudottuaan.

Arnold Schwarzenegger johtaa amerikkalaista kommandoryhmää, jonka uskalias pelastustehtävä viidakossa ensin onnistuu mutta muuttuu sen jälkeen hengenvaaralliseksi ryhmälle itselleen, kun jokin näkymätön uhkaaja alkaa harventaa heitä Maapallolla tuntemattomin tuliasein.

Kommandoja vastassa on Predator, ulkoavaruudesta Maan päälle tullut metsästäjä, joka on tullut keräilemään itselleen voitonmerkkejä päihittämällä kaikkein parhaitenkin itseään puolustamaan kykeneviä ihmiskunnan edustajia. Schwarzeneggerillä on kovempi vastustaja kuin koskaan aiemmin.

Ostin levyn vähän epäröiden, kun kokemukset erityisesti kasarielokuvien 4K-päivityksistä eivät ole tähän mennessä olleet kaikkein parhaita, mutta tämä julkaisuhan oli kerrassaan mainio laadultaan ja ilman muuta selvä parannus blu-rayhin. Filmiraetta oli ajoittain niin että se hiukan häiritsi, mutta pääosin tämä oli kuitenkin herkkua, UHD:tä parhaimmillaan.

Itse elokuva on tietysti klassikko, olkoonkin että itseäni on aina hieman pitkästyttänyt lopun ylipitkä, jännityksetön kaksintaistelu Schwarzeneggerin ja Predatorin välillä, kun voittaja on totta kai etukäteen selvä. Suunnilleen vartin se kestää ja sen aikana taisin tälläkin kertaa hiukan pilkkiä.

1990-LUKU

MISERY
USA 1990
Ohjaus: Rob Reiner
Pääosissa: James Caan, Kathy Bates, Richard Farnsworth
Katsottu: 11.9.2023
Formaatti: 4K Ultra HD

8

Tultaessa vuoteen 1990 Stephen Kingin teksteihin perustuvista elokuvista oli jo runsauden pulaa. Lisäksi uutuudet eivät aina yltäneet siihen laatustandardiin, jonka *Carrie, Hohto* ja *The Dead Zone* olivat määritelleet.

Näin ollen *Misery* tuli kankaille hieman epäedulliseen aikaan. Verrattuna noihin nimekkäisiin edeltäjiinsä se ei tuntunut kummoiselta suoritukselta. Olin lukenut kirjan jo etukäteen eikä sekään tuntunut Kingin parhaiden töiden veroiselta, joten tiesin mitä odottaa eivätkä elokuvakokemuksen lähtökohdat siksikään olleet parhaat mahdolliset.

Näistä syistä johtuen *Misery* oli aikanaan minulle tuoreeltaan elokuvateatterissa pieni pettymys. Jotenkin tuntui ettei, romaani ollut kääntynyt liikkuviksi kuviksi kaikkein toimivimmalla tavalla. Pieni lisämiinus myös aiheesta, jossa King tuntui kanavoivan pikemminkin omiaan kuin yleisönsä pelkoja.

Jälkikäteen katsoen *Misery* oli kaikkien King-filmatisointien joukossa ehdottomasti sitä parempaa laitaa. Uusintakatseluilla siitä onkin oppinut pitämään enemmän kuin vielä vuonna 1990. Kingin romaanista oli muokannut elokuvakäsikirjoituksen itse William Goldman, *Marathon Manin* kirjoittaja, mikä yhteensattuma.

James Caan on mielenkiintoinen valinta kirjailija Paul Sheldonin rooliin. Hän kun näyttää enemmän painijalta ja ylipäänsä fyysisemmältä kuin mitä kirjailijan voisi mieltää olevan. (Toisaalta on totta, että esimerkiksi kirjailija **John Irving** on nimenomaan painija.)

Sheldon saa valmiiksi uusimman kirjan suosittuun romanttiseen *Misery* -sarjaansa ja lähtee vuoristomökistään viemään valmista käsikirjoitusta kustantajalleen. Valitettavasti sääolot ovat huonot ja hän ajaa ulos tieltä lumimyrskyssä. Tämä voisi tietää hengenmenoa, mutta saatumalta miehen löytää autonromustaan pahasti loukkaantuneena hänen ykkösfaninsa Annie Wilkes (roolista Oscarilla palkittu **Kathy Bates**), joka entisenä sairaanhoitajana tietää mitä tehdä.

Sheldon huomaa kuitenkin joutuneensa ojasta allikkoon, kun hän makaa päivästä toiseen sairasvuoteelleen käytännössä vangittuna ja ilman yhteyksiä ulkomaailmaan samaan aikaan kun hänen maanisdepressiivisen hoitajansa käytös muuttuu alati hullummaksi.

Näyttelijät ovat taitavia ja yllättävänkin hyvin tämä pitää otteessaan vaikka tarina tapahtuu keskeisimmiltä osin yhdessä huoneessa. Sivuhahmot ovat myös mainioita, etenkin **Richard Farnsworthin** näyttelemä pikkukaupungin sheriffi, joka kiinnostuu Sheldonin katoamisesta hänen toimivalta-alueellaan.

4K-kuvanlaadussa tämä pärjäsi yllättävän hyvin. Kuva näytti oikein laadukkaalta ja kirkkaanvalkoiset ulkokohtaukset saivat sen näyttämään jos mahdollista vieläkin paremmalta.

•

Mieleni teki ostaa Kino Lorberin julkaisema 4K UHD jännitysklassikosta *The Silence of the Lambs* jo kauan ennen elokuuta 2022, mutta sen korkeahko hinta jarrutteli hankintapäätöstä. Lopulta annoin periksi ja sain levyn hyllyyni tuona mainittuna kuukautena. Hiljattain tuli tieto, että myös Arrow on julkaisemassa elokuvan 4K UHD:n, mutta heidän julkaisunsa ei taida olla sen edullisempi.

Tarinan varmaan tuntevat useimmat. **Jodie Foster** on Clarice Starling, nuori ja lahjakas mutta vielä hieman epävarma FBI:n agenttioppilas. Hänet lähetetään haastattelemaan legendaarista sarjamurhaaja Hannibal Lecteriä (**Anthony Hopkins**) ajatuksena, että tämä saattaisi avustaa jollakin tavalla parasta aikaa aktiivisen sarjamurhaaja Buffalo Billin kiinni saamisessa.

Starlingin ja Lecterin välille kehittyy mielenkiintoinen jännite. Lecter päätyy auttamaan Starlingia, mutta omista lähtökohdistaan ja

THE SILENCE OF THE LAMBS
USA 1991
Ohjaus: Jonathan Demme
Pääosissa: Jodie Foster, Anthony Hopkins, Scott Glenn
Katsottu: 30.8.2022
Formaatti: 4K Ultra HD

10

erittäin kryptisin menetelmin. Osa näennäisestä auttamisesta vaikuttaa pelkältä trollaamiselta. Starlingin päästessä Buffalo Billin jäljille Lecter alkaa myös juonia omaa pakoaan.

Thomas Harrisin samannimiseen romaaniin perustuva *The Silence of the Lambs* on mestariteos, joka voitti kaikki valmistumisvuotensa keskeisimmät Oscar-palkinnot: paras elokuva, paras ohjaus, paras sovitettu käsikirjoitus, paras miespääosa ja paras naispääosa. Se on **Jonathan Demmen** (1944 - 2017) uran kirkkain kruunu, jota hänen muut ohjauksensa eivät yllä lähellekään.

The Silence of the Lambsin vakava ote aiheeseensa harhautti monet sen faneista inhoamaan kymmenen vuotta myöhemmin valmistunutta jatko-osaa *Hannibal,* joka on mielestäni vähintään yhtä hieno elokuva, mutta kokonaan eri lajityypissä. Groteski musta komedia on kieltämättä odottamaton jatko-osa vakavissaan tehdylle Oscar-magneetille.

Cameo-rooleissa nähdään b-elokuvien tuottajalegenda Roger Corman, zombie-elokuvien maestro George A. Romero sekä laulaja **Chris Isaak**.

Kino Lorberin 4K UHD ei kuitenkaan harmi kyllä tarjoa korkeasta hinnastaan huolimatta merkittävää parannusta aiempiin blu-ray -julkaisuihin verrattuna. Hetkittäin 4K näyttää kyllä voimansa, mutta suurimman osan aikaa se ei juurikaan eroa laadullisesti blu-raystä. Saapa nähdä pystyykö Arrow parempaan.

POINT BREAK
USA/Japani 1991
Ohjaus: Kathryn Bigelow
Pääosissa: Keanu Reeves, Patrick Swayze, Lori Petty
Katsottu: 25.12.2023
Formaatti: 4K Ultra HD

10

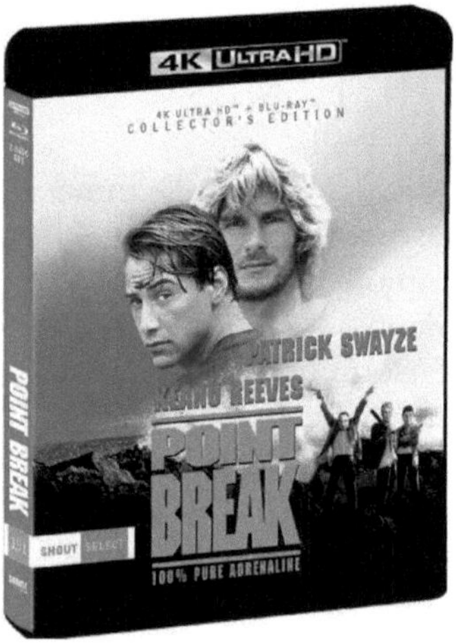

Johnny Utah (**Keanu Reeves**) on vastikään FBI:n akatemiasta valmistunut keltanokka, joka pääsee ensimmäiseen työtehtäväänsä Los Angelesin pankkiryöstöjä tutkivaan yksikköön. Aloitus on karu. Pomo osoittautuu heti kärkeen aivan täydelliseksi kusipääksi ja ikääntynyt työpari Angelo Pappas (**Gary Busey**) vaikuttaa myös vähintään erikoiselta hahmolta.

Näyttöjä pitäisi kuitenkin saada kerättyä. Ensimmäiseksi huomio kiinnittyy sarjaan selvittämättömiä pankkiryöstöjä, joita tekee joukko Amerikan entisten presidenttien naamarien takana piilottelevia rikollisia. Pappasilla on mielenkiintoinen teoria: hän epäilee, että kyseiset ryöstäjät ovat surffaajia.

Nuoremmuuttaan Utah joutuu soluttautumaan surffaajien joukkoon. Sieltä hän löytää alakulttuurin, jolla on kokonaan oma filosofia. Itse lainelautailun saloihin häntä opastaa suloinen Tyler, jonka roolista **Lori Petty** olisi ansainnut sivuosa-Oscarin. Hän onnistuu olemaan roolissaan niin uskottavan aseistariisuva, että nekin joiden tyyppiä hän ei ole, rakastuvat hänen välittömyyteensä ja iloisuuteensa siitä huolimatta.

Tällä tavoin Johnny päätyy läheisiin tekemisiin Bodhin (**Patrick Swayze**) kanssa. Hänelle ja hänen lähimmille ystävilleen surffaaminen on kokonainen elämänfilosofia, ja ultimaalisen aallon etsiminen sen tarkoitus. Äärimmäisen kokemuksen hakeminen kiehtoo myös

Johnnyä, ja tilaisuuden sen löytämiseen hän saa laskuvarjohyppyjen kautta – tilanteessa, jossa varjoja ei riitä kaikille.

Toimintaelokuvien mestari James Cameron on ollut mukana tekemässä elokuvaa ja se myös näkyy lopputuloksessa, vaikka hänelle onkin merkitty pelkkä tuottajakrediitti. Ohjaaja **Kathryn Bigelow** tunnetaan Cameronin ex-vaimona, joka sai lopulta parhaan ohjaajan Oscarin 18 vuotta myöhemmin elokuvasta *The Hurt Locker*.

Mestarillinen *Point Break* ei ole ainoastaan upea toimintaelokuva. Siitä tekee ainoalaatuisen myös sen eksistentialismi ja kyky saada katsoja vakuuttuneeksi sen seikkailuhakuisesta vapaudenkaipuusta. Bodhin omalla tavallaan romanttiseen elämänfilosofiaan on helppo samaistua elokuvaa katsoessa.

Elokuvaa koskevat kehut eivät harmi kyllä ulotu Shout Factoryn 4K UHD -julkaisuun, jossa en havainnut minkäänlaista eroa blu-rayhin ja jonka myinkin pikavauhtia eteenpäin sen katsottuani.

JFK
USA 1991
Ohjaus: Oliver Stone
Pääosissa: Kevin Costner, Joe Pesci, Tommy Lee Jones
Katsottu: 9.1.2024
Formaatti: 4K Ultra HD

9

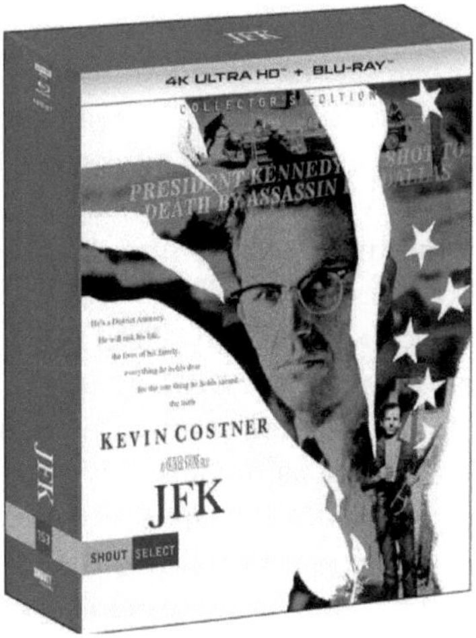

Shout Factoryn toteutus Warnerin laatuelokuvasta *JFK* näytti ensi alkuun siltä, että lopettaisin sen katselun kesken ja laittaisin levyn kaikessa hiljaisuudessa myyntiin. Onneksi en kuitenkaan keskeyttänyt.

Ilmeisesti **Oliver Stone** on käyttänyt tässä elokuvassa niin erilaisia filmilaatuja (kuten sittemmin *Natural Born Killersissä),* että ne harhauttivat alussa uskomaan, että elokuvan kuvanlaatu oli hädin tuskin edes normaalia HD-laatua. Tämä tuli korjattua myöhemmin moneen kertaan, kun 4K-kuva oli hetkittäin suorastaan referenssitasoa.

Kevin Costner on neworleansilainen syyttäjä Jim Garrison, joka alkaa tutkia presidentti John F. Kennedyn Dallasissa 22. marraskuuta 1963 tapahtunutta salamurhaa alettuaan epäillä, ettei tapahtumista julki annettu virallinen selonteko ollut vedenpitävä ja että murhan taustalla oli muutakin.

Tämä työ johtaa Garrisonin mitä erikoisimpien tyyppien perään, joita ovat mm. Tommy Lee Jonesin rikas homoseksuaali liikemies Clay Shaw ja **Joe Pescin** ADHD-tyyppinen hämärämies David Ferrie, jotka kieltämättä käyttäytyvät kuin heillä olisi jotakin salattavaa. Näiden toiminta kuubalaisen, diktaattori Fidel Castroa vastustavan liikkeen kanssa kääntää epäilykset saarivaltion suuntaan.

Yli kolmen tunnin mittaiseksi venyvä tutkimus huipentuu Garrisonin paatokselliseen esiintymiseen oikeussalissa, jossa Shaw on syytettynä salaliitosta Kennedyn murhaamiseksi. Stone sekoittaa taiten totta ja fiktiota saaden katsojan vakuuttuneeksi siitä, että Kennedyn murhan takana oli ilman muuta jonkin sortin salaliitto.

Elokuvaa oli kiinnostavaa katsoa nyt uusin silmin, kun tietää millaiseksi salaliittouskovaiseksi ohjaaja on sittemmin hurahtanut. Ehkä muut olivat huomanneet sen jo aiemmiin, mutta minä kiinnitin vasta nyt huomiota siihen miten monessa kohdin Kevin Costnerin päähenkilö esitettiin aivan selvästi vainoharhaisena *myös teatteriversioon kuuluvissa osuuksissa* ja jätettiin katsojan mietittäväksi milloin tämän jutut kannatti ottaa tosissaan.

Elokuvaan on pumpattu hirmuinen määrä asiaa, minkä takia leikkaus on todella tiukkaa, että päästään nopeasti eteenpäin. **Ridley Scottin** vakioleikkaaja **Pietro Scalia** onkin otettu Stonen yleensä käyttämän **Joe Hutshingin** avuksi ja tuloksena oli Oscarin arvoinen suoritus. Todella vaikea elokuva keskeyttää, kun sen katselun on kerran aloittanut: vauhti on kova, käsittelytapa mukaansatempaava ja käsiteltävät asiat kiinnostavia.

•

Olen kuullut väitettävän, että **Bernard Rosen** ohjaama alkuperäinen *Candyman* vain tuntuu hyvältä kauhuelokuvalta, koska etenkin 1990-luvun alkupuolisko oli yleisesti ottaen muuten niin kovin heikkoa ai-

CANDYMAN USA/Iso-Britannia 1992 Ohjaus: Bernard Rose Pääosissa: Virginia Madsen, Xander Berkeley, Tony Todd Katsottu: 23.4.2024 Formaatti: 4K Ultra HD 8

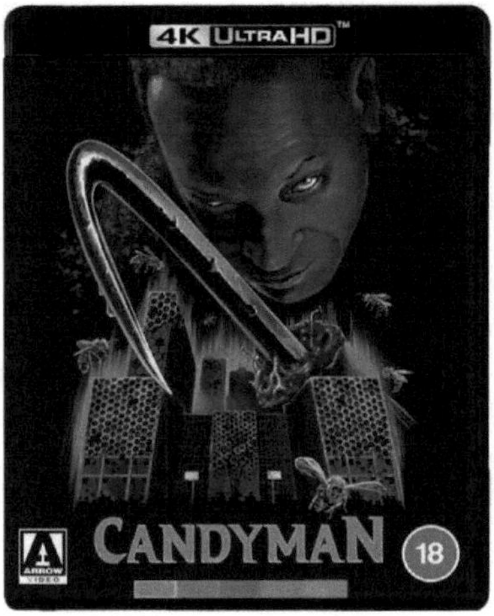

kaa tämän lajityypin elokuville. Ymmärrän kyllä kritiikin, mutta en ole samaa mieltä: mielestäni *Candyman* on erinomainen kauhuelokuva, jonka ylöspano kuitenkin poikkeaa aika paljon lajityypin ystävien tavallisista odotuksista, eikä se siksi ehkä putoa yhtä hyvin heille kuin moni muu.

Etenkin nyt kun katsoin sen ensimmäistä kertaa 4K-formaatissa, huomio aivan erityisesti kiinnittyi näihin eroihin, joista keskeisimmät ovat:

1) Pohjimmiltaan kyseessä ei ole kauhuelokuva vaan synkkä rakkaustarina, joka vihjaa Helenin (erinomainen **Virginia Madsen**) saattavan olla Candymanin valkoihoisen rakastetun reinkarnaatio 1890-luvulta. Tämä vetää paria uudelleen yhteen, tapahtuipa mitä hirveyksiä hyvänsä.

2) Elokuvaa ohjaa todella pitkälle sen musiikki, jonka parissa **Philip Glass** on tehnyt mestarillista työtä. Glass on läsnä kaikissa avainkohtauksissa, kääntäen niiden tunnelmaa hienovaraisesti haluttuun suuntaan. Jo alkutekstien taustalla soiva teema ajaa katsojan oikeanlaiseen mielentilaan, ja häntä manipuloidaan hienosti myös siitä eteenpäin.

3) Mainitaan vielä lisäksi vähemmän keskeinen asia. Mielestäni on kiinnostavaa, miten elokuva toistuvasti pyrkii aikaansaamaan vaikutelman, että kaikki on vain Helenin mielikuvitusta, ja sitten kuitenkin tahallaan rikkoo tuon käsityksen, ikään kuin vihjaten, että

Candyman on kyllä täysin todellinen mutta vain Helenille, ja kukaan muu ei mitenkään voi edes uskoa saati ymmärtää tämän panosta tapahtumiin.

Clive Barkerin alkuperäinen novelli *The Forbidden* sijoittui ankeaan lähiöön Britannian Liverpoolissa. Rosen elokuvassa tapahtumat siirrettiin Chicagoon. Suuri, koukkukätinen musta mies on yliluonnollinen hirviö, jonka synnyttämiä urbaaneja legendoja Helen alkaa tutkia opiskelukaverinsa kanssa.

Candyman on saanut pari onnetonta jatko-osaa, jotka kannattaa välttää, mutta vuoden 2021 uusi versiointi on erittäin suositeltava: erilainen, mutta melkein yhtä hyvä. Minulla on myös se hyllyssä 4K UHD:nä, ja kenties sen voisi käsitellä CineActive 2:ssa. Tähän kirjaan sen arvio ei vielä ehtinyt.

Candymanin 4K-kuvan laatu on parhaimmillaan loistava, mutta silti hetkittäin vain välttävä.

BRAM STOKER'S DRACULA
USA 1992
Ohjaus: Francis Ford Coppola
Pääosissa: Gary Oldman, Winona Ryder, Keanu Reeves
Katsottu: 28.3.2023
Formaatti: 4K Ultra HD

3

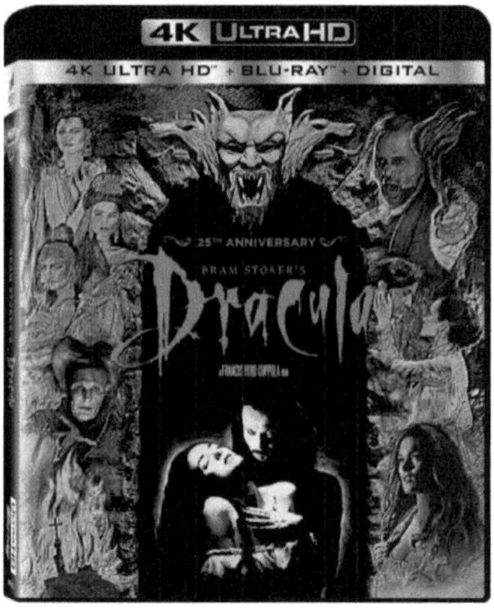

Näin ohjaajalegenda **Francis Ford Coppolan** ohjaaman suuren budjetin kauhufantasian *Bram Stoker's Dracula* ensimmäistä kertaa elokuvateatterissa sen ensi-iltakierroksella, luultavasti joko aivan tammikuun 1993 lopussa tai helmikuun aikana. Muistikuviksi jäivät silloin, että oli tylsää ja pompöösiä. Tuosta yli 30 vuoden takaisesta katselusta oli jäänyt muistiinpanoihini 4 pisteen merkintä.

Moni huonoksi muistamani elokuva on kuitenkin etenkin viime aikoina osoittautunut hyväksi uudella katselulla, joten olin toiveikas. Yritin suhtautua avoimin mielin Coppolan kehittelemään tummanpuhuvaan tarinaan tuomitusta rakkaudesta – seikka jota **Bram Stoker** ei tainnut alkuteoksessa tässä määrin korostaa – ja olla naureskelematta ajatukselle siitä, miten Keanu Reeves mahtoikaan kärsiä (kuten elokuva antoi ymmärtää) jouduttuaan kolmen muodokkaan ja vähäpukeisen naisen vangiksi kauas Transilvaniaan. Ei onnistunut.

Gary Oldmanin tulkitsema romanttinen Dracula siis saapuu Lontooseen viettelemään kauniin Minan (**Winona Ryder**), joka oli alun alkaen luvattu Reevesin näyttelemälle Harkerille. Luvassa on rakkautta ja verisiä puraisuja melodramaattisten juonenkäänteiden puitteissa, yliampuvissa lavasteissa.

Vastikään Oscarin *The Silence of the Lambsista* pokannut Anthony Hopkins näyttelee Van Helsingin roolinsa niin isolla vaihteella ja kajahtaneesti, että roolin olisi voinut antaa yhtä hyvin Leslie Nielsenille. Coppolalta *Kummisetä IV* olisi ollut tässä kohtaa parempi veto, etenkin kun tässä ei Winona Ryderia ollut tarvinnut korvata **Sofia Coppolalla**. Pisteet vielä yhdellä alaspäin ja levy onkin sittemmin myyty eteenpäin.

TRUE LIES
USA 1994
Ohjaus: James Cameron
Pääosissa: Arnold Schwarzenegger, Jamie Lee Curtis, Tom Arnold
Katsottu: 7.5.2024
Formaatti: 4K Ultra HD

9

James Cameronin edelleen viimeinen perinteinen toimintaelokuva on eräänlainen amerikkalainen vastine brittien James Bondille. Itse

Arnold Schwarzenegger nähdään salaisena agenttina, jolla on kuitenkin Bondista poiketen vaimo, teini-ikäinen tytär ja omakotitalo washingtonilaisessa lähiössä. Mitä tapahtuu, jos tosi valheet eivät enää riitä ja miehen todellinen ammatti alkaa paljastua perheelle?

Kuviota sotkee myös virheellinen epäily agentin vaimon (roolissa Jamie Lee Curtis, *Prom Night)* uskottomuudesta, jonka selvittelyyn käytetään uuvuttavan pitkä aika elokuvan keskivaiheilla.

Kun Arnold soluttautui elokuvan alussa pahisten iltajuhliin hän teki itsesään uskottavan puhumalla sujuvaa arabiaa. Tämä oli tekstitetty englanniksi kuvan alareunaan lisähuomautuksella "(perfect arabic)". Heti seuraavassa tanssikohtauksessa olisi vastaavasti pitänyt olla lisätarkennus "(perfect tango)"

Koska *True Lies* on tehty alun alkaenkin R-elokuvaksi, siinä oli pakko tuhlata aivan erinomaisia tilaisuuksia: esimerkiksi yhtenä taistelukohtauksen näyttämönä nähdyssä julkisessa miestenhuoneessa oli aivan kirkkaat valkoiset seinät eikä niille silti roiskuteltu mitään – ei edes paska lentänyt.

Islamistiterroristit esitettiin elokuvassa todella yksinkertaisina tyyppeinä mitä nämä toki lienevät oikeastikin. Täräytettyään Arskaa singolla näiden pomo huusi kovaa "Yes!" Se tuntui ihmeellistä, koska hänenhän olisi pitänyt huutaa sama arabiaksi.

Nyt jo legendaarisen hienon Key Westiin johtavan sillan tuhoaminen oli yksi siihenastisen tehosteteknologian huippusuorituksista. Tuntui absurdilta, että parhaiden visuaalisten tehosteiden Oscar annettiin silti *Forrest Gumpille* (pystin jakoi Oscar-gaalassa itse **Steven Seagal**). Kun tämä upea tehoste oli nähty, saattoi katsoja vain todeta, että kyllä se kohtaus jossa Forrest Gump kätteli presidentti Kennedyä, oli sitten varmaan paljon hienompi.

Alun takaa-ajokohtauksessa hevosella ratsastanut Schwarzenegger pyyteli sen aikana koko ajan kaikilta kohtaamiltaan ihmisiltä anteeksi, toistellen replikkiä "Sorry!" toistakymmentä kertaa. Oli helppo arvata, että jos hän olisi lopussa tuhonnut Harrierillaan väärän kerroksen pilvenpiirtäjästä, hän olisi varmaan silloinkin vain sanonut että sorry!

Cameronia on moitiskeltu kovasti *Terminator 2:n* 4K-upgreidauksesta, joka kyllä poisti kuvasta kaiken rakeisuuden, mutta sai myös sen henkilöt näyttämään epäluonnollisilta kuminaamoilta. Eipä siinä, tässä tuli nyt lisää samanlaista!

Täytyy myöntää, että silloin kun katsoin *T2:n* 4K-versiota olin pelkästään tyytyväinen rakeisuuden puuttumiseen enkä kiinnittänyt suuremmin huomiota siihen miltä henkilöhahmot näyttivät. Nyt oli toisin. Jo alusta alkaen Schwarzenegger kumppaneineen näytti niin epäluonnolliselta, että se alkoi ihan oikeasti vaivata. Ja samanaikaisesti filmirae oli tosiaankin eliminoitu kuvasta jotakuinkin täydellisesti.

Toisaalta näytti selvältä, että ongelma koski vain niitä jaksoja, joissa oli lämpimiä värejä. Cameron on aina tehnyt elokuvia joiden värimaailma on varsin sinertävä, ja sinissä kohtauksissa kuvan tarkkuus oli jotakin aivan uskomatonta, huh huh! Näin oli esimerkiksi tilanteessa, jossa Curtis saapuu hotellihuoneeseen luullen tapaavansa ranskalaisen rakastajan. Hotellihuoneen detaljien yksityiskohtainen tarkkuus on huikeaa tasoa. Jotakin on siis saavutettu 4K-kuvan cameronisoinnilla, jotakin muuta toisaalta myös menetetty.

Elokuva itsessään on tietenkin yhden sortin klassikko, johon liittyy kaikenlaisia muistoja. Sen ollessa uusi muistan nähneeni sen valmistumisvuonnaan Lontoossa, jossa olin silloin työmatkalla, teatterissa jossa äänet olivat kohtalaisen kovalla, mikä kokemus sai minut todella vakuuttuneeksi silloin uuden DTS Digital Surround -monikanavaäänen mahdollisuuksista.

Lisäksi *True Lies* oli ensimmäinen ostamani LaserDisc, jossa oli noihin aikoihin kuuminta hottia oleva digitaalinen Dolby AC-3 Digital Surround -ääniraita (jolle sittemmin keksittiin lyhyempi ja iskevämpi tuotenimi Dolby Digital). Tämä tapahtui helmikuun alussa 1995, minkä jälkeen kyseinen LaserDisc sitten katsottiinkin elokuvamaratonilla huhtikuussa.

Toimintaelokuvan ominaisuuksiltaan *True Lies* on tietenkin aivan täydellinen kuten perfektionisti Cameronin työt aina, mutta aikanaan minua häiritsi elokuvan keskellä oleva ylipitkä avio-ongelmien selvittelyjakso niin paljon, että annoin sille tuoreeltaan vain 7 pistettä. Vasta myöhemmillä uusintakatseluilla hellyin kahdeksikkoon ja nyttemmin on tullut vielä yksi piste lisää.

Vaikka kuvanlaatua voi kritisoida, onhan se silti aikamoinen elämys saada yksi nuoruuden suosikeista päivitettyä kertaheitolla suttukuvaisesta DVD:stä suoraan aikakauden hienoimpaan formaattiin.

En ylipäänsä ymmärrä, miksi niin monet ihmiset katsovat yhä elokuvia DVD:ltä silloin kun parempaakin olisi tarjolla. HD-tallenteet yleistyivät jo vuonna 2007!

NATURAL BORN KILLERS
USA 1994
Ohjaus: Oliver Stone
Pääosissa: Woody Harrelson, Juliette Lewis, Robert Downey Jr.
Katsottu: 24.10.2023
Formaatti: 4K Ultra HD

9

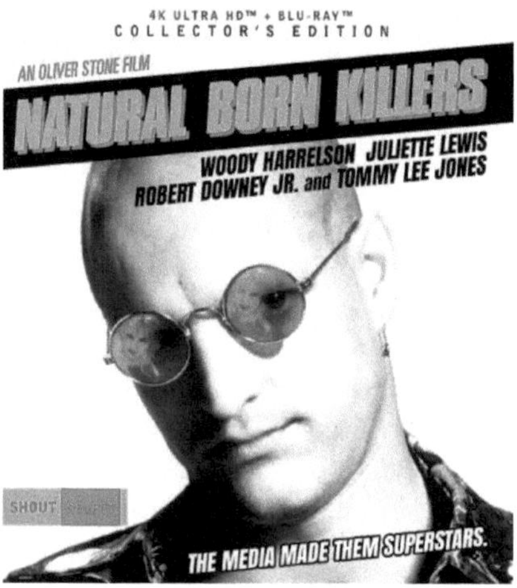

Natural Born Killers, Oliver Stonen *(JFK)* vimmainen, ylienerginen ja visuaalisesti sekopäinen ADHD-tulkinta Quentin Tarantinon käsikirjoituksesta julkaistiin jenkeissä 4K UHD:nä alkusyksystä 2023. Pakettiin kuuluu sekä 4K että blu-ray pidemmästä Director's cutista, mutta pelkkä blu-ray teatteriversiosta.

Director's cut onkin ainoa oikea tapa nauttia tästä teoksesta, jolle annoin aikoinaan Rakkautta & anarkiaa -katselun jälkeen vain kuusi pistettä katsottuani siellä teatteriversion. En tiedä minkä version Tarantino aikanaan katsoi, mutta hän oli sen näkemisestä kovasti loukkaantunut *("miksi Stonen käsikirjoittajineen piti muuttaa kaikki?")* ja on puhunut elokuvasta pahaa sen jälkeenkin.

Omistan Tarantinon käsikirjoituksen kirjaversiona ja voin käsi sydämellä vakuuttaa, ettei se tarinan tasolla eroa lopputuloksesta kovinkaan paljoa. Mutta arvaan, että Tarantinoa vituttikin oikeasti se, että Stone käsikirjoittajineen lisäsi sekaan paljon myös omia jaksojaan sekä kuorrutti kokonaisuuden aivan ylikuumentuneella visuaalisella tyylillä salamavauhtisine leikkauksineen käyttäen tyylilajina täysin överiksi vedettyä mediasatiiria.

(Nykyään tuota mediasatiiriaspektia katsoo kokonaan uusin silmin, kun Stone on muuttunut salaliittohörhöksi. Ehkä mies oli jo silloin seonnut ”valtamedia valehtelee aina” -tyyppisiin juttuihin.)

Mickey (**Woody Harrelson**) ja Mallory (**Juliette Lewis**) ovat nuoria, rakastuneita – ja Amerikan pahimmat sarjamurhaajat. Tämä tekee heistä suuria mediajulkkiksia, joiden edesottamuksia seurataan ympäri maailman. **Robert Downey Jr.** on täysin moraaliton television rikoksilla mässäilevän ohjelman tuottaja, joka haluaa kaksikolta haastattelun yksinoikeudella.

Kun Mickey ja Mallory saadaan pitkän murhasarjansa päätteeksi kiinni ja vankilaan, tuota haastattelua aletaan tehdä siellä Tommy Lee Jonesin näyttelemän täysin kreisin vankilanjohtajan vastentahtoisella hyväksynnällä. Siellä meno vasta hulluksi meneekin.

Legenda kertoo ohjaajan olleen kuvausten aikana puoliksi sekaisin huumeista ja olipa tarina totta tai ei, on se ainakin lopputulosta katsoessa helppo uskoa. Alussa nähtävä sitcom-jakso *I Love Mallory* on aivan uskomatona klassikkomateriaalia! Juuri tällaista ei nykyään enää voisi tehdä, on aivan liian poliittisesti epäkorrektia.

4K-levyn kuvanlaatu on erinomainen niissä kohtauksissa, joissa on käytetty normaalia filmiä, mutta niitä ei harmi kyllä ole kovin paljoa. Stone käyttää kaikkia mahdollisia filmilaatuja ja kuvaustyylejä animaatiot mukaan lukien, ja niistä suuri osa ei tee oikeutta 4K-formaatille.

Siinä suhteessa elokuva onkin 4K-hankintana melkein yhtä kyseenalainen kuin *28 Days Later* oli aikanaan blu-ray -formaatissa. En tullut ajatelleeksi sitä ennen kuin elokuvan tilasin, mutta olen siihen kuitenkin kokonaisuutena tyytyväinen.

•

Olin lukenut Stephen Kingin vuonna 1982 julkaistun novellikokoelman *Different Seasons* jo 1980-luvun puolivälissä. Koska lukemisesta oli *The Shawshank Redemptionin* tullessa Suomen ensi-iltaansa kulunut jo vuosikymmen, en enää muistanut sen aloittavaa tarinaa *Rita Hayworth and the Shawshank Redemption* kuin melko pintapuolisesti.

Novelli ei kuitenkaan aikanaan tehnyt ollenkaan niin suurta vaikutusta kuin elokuva. Hieno tarina syyttömänä vankilaan joutuvasta

THE SHAWSHANK REDEMPTION
USA 1994
Ohjaus: Frank Darabont
Pääosissa: Tim Robbins, Morgan Freeman, Bob Gunton
Katsottu: 21.9.2021
Formaatti: 4K Ultra HD

10

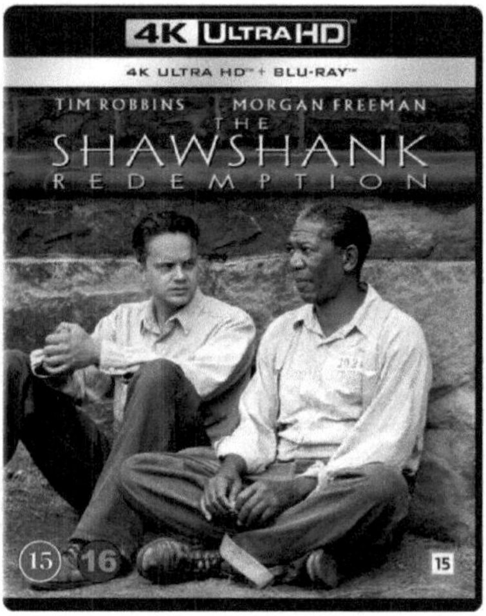

Andy Dufresnesta (**Tim Robbins**) ja tämän vuosien varrella kehittyvästä ystävyydestä Redin (**Morgan Freeman**) on kelvannut myös IMDb:n äänestäjille sen ollessa tätä kirjoitettaessa edelleenkin tuon palvelun mukaan kaikkien aikojen paras yksittäinen elokuva.

Vuosikymmenien mittaiseksi venyvä tarina esittelee monta muistettavaa hahmoa. Tarinan suurimmaksi roistoksi nousee vankilanjohtaja Norton (**Bob Gunton**), jonka hurskaan kristityn pinnan alta paljastuu täysin moraaliton roisto. Varsin pelottava näky on myös vartiostoa johtava Hadley, jonka Clancy Brown *(Highlander)* henkilöi juuri niin muistettavasti kuin hän osaa.

Ensimmäisellä ja useilla myöhemmilläkään katseluilla en kuitenkaan suostunut antamaan elokuvalle täyttä kymppiä. Syynä tähän oli se, että *The Shawshank Redemption* muutti Kingin tarinan lopun tavalla jota minun oli vaikea hyväksyä (vrt. *Cujo* ja *The Mist)*. Vasta viime vuosina olen pikku hiljaa alkanut oppia sietämään elokuvan loppuun lisättyä ylimääräistä rantamaisemaa, jota alkuperäisessä novellissa ei ole, ja joka sopii vähän huonosti tarinan kantavaan teemaan toivon tärkeydestä.

Kingin teksti ja itse asiassa elokuvakin toistavat sitä, miten tärkeä asia toivo on. Siis pelkkä toivo. Siksi Kingin tarina loppuu elokuvan toiseksi viimeiseen kohtaukseen, jossa Redin bussi loittonee kohti tuntematonta tulevaisuutta ja hän lausuu vain kertojanäänellä sen mitä toivoo olevan edessä.

Mitä tekee Darabont? Näyttää tuon toivon *täyttymyksen,* joka ei ollut elokuvan toistelema teema. Katsojille haluttiin saada lämmin ja mukava olo, joten jatketaan toivosta vielä vähän matkaa eteenpäin.

Viimeisimmillä katseluilla olen kuitenkin alkanut ajatella, että ehkä tarkoitus onkin vain kuvittaa tuo Redin bussissa pohtima toivo, ja tosiasiassa hän istuu edelleen siellä. Tätä voisi tukea se, että lopputekstit lähtevät rullaamaan melkein heti rantamaisemaan siirtymisen jälkeen. Tarina ikään kuin päättyi edelliseen kohtaukseen, ja tässä enää kuvitetaan Redin haaveita samalla kun lopputekstit rullaavat kankaalla.

Vähän epätoivoinen teoria kieltämättä, mutta haluaisin uskoa sen todeksi. Tai siis toivon, että se on totta. Toivon, toivon.

Hieno elokuva on saanut erinomaisen 4K-käsittelyn. Juuri tältä näiden vanhempien elokuvien pitääkin näyttää. Valoisuutta piti katsellessa säätää ihmeen alas, mutta sen jälkeen ei ollut moitittavaa. Kuva on siisti eikä rakeisuuttakaan ole häiritsevissä määrin. Vain levyn kansikuva on hieman tympeä.

ED WOOD

USA 1994
Ohjaus: Tim Burton
Pääosissa: Johnny Depp, Martin Landau, Patricia Arquette
Katsottu: 29.3.2024
Formaatti: Blu-ray

10

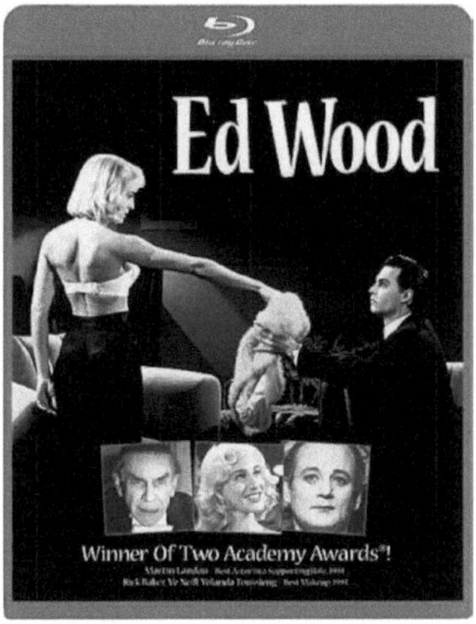

Ylivoimaisesti paras näkemäni **Tim Burtonin** elokuva *Ed Wood* löi minut ällikällä kaikinpuolisella täydellisyydellään jo noin kolme vuosikymmentä sitten (kylläpä aika kuluu) ja se on sittemmin tullut katsottua monta kertaa uudelleen. Jos varovaisesti arvaan, katselukertoja on koossa kymmenisen kappaletta.

Johnny Depp on vielä hoikka nuorimies legendaarisen roskaelokuva-auteurin nimiroolissa, elegantisti mustavalkoisena kuvatussa mestariteoksessa. Hän henkilöi ikuisesti optimistisen Edward D. Wood Jr:n, joka teki sitkeästi pieniä elokuvia oman näkemyksensä mukaisiksi, vastoinkäymisistä piittaamatta. Ystävystyminen vanhan Bela Lugosin (**Martin Landau**) kanssa johtaa todelliseen luomiskauteen, joka huipentuu klassikkoon *Plan 9 from Outer Space.*

Naisrintamalla Woodilla on hankaluuksia, kun alkuperäinen kumppani Dolores Fuller (**Sarah Jessica Parker**) ei oikein hyväksy miehen tapaa käyttää salaa hänen vaatteitaan. Pian paheksunta laajenee myös tämän erikoislaatuiseen kaveripiiriinkin. Uusi rakkaus häämöttää kuitenkin tarinan lähestyessä loppuaan.

Vuoden 1995 maratonkatselussa huomio kiinnittyi painija **Tor Johnsonin** oikeaoppiseen ruokavalioon: ottelun jälkiruoaksi kelpaa kokonainen paistettu kana paljain käsin syötynä.

Kummitusjunakohtauksessa puolestaan kauhistuttiin viikatemiehen vaarallisuutta. Junamatkustajiltahan voisi vaikka pää irrota! Edin ja Kathyn (**Patricia Arquette**) junamatka vieläpä keskeytyi sähkökatkoon, joka antoi ihastuneelle parille tilaisuuden avautua toisilleen.

Todellinen järkytys koettiin kun nähtiin miten sähkökatkon päätyttyä kummitusjunan raiteen ylle sijoitetun giljotiinin terä tuli alas asti! Sen takia vaunu oli siis tyhjä tullessaan edelliseltä kierrokselta. Mahtaapa olla tivolinpitäjillä hirmuiset jätehuoltomaksut! Halkaistut asiakkaat varmaan vaan heitetään jollakin kippilavalla menemään, että mahtuu uusia sisään.

Howard Shoren musiikki on aivan loistavaa, olisin ilman muuta antanut sille Oscarin jonka nyt saivat vain Martin Landau miessivuosasta Bela Lugosina sekä Rick Baker *(Videodrome)* maskeerauksista.

Yhden kaikkien aikojen parhaista hyvän mielen elokuvista tästä tekee paitsi päähenkilön lähes väsymätön optimismi ja usko omaan osaamiseen, myös sen suvaitsevaisuuden sanoma.

Saat poiketa keskimääräisestä "normaaliudesta" vaikka kuinka paljon: olla sukupuolenvaihdoksesta haaveileva homo, naisten asuihin pukeutuva mies, huumeriippuvainen, kyvytön mutta innokas elokuvaohjaaja tai mitä vain, ja silti sinut hyväksytään ja kohdataan muiden kanssa tasaveroisena yksilönä. Sen positiivisempaa sanomaa olisi jo vaikea keksiä.

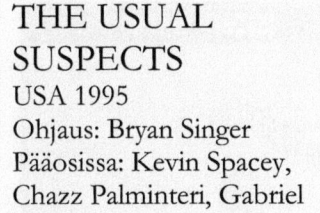

THE USUAL SUSPECTS
USA 1995
Ohjaus: Bryan Singer
Pääosissa: Kevin Spacey, Chazz Palminteri, Gabriel Byrne
Katsottu: 11.9.2023
Formaatti: 4K Ultra HD

8

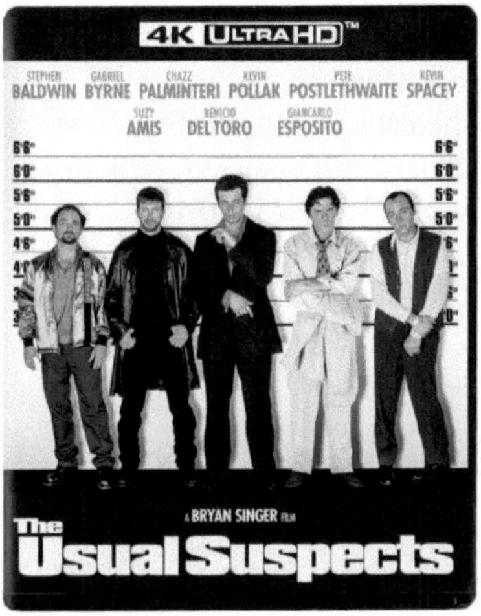

Rikoselokuvaklassikko *The Usual Suspects* teki vaikutuksen 1990-luvun puolivälissä, joka oli **Kevin Spaceyn** kulta-aikaa. Tuskin oli ehditty toipua *Sevenistä,* kun tuli jo tällainen. Ennakolta lukemiini ylistyksiin luottaen uskalsin ostaa elokuvan suoraan LaserDiscinä omaan hyllyyni sitä etukäteen näkemättä.

Viisi ammattirikollista, jotka eivät tunne toisiaan ennestään, joutuu oudosti poliisin tunnistusrivistöön ja päättää työskennellä seuraavaksi yhdessä. Tästä käynnistyy tapahtumasarja, joka johtaa 27 miehen kuolemaan kalifornialaisessa satamassa.

Tapahtumia lähdetään kerimään auki paikallisella poliisiasemalla, jossa erikoisagentti Kujan (**Chazz Palminteri**) haastattelee ainoaa elävänä kiinni saatua miestä, rampaa Verbal Kintiä (Spacey). Tämä yrittää vastailla agentille kautta rantain, mutta lopulta paljastuu kuka on todennäköisimmin kaiken takana: mestaririkollinen Keyser Söze.

Yllätykset seuraavat toistaan ja varsinkin lopussa tuntuu kuin elokuva taittaisi itsensä niin vaikealle mutkalle, ettei sitä pysty enää täysin loogisesti selittämään. Edellisestä katselusta oli niin pitkä aika, että oli virkistävää palautella elokuva mieleen. **John Ottmanin** teemamusiikki on kaunis.

The Usual Suspects näytti 4K-toteutuksena kohtalaiselta, mutta kuvan pehmeys hukkasi osan parantuneen resoluution positiivisista vaikutuksista.

PRIMAL FEAR
USA 1996
Ohjaus: Gregory Hoblit
Pääosissa: Richard Gere, Laura Linney, Edward Norton
Katsottu: 23.4.2024
Formaatti: 4K Ultra HD

9

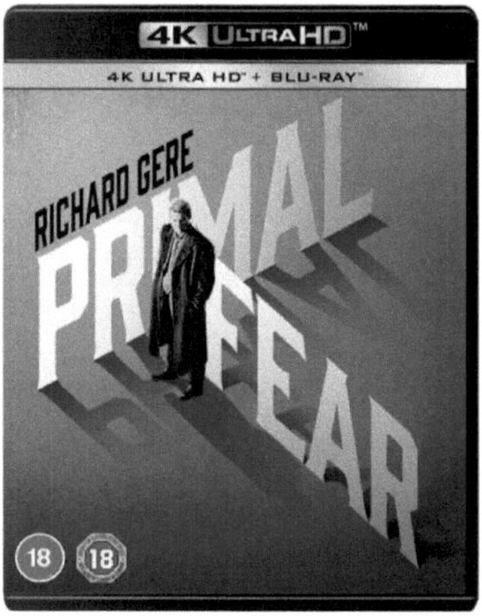

Richard Geren tähdittämä oikeussalijännäri *Primal Fear* on aina ollut minulle aivan ensimmäisen luokan *pleasure,* josta en oikein tiedä pitäisikö siitä olla myös *guilty.* En tiedä itseni lisäksi ketään muuta, jonka mielestä kyseessä on loistava elokuva, enkä toisaalta myöskään tiedä itseni lisäksi ketään muuta jonka mielestä 1990-luku oli kaikkien aikojen paras elokuvavuosikymmen.

Tuolloin tehtyjen huippuelokuvien joukossa *Primal Fear* on todellinen muotovalio, joka ei juurikaan kalpene valmistumisvuotensa muiden huippujen kuten *Fargo* tai *The People vs. Larry Flynt* rinnalla. (Cronenbergin *Crashin* rinnalla kyllä kalpenee mutta se on hieman eri asia.)

Primal Fear on tuolle vuosikymmenelle tyypillinen laadukkaasti toteutettu jännäri, jossa Richard Geren näyttelemä omahyväinen huippuasianajaja ottaa ilman korvausta asiakkaakseen **Edward Nortonin** tulkitseman epätasapainoisen nuorukaisen, jonka epäillään tappaneen chicagolaisen arkkipiispan.

Syy tällaiseen hyväntekeväisyyteen on raadollinen. Skandaalinkäryinen shokkimurha takaa runsaasti julkisuutta ja tv-näkyvyyttä, ja niille huippuasianajaja on jopa enemmän perso kuin rahalle. Tarinan edetessä hän kuitenkin kompastuu pahan kerran omaan yli-itsevarmuuteensa.

Tämän pääjuonen rinnalla kuljetetaan myös sivujuonta tapahtumapaikkana toimivan Chicagon kiinteistöjuonitteluista, jotka ehkä liittyvät murhan motiiveihin, ehkä eivät. Superasianajajan entinen suhde syyttäjää edustavaan lakinaiseen (**Laura Linney**) aiheuttaa sekin komplikaatioita jutun etenemiselle sen kulisseissa.

Gere näyttelee tätä täsmälleen samoin maneerein kuin kaikkia muitakin roolejaan, mutta muut näyttelijät pelastavat paljon ja kaikkien keskinäinen kemia toimii hyvin. Dialogi on ajoittain veitsenterävää, hahmot kiinnostavia ja juonenkäänteet pitävät herkeämättömän kiinnostuksen yllä. Kovassa terässä olevien tekijöiden ammattityötä.

Siellä täällä on kyllä silti kieltämättä pieniä juttuja joista en pidä. Niistä näkyvin on kiusallisen kömpelö tapa paljastaa lopputwisti. Olisiko voitu keksiä jokin hieman tyylikkäämpi vaihtoehto?

Elokuva perustuu romaaniin ja niistä parhaista tulee monesti hyviä elokuvia.

4K-kuvan taso vaihtelee kohtauksesta toiseen. Parhaimmillaan loistava, heikkoimmillaan onneton. Onneksi jälkimmäistä näkee harvakseltaan. Edellä mainittujen pikkuvirheiden takia ei ihan täysiä pisteitä mutta helppo ysi.

EBOLA
SYNDROME
Hong Kong 1996
Ohjaus: Herman Yau
Pääosissa: Anthony Wong, Yeung Ming-Wan, Fui-On Shing
Katsottu: 16.5.2023
Formaatti: 4K Ultra HD

5

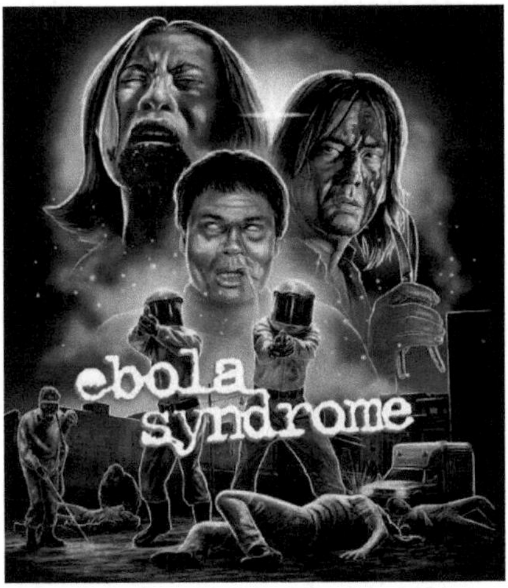

Ebola Syndrome on hongkongilaista tuotantoa oleva, monin paikoin aika uskomaton sikailuelokuva, jossa **John Woon** *Hard Boiledin* pääpahista näytellyt **Anthony Wong** saa päästellä todella esteettömästi.

Wong näyttelee täydellisen moraalitonta hongkongilaista ravintolatyöntekijää, joka joutuu pakenemaan kotikaupungistaan Afrikkaan syyllistyttyään murhaan. Siellä hän syyllistyy jos mahdollista vieläkin pahempiin rikoksiin ja tartuttaa samalla itseensä jokseenkin ikimuistoisilla keinoilla ebola-viruksen.

Vaan mikäpä pahan tappaisi: limanuljaska osoittautuu immuuniksi vaaralliselle virukselle ja palattuaan takaisin Hong Kongiin alkaa tietämättään levittää sitä kaupungissa. Väkivaltaista sikailuaan mies jatkaa entiseen malliin, kunnes kieltämättä aika hienosti rakennettu loppuhuipentuma ajaa hänet ahtaalle.

Päähenkilön seksiaddiktiota kuvattaessa nähdään joitakin aivan uskomattomia tilanteita. Överiksi vedetty hongkongilaisille elokuville tyypillinen "huumori" ärsyttää jonkin verran.

Vinegar Syndromen julkaisu sisältää uuden 4K-restauroinnin tästä Category III:een kuuluvasta sleaze-klassikosta, ja se on onnistunut laadullisesti aika hyvin. 4K-kuvassa on jonkin verran rakeisuutta, mutta ei kovin isoksi haitaksi asti. Päinvastoin, suurimman osan aikaa kuva oli todella nautittavan selkeä ja terävä.

SCREAM
USA 1996
Ohjaus: Wes Craven
Pääosissa: Neve Campbell, Courteney Cox, David Arquette
Katsottu: 28.3.2023
Formaatti: 4K Ultra HD

7

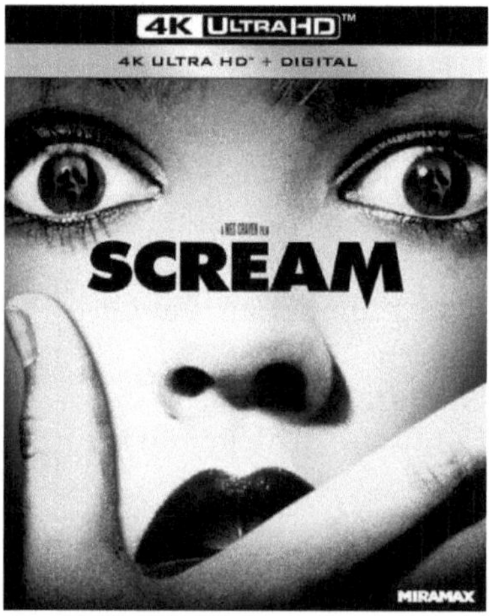

Kun näin Wes Cravenin *(The Hills Have Eyes)* ohjaaman kauhuhitti *Screamin* ensimmäistä kertaa uutena teatterissa, tykkäsin kovasti sen **Drew Barrymoren** läpikirkumasta johdantojaksosta, mutta olin hyvin pettynyt melkein kaikkeen mitä sen jälkeen tapahtui. Etenkin loppuratkaisu murhaajan paljastuksineen tuntui suorastaan katsojan huijaukselta. Tilastosta löytyi silti sentään viiden pisteen merkintä eli en lopputulosta kuitenkaan ihan täysillä inhonnut.

Nyt uudella katselulla *Scream* olikin muuttunut ihan hyväksi joskin ajoittain häiritsevän itsetietoiseksi kauhufilmiksi. Onnistunutta katselukokemusta täydensi Paramountin 4K-levyn kerrassaan erinomainen, suorastaan referenssitasoa lähentelevä kuvanlaatu.

Woodsboron pikkukapungissa asuva Sidney Prescott (**Neve Campbell**) alkaa saada pelottavia puhelinsoittoja psykopaatilta, joka on jo tappanut alueella ja käyttää naamioitumiseensa *Huuto* -maalausta muistuttavaa pitkänomaista naamiota. Kauhuelokuvia diggaileva, itsetietoinen nuoriso ottaa tämän osittain huumorina, mutta kun murhia alkaa tapahtua, on syytä alkaa selvitellä kuka niitä tekee ja miten ne saadaan loppumaan.

Huumori on monin paikoin ihan ääneenkin naurattavan hauskaa ja elokuvaviittauksia riittää totta kai bongattavaksi. Hauskinta oli **Henry Winklerin** *(Onnen päivien* Fonzie) näyttelemän rehtorin läksytys kahdelle oppilaalle, jotka tämä suureen ääneen erotti koulusta ja tuomitsi samalla koko näiden edustaman sukupolven arvottomaksi. Taisi mies olla väärässä ammatissa. Eipä ollut enää kovin pitkään. Kaksi pinnaa ensikatselusta ylöspäin!

FACE/OFF
USA 1997
Ohjaus: John Woo
Pääosissa: Nicolas Cage, John Travolta, Joan Allen
Katsottu: 2.1.2024
Formaatti: 4K Ultra HD

9

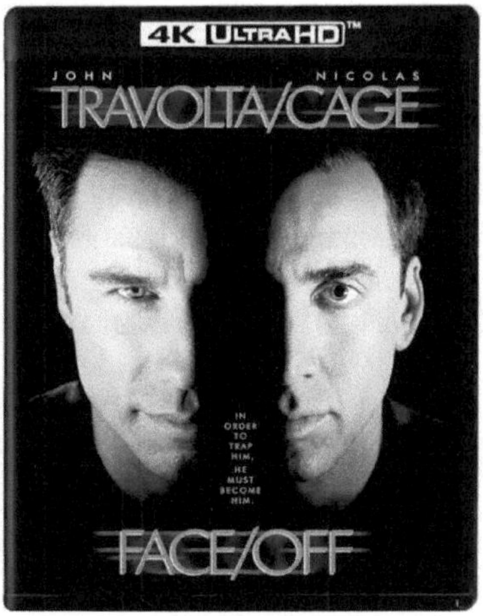

John Woon kolmas ja paras Hollywood-ohjaus on mukava muistuma kaukaisesta menneisyydestä, jolloin vietin heinäkuussa 1997

kokonaiset kaksi viikkoa Kanadan Torontossa kaikki ne uutuuselokuvat katsoen, joista ei Suomessa ollut vielä minkäänlaisia havaintoja. *Face/Off* taisi olla niistä silloin paras. Suomessa sen pääsi näkemään ensimmäistä kertaa vasta runsaat kaksi kuukautta myöhemmin Rakkautta ja Anarkiaa -festivaaleilla.

Jo heti alun isossa tulitaistelussa, jossa yritettiin saada **Nicolas Cagen** näyttelemä pääroisto Castor Troy kiinni, saattoi nähdä että Woosta oli vanhemmiten tullut realisti: miehet myös *latasivat* välillä aseitaan.

Jotta sankariagenttimme Sean Archer (**John Travolta**) pääsisi soluttautumaan Troyn organisaatioon, hänen naamansa päätettiin erittäin edistyksellisellä leikkauksella vaihtaa päittäin kiinni saadun ja tajuttoman Troyn naaman kanssa.

Hiukan epävarmalta vaihto-operaatio kyllä tuntui, kun toisaalta todettiin että *"even a violent sneeze could dislodge it"*. Elokuvamaratonilla katsoessa kehotettiinkin Archeria olemaan hymyilemättä ja itkemättä ettei naama tipahda. Lisäksi mietittiin, miten kävisi jos jompikumpi kasvojen vaihtajista olisi selvästi päivettyneempi kuin toinen.

Kun Troy-naamainen Archer sitten marssitettiin futuristiseen vankilaan, oli helppo kuulla monikanavaääniraidalta, että siellä oli vähintään THX-hyväksytty ääni. Mutta jos niin oli, aina uuden vangin tullessa sisään olisi kyllä pitänyt myös soittaa THX-fanfaari.

Koko elokuva näytti käsittelevän varsin tyypillistä hongkongilaista aihetta: kasvojen menettämisen pelkoa! Kun Troy oli vuorostaan päässyt karkuun naamanvaihtoklinikalta, hän ajeli Archerin autolla pitkin tylsää, keskiluokkaista asuinaluetta ja epäili ääneen, ettei enää koskaan saisi erektiota. Ja tämä siis jo siinä vaiheessa, kun hän ei ollut vielä edes nähnyt rouva Archeria (**Joan Allen**)!

Face/Off on hieno, viihdyttävä toimintaelokuva. Suurin kysymykseni sen suhteen on: miksi ihmeessä keskellä elokuvaa on tarpeettoman tuntuinen scifi-vankilajakso, joka pysäyttää sen juonenkuljetuksen pitkäksi aikaa ja tuntuu muutenkin tortulta tortun päällä. Kun meillä jo on ihan riittävästi uskottavuuden rajoilla liikkuva idea kasvojen vaihdosta, miksi lisätä sen päälle vielä futuristinen ja epäuskottava vankilaosuus?

Nämä elementit lyövät minusta toisiaan korville. Niistä olisi voinut tehdä mieluummin kaksi eri elokuvaa. Mutta *Face/Offin* toiminta on totta kai jumalaista ja osa huumoristakin ihan hauskaa.

Kino Lorber on tehnyt 4K-toteutuksen Paramountin elokuvasta ja onnistunut varsin hyvin. Kuva on parhaimmillaan loistava ja huonoimmillaankin katsottava. *Face/Off* on nautittava muistutus ajoista, jolloin toimintakohtaukset eivät olleet pelkkää CGI:tä eivätkä sankarit käyttäneet vartalonmyötäisiä spandex-asuja.

EVENT HORIZON
USA 1997
Ohjaus: Paul W. S. Anderson
Pääosissa: Laurence Fishburne, Sam Neill, Kathleen Quinlan
Katsottu: 30.11.2023
Formaatti: 4K Ultra HD

7

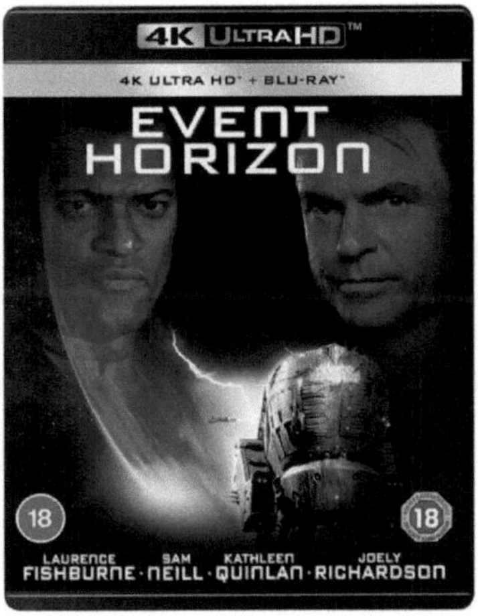

Hitto vieköön, olin jo unohtanut miten törkeän mukaansatempaava tämän avaruuskauhuelokuvan alkutekstimusiikki on! En ole koskaan ollut kovin täpinöissäni *Event Horizonista,* koska se tuntui aikanaan niin mahdottoman lupaavalta premissinsä osalta antamatta sitten kuitenkaan kovin paljoa.

Elokuvalle nimen antanut Event Horizon on ulkoavaruutta tutkimassa ollut avaruusalus, joka oli pitkään kadoksissa ja sen oli luultu tuhoutuneen. Nyt se on yhtäkkiä ilmestynyt takaisin meidän aurinkokuntaamme ja asettunut planeetta Neptunuksen kiertoradalle. Mistä on kyse ja mitä se on tuonut mukanaan?

Laurence Fishburne näyttelee toisen aluksen kapteenia, joka on saanut tehtävän lentää Event Horizonin äärelle ja tutkia mitä sille on tapahtunut. Sam Neillin *(Perfect Strangers)* näyttelemä tiedemies on mukana ikään kuin asiantuntijan roolissa.

Tiedemies vaikuttaa ensisijaisesti innostuneelta siitä mahdollisuudesta, että Event Horizon on joutunut lennollaan vahingossa avaruudessa olevaan madonreikään, joutunut sen läpäistessään helvettiin, ja on nyt palannut ties millaisia olioita mukanaan. Kun asiaa aletaan tutkia paikan päällä, alkaa tosiaan näyttää siltä, että juuri näin on käynyt.

Harmittavan nopeat vilahdukset avaruuden madonreiän toisella puolella sijaitsevasta kiduttavasta helvetistä olisivat puolestani saaneet olla paljon pidempiä ja yksityiskohtaisempia, jotta odotuksiini olisi vastattu kunnolla ja päräyttävästi.

Nyt kun odotukset eivät olleet enää epärealistisella tasolla, tähän saattoi suhtautua enemmän ymmärryksellä. Ainakin elokuva käyttää Sam Neilliä nerokkaasti ”against type”. Neill on yleensä hyvisten rooleissa kuulostaen rauhalliselta ja sympaattiselta selittäjältä, rationaaliselta kaverilta. Nyt hänet on sijoitettu täysin pimahtaneen tohtorin rooliin siten, että hän kuulostaa edelleen rationaaliselta, mutta on oikeasti sekaisin kuin seinäkello, mikä selviää katsojalle hauskasti vasta vähitellen.

Myös Laurence Fishburne hauskuuttaa pitämällä raudanlujan pokerinaaman tilanteissa joihin se ei varsinaisesti sovi. Kun aluksen konsolilla vihdoin nähdään se nopein leikkauksin ryyditetty kooste helvetin verisimmistä tapahtumista, Fishburne toteaa täysin pokkana pelkästään *”We're leaving”*.

Ihan en ymmärtänyt sitä miten Neptunuksen kaltaisella jäätävän kylmällä kaasuplaneetalla on jatkuvasti ukkosmyrsky, mutta kaipa sillä vain luotiin tunnelmaa.

4K-kuvanlaatu oli mitä sattuu: parhaimmillaan erinomainen, mutta yli puolet ajasta silti luokaton.

•

Kanadan puolella syntyneen, mutta sittemmin amerikkalaisen elokuvan suurimuotoisimpia ohjauksia toistuvasti tehneen James Cameronin massiivisista massiivisin katastrofielokuva *Titanic* julkaistiin 4K UHD -formaatissa joulukuussa 2023. Se on kuvanlaadultaan jossakin *Aliensin* ja *True Liesin* puolivälissä. Rakeisuuden poistotyötä on ilmeisesti jälleen tehty, mutta henkilöhahmot eivät näytä niin silmiinpistävästi kuminaamaisilta

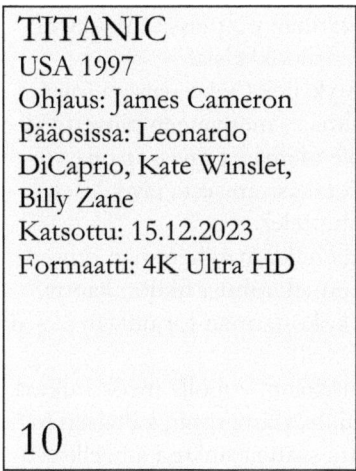

TITANIC
USA 1997
Ohjaus: James Cameron
Pääosissa: Leonardo DiCaprio, Kate Winslet, Billy Zane
Katsottu: 15.12.2023
Formaatti: 4K Ultra HD

10

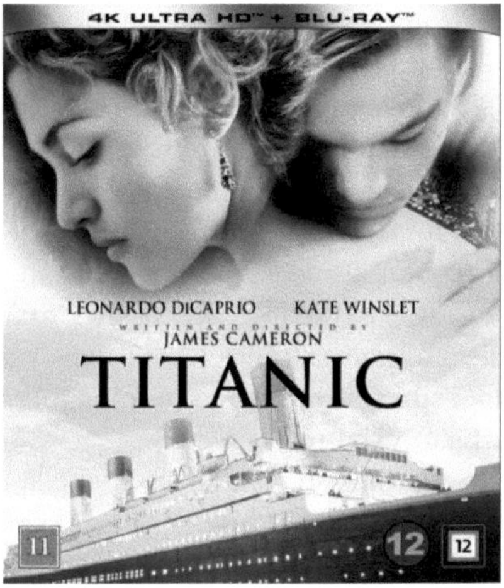

kuin *T2:ssa* ja *True Liesissa.*

Titanic on julkaisustaan lähtien saanut osakseen monien elokuvafanien halveksunnan. Sitä on pidetty ylisentimentaalisena, teinitytöille suunnattuna hömppänä. Aiheesta voi kiistellä loputtomasti, etenkin jos spektaakkelia erehtyy katsomaan väärästä näkökulmasta.

Tosiasiassahan *Titanic* tarjoaa itkuun saakka liikuttavia näkymiä sekä kivikoville, raavaille miehille että romantiikannälkäisille tytöille ja naisille. Heitä koskettavat jaksot vain sijaitsevat ihan eri kohdissa elokuvaa. Etenkin pikkuisen insinööritieteisiin kallistuvan miehen on vaikea olla liikuttumatta siitä, että *Titanic* sisältää elokuvahistorian hienoimman, viimeisimpään asti pilkuntarkasti toteutetun erikoistehosteen, jota ei vieläkään ole ylitetty.

Yli tunnin kestävä massiivisen valtamerilaivan hidas uppoaminen on toteutettu niin täydellisesti ja viimeistä detaljia myöten aidontuntuisesti, että jo sen takia vanhalle teknokraatille tulee tippa silmään. Kaikki kalliit posliinitkin putosivat hyllyiltä kun laivan kallistuskulma kasvoi tarpeeksi. Cameron taatusti tuhosi siinä kohtaa oikeita 1910-luvun astioita täydellisen autenttisuuden saavuttamiseksi!

Teinityttöjen, tai naisyleisön ylipäänsä, itkettäjänä toimii puolestaan elokuvan päähenkilöparin rakkaustarina, jonka lopulta annettiin ymmärtää ylittävän jopa kuoleman rajat. Sekä insinöörimiehet että tunteelliset naiskatsojat saavat osansa hieman rautalangasta väännetyltä tuntuvan luokkaeroja korostavan tarinan puitteissa. Ajankuva on moitteeton ja digitaaliset tehosteet ensiluokkaisia.

Vai ollaanko tässä nyt sorruttu yleistyksiin? Onko nais- ja miesyleisöjen välinen, Atlantin hyytävän kylmään meriveteen piirretty viiva oikeasti näin tarkkarajainen? Eikö ole olemassa mieskatsojia, joihin kaunis haave huumaavan äkillisestä rakastumisesta täydelliseltä tuntuvaan kumppaniin ei ollenkaan puhuttele?

Olisiko kyse itse asiassa siitä, että miehille on vähemmän ominaista antautua käsittelemään tällaisia tunnekuohuja fiktion kautta, mikä sitten luvattoman monilla johtaa koko tarinan torjuntaan ja sen turhaan vähättelemiseen?

Sen, jolla on vaikeuksia käsitellä tunteitaan, voi olla myös vaikeaa antautua täysillä *Titanicin* vietäväksi. Vaikka Cameronin kaltaisen insinöörin tapa käsitellä tunteellista aihetta saattaa sinänsä aiheellisestikin tuntua hieman kömpelöltä ja keinotekoiselta, hänen käsikirjoituksensa on silti emotionaalisesti rehellinen ja johdonmukainen.

Tunnen itsekin *Titanicin* (miespuolisia) katsojia, joiden mielestä lopun kohtaus, jossa **Gloria Stuartin** näyttelemä satavuotias Rose pudottaa liki mittaamattoman arvokkaan timanttinsa mereen ennen vaipumistaan ikuiseen uneen, viimeistään tekee koko elokuvasta sietämätöntä shittiä. Itse olen ollut tästä aina äimän käkenä, ja kuten Cameron on itsekin sanonut: ne jotka eivät ymmärrä miksi Rose niin tekee, eivät ole ymmärtäneet koko elokuvaa.

Yksi, tosin selvästi vähäisempi syy tähän on symbolinen. Kuten Rose on juuri hetkeä aiemmin kertonut, Jack pelasti hänet vuoden 1912 kohtalokkaalla laivamatkalla jokaisella tavalla, jolla toisen ihmisen voi pelastaa. Tästä nähtiin todisteena sikermä tämän rikasta elämää kuvaavia valokuvia. Nainen sai elää täyden elämän, jota hänellä ei ilman Jackia olisi koskaan ollut. Symbolisesti jalokiven pudottaminen paikkaan, jossa mies antoi elämänsä rakastettunsa edestä, on siis eräänlainen kiitos siitä. Roselle henkilökohtaisesti Jack oli tuon jalokiven arvoinen, ja enemmänkin.

Mutta elokuvan kontekstissa kalliille eleelle on painavampikin motiivi. Kun katsoja on juuri hetkeä aiemmin saanut seurata valtavaa murhenäytelmää, jossa noin 1.500 ihmistä menetti henkensä, pitäisi itse kullekin olla selvää, että kaiken nähdyn rinnalla isollakaan timantilla ei ole mitään arvoa. Juuri nähdyn kaltaisen, mittaamattoman suuren inhimillisen katastrofin rinnalla kalleinkin jalokivi on täydellisen arvoton, ja sen putoaminen mereen yhdentekevin tapahtuma koko elokuvassa.

STAR TREK:
INSURRECTION
USA 1998
Ohjaus: Jonathan Frakes
Pääosissa: Patrick Stewart, Jonathan Frakes, Brent Spiner
Katsottu: 11.12.2023
Formaatti: 4K Ultra HD

8

Star Trek -sarjan yhdeksäs elokuva on minulle ikimuistoinen jo siksi, että kun se tuli Suomessa ensi-iltaan huhtikuun alussa 1999, katsoin sen heti tuoreeltaan Tampereen vasta avatussa Plevnassa Finnkinon silloisen IT-kehityspäällikön roolissa. Teatterin avaamisen valmistelu oli aika stressaavaa (erityisesti lipunmyyntijärjestelmän toimivuuden osalta), oli pakko onnistua, ja kun kaikki oli onnistunut oli mukavaa uppoutua fantasiaelokuvaan yhdessä sen uudenkarheista saleista.

Rauhallinen kansa asuu kaikessa rauhassa omalla luonnonkauniilla planeetallaan, kunnes heitä voimakkaampi taho yrittää ajaa heidät sieltä johtuen paikallisesta luonnonrikkaudesta, joka halutaan ottaa haltuun. Huomattuaan tämän kataluuden elokuvan sankarit siirtyvät tuon kansan puolelle, siis omiaan vastaan. Kansan nimessä on kaksi kirjainta, sitten heittomerkki, sitten taas kaksi kirjainta.

Kyllä, se oli James Cameronin *Avatarin* lyhyt juonisummaus. Se sopii kuitenkin myös *Star Trek: Insurrectioniin.* Kuinka paljon Cameron on oikein ottanut vaikutteita omaan, 11 vuotta myöhemmin valmistuneeseen hittiinsä tästä elokuvasta? *Insurrectionin* kansan nimi on ba'ku (vrt. *Avatarin* na'vi), he näyttävät ihan tavallisilta ihmisiltä valtavien sinisten olioiden sijaan, ja heillä on myös valloitushaluja herättävä luonnonrikkaus, josta en kuitenkaan spoilerien pelossa kerro tässä sen enempää.

Star Trek: New Generationin miehistö asettuu totta kai kapteeni Picardin (**Patrick Stewart**) johdolla heikomman puolelle ja auttaa parhaansa mukaan paikallista kanssa puolustautumaan valloitusyritystä vastaan. Huomattava osa seikkailusta tapahtuu planeetan pinnalla, silmiä hivelevissä maisemissa, mikä tekee elokuvan katselusta visuaalisen nautinnon.

Aiemmin ostin jo neljän ensimmäisen *Star Trek* -elokuvan boksin 4K:na ja jouduin myymään sen tappiolla pois heikon kuvanlaadun takia. Alun perinkin ostin sen vain loistavan nelososan *The Voyage Home* (1986) takia, joka sitten näytti ihan samanlaiselta kuin jo omistamani blu-ray. Viides osa *The Final Frontier* on elokuvana todella huono, mutta sen kuvanlaatu on jo selvästi parempi.

Insurrection pudotti leuan lattiaan lähestulkoon referenssitason laadullaan. Juuri tältä 4K-julkaisun pitää näyttää! Muutenkin kyseessä on erityisen positiivinen ja elämänmyönteinen elokuva, parasta tässä sarjassa sitten *The Voyage Homen.* Kaikin puolin positiivinen katselukokemus, jota latisti vain hiukan turhan pitkään kestänyt lopputaistelu, mutta se oli toki jo ennestään tuttu.

GHOST DOG: THE WAY OF THE SAMURAI

USA 1999
Ohjaus: Jim Jarmusch
Pääosissa: Forest Whitaker, Henry Silva, John Tormey
Katsottu: 30.11.2023
Formaatti: 4K Ultra HD

9

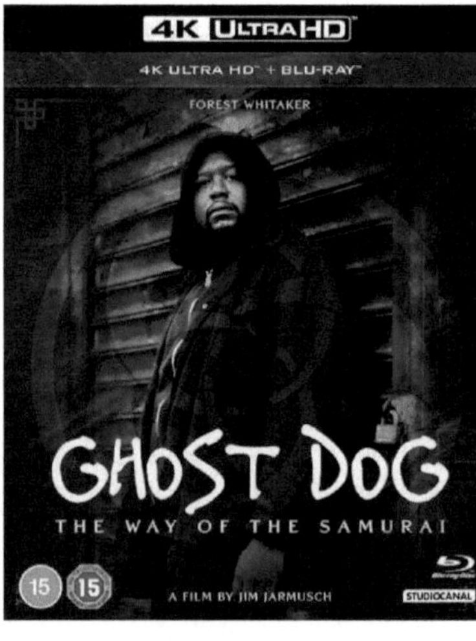

Jim Jarmusch on eräänlainen Amerikan oma **Aki Kaurismäki**, jonka tyyli ei yleensä ole ollut minulle toimiva. Ehkä kaikkien aikojen hienoimpana elokuvavuonna 1999 hän kuitenkin onnistui tekemään mestariteoksensa nimeltä *Ghost Dog: The Way of the Samurai,* joka räikeänä poikkeuksena totisesti haastaa edellä mainittua pääsääntöä.

Omistin aiemmin *Ghost Dog: The Way of the Samurain* Criterionin hienon blu-rayn, jota katsoessani 8.12.2020 annoin sille jo yhdeksän pistettä. Studio Canalin vuonna 2023 julkaisema 4K UHD riitti syyksi katsoa se uudelleen vain kolme vuotta myöhemmin (tosin tuntui kuin siitä olisi ollut alle vuosi, aika menee harmillisen nopeasti kun on vanha).

Forest Whitaker on samuraiden filosofiaa vapaa-aikanaan opiskeleva ja ammatissaan niitä noudattava Ghost Dog, joka toimii äärimmäisen taitavana palkkatappajana mafialle.

Elokuvan koukku on tuon mafian kuvaus. Tämä ei totisesti ole mikään Scorsese-elokuva: mafiosot ovat kömpelöitä ja koomisia tumpeloita, jotka kuitenkin itse uskovat muodostavansa vakavasti otettavan rikollisorganisaation. Ghost Dog tuntuu täysin ylivertaisen taidokkaalta omassa ammatissaan tehdäkseen töitä näille reppanoille.

Kaurismäen tavoin tässä tehdään komediaa pokerinaamalla, tosin tapahtumien verisyys liikkuu kyllä ihan eri sfääreissä kuin vaikkapa *Kuolleissa lehdissä.* Komedia-arvoissakin mennään aika kovaa ja korkealta itse kovien toimintaelokuvien kivikasvon **Henry Silvan** imitoidessa hirven kutsuhuutoa.

4K-kuvanlaatu oli parhaimmillaan varsin hyvä, mutta monien vanhojen elokuvien tavoin sekin vaihteli jonkin verran kohtauksesta toiseen. Yleisenä kommenttina voitanee sanoa, että jos jo omistat blu-rayn, tämä tuo siihen vain melko marginaalisen parannuksen.

The end is important in all things.

•

Vain noin kuukautta *Star Wars Episode 1: The Phantom Menacen* ensiillan jälkeen nuori **Ewan McGregor** ilmaantui valkokankaille myös tässä brittiläisessä draamassa.

Tositapahtumiin vahvasti pohjautuva *Rogue Trader* kertoo nuoresta meklari **Nick Leesonista**, joka onnistui kaatamaan Englannin vanhimman pankin Barings Bankin epäonnistuneilla kaupoillaan sen Singaporen konttorista käsin vuoden 1995 alkupuolella. Elokuvassa

ROGUE TRADER
Iso-Britannia 1999
Ohjaus: James Dearden
Pääosissa: Ewan McGregor, Anna Friel, Cristiano Solimeno
Katsottu: 5.7.2023
Formaatti: DVD

6

kerrottujen tapahtumien todenmukaisuuden takuuna Leeson on itse ollut mukana tekemässä käsikirjoitusta, ilmeisesti vankilasta vapauduttuaan.

Katsomani ranskalaisen DVD:n olen ostanut suunnilleen vuonna 2000. Ranskalaiset kettuilevat tapansa mukaan englanninkieliselle tai muulle maailmalle ylipäänsä pakottamalla katsomaan elokuvan joko ranskaksi dubattuna versiona tai sitten alkuperäisellä ääniraidalla ranska-tekstein. Herrakansa pottuilee!

Ääniraita on miksattu niin huonosti, että heti jos sillä on puheen kanssa samanaikaisesti äänitehosteita, puheesta ei saa mitään selvää. Kiinnostavaa kerrontaa joka tapauksessa, ei tylsiä hetkiä, ja nuori **Anna Friel** on todella suloinen Leesonin tyttöystävän roolissa.

•

Rob Schneider on yksi maailman huonoimmista joskus oikeasti menestyneistä koomikoista. Hänen kulta-aikansa ajoittui vuosituhannen vaihteen molemmille puolille. Taustatukenaan hänellä oli toinen luokaton koomikko **Adam Sandler** ja tämän tuotantoyhtiö, joita ilman Schneiderin ura olisi luultavasti jäänyt melko lyhyeksi.

Missasin *Deuce Bigalow: Male Gigolon* ilomielin kun se oli uusi ja teatterikierroksella, mutta päädyin sitten tilaamaan sen DVD:nä noin

DEUCE BIGALOW:
MALE GIGOLO
USA 1999
Ohjaus: Mike Mitchell
Pääosissa: Rob Schneider,
William Forsythe, Eddie Griffin
Katsottu: 19.2.2024
Formaatti: DVD

6

ROB SCHNEIDER IS
DEUCE
BIGALOW
MALE GIGOLO

vuonna 2005, koska sen jatko-osa *Deuce Bigalow: European Gigolo* (josta lisää tuon mainitun vuoden kohdalla) oli minusta yllättävän hauska.

Nähtyäni tämän ykkösosan olin kuitenkin todella pettynyt ja merkitsin sille tilastoihin vain kolme pistettä. Nyt kun katsoin sen vihdoinkin toistamiseen, ihmettelin miksi en tykännyt siitä viimeksi. Elokuvahan oli yllättävän siedettävä, paikoin jopa hauska.

Schneider näyttelee siinä epäonnista uima-altaiden siivoojaa ja akvaarioiden asiantuntijaa. Hän lupautuu hoitelemaan lomamatkalle lähtevän gigolon asuntoa, mutta tuhoaa sitten vahingossa sen sisustuksen. Kerätäkseen rahaa korjaustyöhön hän päätyy mieshuoraksi itsekin. Mieshuora (man-whore) on ammattinimike, jota sekä tämä elokuva että sen jatko-osa käyttävät miespuolisista seksin myyjistä.

Schneiderin näköinen kaveri ei tietenkään menesty alalla kovin hyvin, mutta tapaa kuitenkin muutamia todella viehättäviä naishenkilöitä ja rakastuu yhteen heistä. Tästä syntyvä romanssi paljastaa hänen olevan muutakin kuin pelkästään suosimansa akvaariotarvikeliikkeen myyjän (kaunis **Bree Turner**) paidan etumuksen toistuvasti kastelemaan huijaava niljake.

Sympaattisiksi kasvavilla hahmoilla kansoitettu komedia onnistuu lopulta aika hyvin tavoitteessaan saada katsoja nauramaan vitseille, jotka ovat niin tyhmiä, ettei niille oikeastaan pitäisi nauraa. Oma suosikkini niiden joukossa on tilanne, jossa Bigalow kohtaa mustan, liiasta syömisestä valaan kokoiseksi kasvaneen naisen, joka tämän kohdatessaankin mussuttaa sämpylää.

Bigalow: *"This is a mistake!"*

Edelleen nälkäinen asiakas: *"Did you say 'steak'?"*

Kuten jo muutaman kerran aiemminkin, myös nyt lisäpisteitä siitä, ettei tämän tason huumoria sisältäviä elokuvia olisi enää nykyään mahdollista tehdä. Itse asiassa sellaista yrittävä varmaan canceloitaisiin.

2000-LUKU

HANNIBAL
USA 2001
Ohjaus: Ridley Scott
Pääosissa: Anthony Hopkins, Julianne Moore, Gary Oldman
Katsottu: 16.9.2021
Formaatti: 4K Ultra HD

10

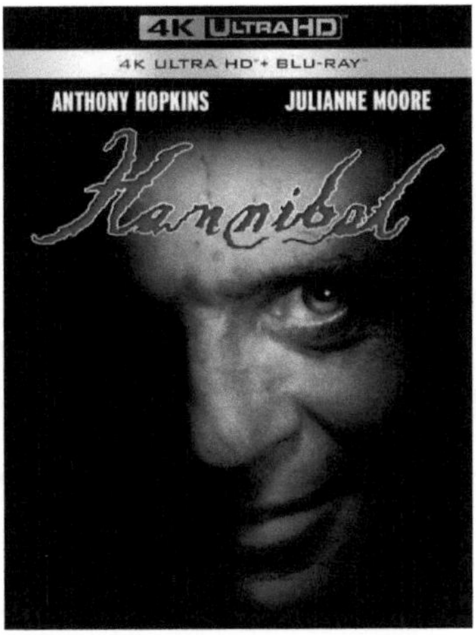

Edellä esitellyn huippuluokan jännärin *The Silence of the Lambs* jatko-osa saatiin teattereihin vasta kymmenen vuotta myöhemmin. Silloin tuo tuntui pitkältä ajalta, mutta nyt *Hannibalistakin* on kulunut jo 23 vuotta.

Kuuluisaan edeltäjäänsä nähden *Hannibal* tuo mukanaan joukon muutoksia. Jodie Foster oli ehdolla palaamaan Clarice Starlingin rooliin, mutta luettuaan käsikirjoituksen hän päätti jättää elokuvan väliin. Starlingin rooliin valittiin **Julianne Moore**. Myös ohjaaja Jonathan Demme jäi pois, hänen tilalleen saatiin näihin aikoihin kovassa vedossa ollut Ridley Scott *(Gladiator,* tämä, *Black Hawk Down).*

Kaikkein suurin muutos koski kuitenkin valittua tyylilajia. Thomas Harris oli tehnyt jo kirjassaan joissakin suhteissa parodialta maistuvia valintoja, mm. huipentaen tarinan siihen, että Hannibal Lecter ja Clarice Starling ryhtyvät suhteeseen keskenään.

Tuota loppua emme elokuvaversiossa näe, mutta monia muita outoja asioita kyllä. Näistä näkyvin on Gary Oldmanin irvokkaiden, paksujen maskien alla näyttelemä upporikas Mason Verger, joka on yksi Hannibalin henkiinjääneistä uhreista ja haluaa nyt kostaa tälle äärimmäisen julmalla tavalla.

Elokuvassa kerrotaan aluksi pitkään kahta tarinaa rinnakkain. Amerikassa Clarice Starling alkaa vaikuttaa stressaantuneelta ja väsyneeltä työssään kohtaamiinsa hirveyksiin. Asioita vielä pahentaa kelju agentti Krendler (**Ray Liotta**), jonka myötävaikutuksella Starling joutuu sivuraiteelle omassa roolissaan.

Samaan aikaan Italian Firenzen kulttuuripiireissä piileskelevä Lecter kiinnittää paikallisen, rahavaikeuksissa olevan etsivä Pazzin (hienon roolin tekevä **Giancarlo Giannini**) huomion ja saa tämän epäilemään että nyt olisi todella merkittävä saalis napattavissa – kuka maksaisi siitä eniten? Tieto Hannibalin piileskelystä Firenzessä saavuttaa ennen pitkää myös Starlingin, kuten myös kostonhimoisen Vergerin.

Pidin tuoreeltaan *Hannibalia* jopa kuuluisaa edeltäjäänsä parempana. Nyt on kuitenkin myönnettävämm että molemmat voi laittaa samalle viivalle. Hyvin erilaisia ovat kuitenkin, ja ilmeisesti juuri raju tyylinvaihdos aikanaan vieraannutti monet *Hannibalin* groteskista kauhukomediasta. Kumpaakaan ei millään malttaisi keskeyttää kun on katselun kerran aloittanut. *Hannibalin* plussana on mielestäni elokuvahistorian kaunein musiikkijakso Firenzen ulkoilmaoopperassa.

Amerikkalaisessa 4K UHD -julkaisussa erottui runsaasti filmiraetta, mutta se häiritsi onneksi vain ajoittain. Muina aikoina kuva näytti skarpilta ja nautittavan värikylläiseltä. Kannattava ostos melko kalliista hinnasta huolimatta. Nyttemmin *Hannibal* on julkaistu 4K UHD:nä myös Britanniassa ja ilmeisesti jonkin verran halvempaan hintaan.

•

Los Angelesiin sijoittuva poliisielokuva *Training Day* kertoo kokeneesta poliisista, joka on valmis menemään lain tuolle puolen mikäli se sattuu sopimaan hänen agendaansa, sekä tämän vähemmän kokeneesta parista jota moinen hiukan kauhistuttaa. Koko elokuva tapahtuu yhden päivän aikana, mihin sen nimikin viittaa.

Nuori ja idealistinen Jake (**Ethan Hawke**) aloittaa katutason poliisintyönsä vanhemman ja kokeneemman Alonzon (Oscarin roolistaan voittanut **Denzel Washington**) ohjauksessa. Alonzo on ylimielisyyteen asti itsevarma ja suulas veteraani, joka tuntuu etenkin aluksi suorastaan tarkoituksella kiusaavan nuorempaa virkaveljeään.

Vähitellen Jake saa nähtäväkseen yhä kyseenalaisempaa toimintaa kun Alonzo näyttää täysin sujuvasti toimivan kadulla ihan samoilla säännöillä ja menetelmillä kuin rikolliset, joita kaksikon tulisi jahdata.

TRAINING DAY
USA 2001
Ohjaus: Antoine Fuqua
Pääosissa: Denzel Washington, Ethan Hawke, Scott Glenn
Katsottu: 15.8.2023
Formaatti: 4K Ultra HD

9

Alonzo on itse asiassa näistä suurinta osaa vahvemmassa asemassa, koska hänellä on poliisin virkamerkki oikeuttamassa tekonsa.

Jaken moraali joutuu venymään päivän aikana toden teolla, kun lopulta hänestä tulee Alonzon mukana kulkiessaan osallinen jopa murhaan. Katsoja voi yhdessä Jaken kanssa vain kauhulla odottaa, millaisiin tekoihin treenauspäivän aikana vielä ylletäänkään.

Los Angelesin South Centralin kaduilla aikuistunut käsikirjoittaja **David Ayer** ammentaa elokuvaan selvästi noista nuoruuden kokemuksistaan, jotka ovat saaneet hänet suhtautumaan kaupungin poliisivoimiin vähintäänkin epäluuloisesti. Itse asiassa hän tuntuu paitsi tässä, myös muissa elokuvissaan *(Dark Blue, End of Watch)* suorastaan pyrkivän todistamaan, että losangelesilaiset poliisit ovat yhtä pahaa porukkaa kuin jahtaamansa rikolliset.

Elokuvaa tällä kertaa katsellessa tuli mieleen, miten **Joe Carnahan** mollasi elokuvaa tyypilliseksi Hollywood-tuubaksi tehtyään itse *Narcin.* Eihän siinä mitään, *Narc* on kyllä parempi, täydellinen elokuva, mutta miksi mollata toista samanlaista vain omaa häntää nostaakseen. *Training Day* on myös erinomainen elokuva, vaikka ei *Narcille* pärjääkään.

Kun on kyse näinkin selvästi uudemmasta elokuvasta ja ison studion tuotteesta, on tietysti selvää että 4K-kuvan laatu on oikein hyvä, mutta ei siltikään ilmiömäinen.

NARC
USA 2002
Ohjaus: Joe Carnahan
Pääosissa: Jason Patric, Ray Liotta, Krista Bridges
Katsottu: 4.6.2024
Formaatti: 4K Ultra HD

10

Koko tämän kirjan uusin levyjulkaisu on Arrow'n amerikkalainen 4K UHD juurikin edellä mainitusta Joe Carnahanin mestariteoksesta *Narc*. Se on varmastikin paras koskaan näkemäni amerikkalaisesta poliisityöstä kertova elokuva ja onnistui varsinkin ensimmäisellä katselulla kauan sitten lyömään minulta ilmat pihalle. Arrow'n levy julkaistiin 21. toukokuuta 2024, jonka jälkeen ehdin saada sen postitse ja katsoa levyn läpi vielä kesäkuun alussa vain päiviä ennen kuin tämä kirja lähti painoon ensimmäisen vedoksen tekoa varten.

Maailman ensi-iltansa *Narc* sai heti vuodenvaihteen jälkeen, Sundance-festivaaleilla 14. tammikuuta 2002.

Elokuvan päähenkilö on detroitilainen huumepoliisi Nick Tellis (**Jason Patric**), joka on ollut puolitoista vuotta hyllytettynä ammuttuaan takaa-ajon yhteydessä vahingossa sivullista. Nyt hänet kutsutaan yllättäen takaisin aktiivipalvelukseen ratkomaan tapausta, jossa hänen kontakteistaan huumehuuruiseen alamaailmaan uskotaan olevan hyötyä.

Kyse on työtehtävissään ammutun huume-etsivän tapauksen selvittämisestä. Parikseen Tellis saa kuolleen etsivän entisen työparin Henry Oakin (Ray Liotta), jonka vimmaisuus murhan selvittämisessä kätkee taakseen asioita, jotka eivät ole olleet yleisessä tiedossa, mutta jotka paljastuvat dramaattisesti tutkinnan loppuvaiheissa.

Katsottuani *Narcin* nyt jälleen kerran uudelleen aloin hiukan ymmärtää Carnahanin *Training Day* -kritiikkiä. On totta, että *Narc* kuvaa poliisien työskentelyä niin lähellä katutasoa, että siihen verrattuna *Training Day* vaikuttaa siloitellummalta, ikään kuin Hollywoodia varten muotoillulta, vaikka sekin on kyllä vaikuttava suoritus.

En ole varma siitä, onko *Narcin* antama kuva detroitilaisen huumepoliisin työstä niin äärimmäisen realistinen kuin Carnahan uskoo mutta kyllä se kieltämättä joka tapauksessa vakuuttaa. *Narc* ei ole viihteellinen elokuva sanan siinä merkityksessä kuin *Training Day*. Elokuvallisesti se on äärimmäisen tehokas ja iskevä, mutta samalla hyvin ruma, ehkä jopa luotaantyöntävällä tavalla.

Katujen realismin lisäksi Carnahan ulottaa tarkastelunsa myös huume-etsivien perhe-elämään ja näyttää jännitteet, joita heidän työnsä aiheuttaa arkeen kotioloissa.

Narcin 4K-presentaatio on ilahduttavasti lähestulkoon täysosuma. Kuva on selkeä ja kirkas, sen tarkkuus on erinomainen eikä rakeisuuttakaan juuri ole. Juuri tällaisia 4K-julkaisujen pitääkin olla!

THE KID STAYS IN THE PICTURE
USA 2002
Ohjaus: Nanette Burstein, Brett Morgen
Pääosissa: Robert Evans, Eddie Albert, Peter Bart
Katsottu: 28.6.2023
Formaatti: DVD

8

Mm. *Rosemaryn painajaisen, Love Storyn, Kummisedän, Chinatownin* ja *Maratoonarin* joko tuottaneen tai niiden teon aikaan Paramount-studion pomona toimineen **Robert Evansin** (1930 - 2019) elämästä kertova dokumentti *The Kid Stays in the Picture* on kertakaikkisen mukaansatempaavaa työtä. Se perustuu Evansin samannimiseen muistelmakirjaan, joka julkaistiin vuonna 1994 ja joka herätti paljon huomiota jo silloin.

Dokumentti sai maailman ensi-iltansa Sundance-festivaaleilla 18. tammikuuta 2002, eli vain neljä päivää juuri äsken käsitellyn *Narcin* jälkeen.

Evans toimii itse kertojanäänenä eikä totisesti pidä kynttiläänsä vakan alla. Elokuvana muuten huikean hienosti toteutettu ja nopealla tempolla kulkeva kokonaisuus kärsii jonkin verran tehotoistosta: kun näet ties kuinka monetta kymmenettä kertaa still-kuvan jota kamera panoroi alkaa se jo lievästi sanoen kyllästyttää.

Silti tämä ei ole kovinkaan suuri valituksen aihe. Dokumentti on erittäin mukaansatempaava ja sen katselun kerran aloitettuaan sitä on miltei mahdoton keskeyttää. Evansin huippuhetket nivoutuvat yhteen varsin kiehtovan vaiheen Hollywoodissa kanssa.

Annoin elokuvalle jo ensimmäisellä katselulla syyskuussa 2003 eli jo yli 20 vuotta sitten kahdeksan pinnaa eivätkä ne siitä nytkään miksikään muuttuneet. Evans on nähty sittemmin myös *Kummisedän* tekemisestä kertovan tv-sarjan *The Offer* (2022) hahmona. Tuossa sarjassa häntä näyttelee **Matthew Goode**.

LOVE OBJECT
USA 2003
Ohjaus: Robert Parigi
Pääosissa: Desmond Harrington, Melissa Sagemiller, Udo Kier
Katsottu: 21.2.2023
Formaatti: DVD

5

Välittömästi ennen *Love Objectin* uusintakatselua olin katsonut kaikki neljä Olga-elokuvaa (käsitelty edellä 1960-luvun elokuvien luvussa) peräjälkeen kahden päivän aikana. Johtuen niissä vahvasti vaikuttaneesta naisten sitomisteemasta katselin hyllystä sopivan tuntuisia elokuvia, jotka ainakin sivuaisivat samaa aihetta.

Tällä tavoin päädyin psykodraamaan nimeltä *Love Object,* jossa työurallaan pärjäilevä nuorehko ja komea mutta jostakin syystä naissuhteissaan hyvin kömpelö mies (**Desmond Harrington**) päätyy tilaamaan sänkyseuralaisekseen aidolta näyttävän seksinuken.

Nukke ottaa miehestä nopeasti henkisen yliotteen, komentelee, dominoi ja soittaa vielä töihinkin varmistaakseen ettei mies ole katselemassa muita naisia. Myöhäinen kotiintulo tietää varmaa mökötystä.

Mustasukkaisuuteen on hiukan syytäkin, sillä päähenkilö on pikku hiljaa tutustunut toimistolla söpöön kollega Lisaan (**Melissa Sagemiller**). Elokuva ei piittaa oudosta logiikastaan: suhteen rakentelu naisen kanssa sujuu häneltä Lisan kanssa ihan hienosti, mutta kuitenkin hän on samanaikaisesti niin kompleksinen ja pidättynyt, että tarvitsee seksinuken ja sen saatuaan kuvittelee sille persoonallisuuden ja alkaa kuulla (useimmiten komentelevia) ääniä.

Mieleni tekisi vielä kertoa miten sitomiset tähän elokuvaan liittyvät, mutta se menisi jo vähän spoilaamiseksi. Sanotaan nyt vain, että miehen elämä kahden naisen välissä ei ole helppoa, eikä Lisakaan pysy kovin pitkään yksinomaan kilttinä hiirulaisena, jollaiselta hän ensin vaikuttaa.

Kokonaisuutena *Love Object* ei ole kovinkaan kaksinen teos. Sitomisetkin on huonosti toteutettu ja ne menevät nopeasti ohi. Elokuvan ensimmäisestä katselusta ehti kulua varmaan melkein 20 vuotta, tämä oli toinen. Viimeksi olin merkinnyt sille kuutosen, nyt pudotetaan pisteitä yhdellä alaspäin.

•

En ole nähnyt kaikkia **Lars Von Trierin** elokuvia, mutta niistä jotka olen nähnyt, *Dogville* on ylivoimaisesti paras. Sen saksalaisen bluray -julkaisun kuvanlaatu oli moitteetonta tasoa eikä englanninkielisten tekstien puuttuminenkaan haitannut, koska elokuva on äänitetty erittäin laadukkaasti: muutamia harvoja poikkeustilanteita lukuun ottamatta dialogista sai oikein hyvin selvää.

Elokuvan päähenkilö on Grace (**Nicole Kidman**), joka saapuu eräänä iltana pimeän jo tultua pieneen kaivoskaupunki Dogvilleen jossakin 1930-luvun Amerikan vuoristoseudulla. Häntä ajetaan takaa ja hän pyytää kaupunkilaisilta turvapaikkaa. Kiltiltä vaikuttava Tom

DOGVILLE
Tanska + 8 muuta maata 2003
Ohjaus: Lars Von Trier
Pääosissa: Nicole Kidman,
Paul Bettany, Lauren Bacall
Katsottu: 21.8.2023
Formaatti: Blu-ray

9

(**Paul Bettany**) toimii hänen puhemiehenään ja Grace saa jäädä.

Kaupunkilaisten apu ei kuitenkaan tule ilmaiseksi. Voidakseen pysyä turvassa Gracen on tehtävä ilmaiseksi töitä kaikille kaupunkilaisille ja mukauduttava usein nöyryyttäväänkin komenteluun. Työt muuttuvat yhä vaativammiksi. Auttajasta tulee vähitellen yhteisönsä orjatar, jota voi kohdella miten hyvänsä. Lopussa odottaa kuitenkin yllätys.

Vuoristoseudulle sijoittuva elokuva voisi olla visuaalisesti hieno elämys, mutta sitä *Dogville* ei ole. Siinä ei ole maisemia eikä rakennuksia vaan se näytellään suuressa avoimessa hallissa, jonka lattiaan on piirretty eri rakennusten ja muiden tilojen pohjapiirrokset, joiden vierellä on selittävä teksti. Muutamia yksittäisiä lavasteita käytetään, muuten kaikki jää katsojan mielikuvituksen varaan.

Dogvillen edellisestä katselusta oli kulunut niin pitkä aika, että katselukokemus tuntui melkein tuoreelta. Päätapahtumat muisti, mutta suuri osa yksityiskohdista oli jo painunut unohduksiin. Viimeksi näin sen kotimaiselta DVD:ltä.

Elokuvaa ensi kertaa katsoessani sen ylöspano tuntui lievästi sanoen oudolta, mutta sen teatterimaisuuteen tottui kyllä nopeasti. Niin myös tällä kertaa. Ja aivan ensiluokkaisestihan tämä on sekä kirjoitettu että näytelty. Parhaan lavastuksen Oscar-ehdokkutta tuskin edes tavoiteltiin.

Loppuratkaisuun johtava avaindialogi Nicole Kidmanin ja James Caanin välillä on todellinen elokuvanteon taidonnäyte. Vain aina loistavan **Jeremy Daviesin** miltei rikolliselta tuntuva alikäyttö jäi jonkin verran harmittamaan.

HIGH TENSION
Ranska 2003
Ohjaus: Alexandre Aja
Pääosissa: Cécile de France, Maïwenn, Philippe Nahon
Katsottu: 21.2.2024
Formaatti: 4K Ultra HD

8

Alexandre Ajan läpimurtoelokuva *Haute tension* on vihdoinkin saanut paremman käännösnimen *High Tension* aiemmin käytetyn *Switchblade Romancen* sijasta, hyvä niin. Ajan ohjaajanuran lisäksi se potkaisi aikanaan käyntiin myös ranskalaisen extreme-kauhun aallon, johon liittyivät sittemmin *Frontier(s), Inside* (molemmat 2007) ja *Martyrs* (2008). Näistä *Frontier(s)* ja *Martyrs* käsitellään tässä kirjassa hieman jäljempänä.

Brittiläinen laatujulkaisija Second Sight on tuonut *High Tensionin* markkinoille peräti 4K UHD -formaatissa, siinä missä esimerkiksi *Frontier(s)* sai pelkän blu-ray -käsittelyn. Second Sightin 4K UHD on kuitenkin laadultaan melko vaatimaton esitys. 2000-luvun puolella tehdyn elokuvan olisi luullut näyttävän paremmalta 4K:na. Nyt oltiin enimmän aikaa tavallisen blu-rayn laatutasolla.

High Tensionin päähenkilöt ovat naispuoliset ystävykset Marie (**Cécile de France**) ja Alex (**Maïwenn**), jotka saapuvat viettämään yhteistä viikonloppua jälkimmäisen vanhempien maalaistaloon. Pian tulee pimeä ja kaikki vetäytyvät nukkumaan. Yöstä tulee kuitenkin uneton, kun paikalle ilmaantuu jostakin todella sadistinen murhaaja.

Philippe Nahon *(Irreversible)* muistuttaa psykopaattimurhaajana jonkin verran *The Mutilatorissa* murisevaa kollegaansa, ollen ulkoisesti jopa tätäkin hieman pelottavamman näköinen. Hän ryhtyy teurastamaan maalaistalossa yöpyvää väkeä erittäin sadistisin menetelmin ja veren lentäessä ämpärikaupalla.

Nuoruuden innolla tehty ranskalainen splatterkauhuelokuva nosti ohjaaja Ajan ja tämän kirjoittajakumppani **Gregory Levasseurin** yleiseen tunnettuuteen. Tyylikkyys ja estoton lättäys eivät kuitenkaan oikein riitä kompensoimaan sitä tosiasiaa, että elokuvan twisti on ihan hillittömän typerä.

Vielä hassumman asiasta tekee se, että vain vuotta aiemmin **Charlie Kaufman** oli juuri tehnyt pilaa tällaisista tarinoista Oscar-palkitussa *Adaptationissa,* ja nyt ranskalaiset tekivät sellaisen silti ilmeisen vakavissaan. Tästäkin huolimatta elokuvan parissa on vaikea olla viihtymättä. Sen raivokkuus tekee siitä viehättävän.

PERFECT STRANGERS
Uusi Seelanti 2003
Ohjaus: Gaylene Preston
Pääosissa: Rachael Blake, Sam Neill, Joel Tobeck
Katsottu: 27.6.2023
Formaatti: DVD

6

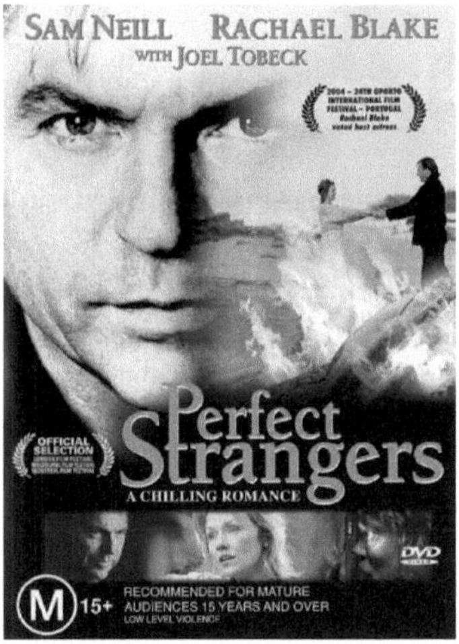

Katsoin Sam Neillin tähdittämän uusiseelantilaisen psykotrillerin *Perfect Strangers* heti tuoreeltaan kun se julkaistiin Suomessa DVD:llä, mutta en enää muista minä vuonna tämä tapahtui. Elokuva on alun perin vuodelta 2003 ja kuuluu Neillin vähemmän tunnettuihin. Pidin siitä silloin seitsemän pisteen edestä.

Melanie (**Rachael Blake**, vuoden 2011 *Sleeping Beauty)* on hiukan kyllästyneen oloinen nuorehko nainen, joka on bailaamassa ystävättäriensä kanssa nimeltä mainitsemattoman uusiseelantilaisen pikkukaupungin yöelämässä. Hän tuntuu kaipaavan vaihtelua, ja totisesti sitä myös saa kohdatessaan Neillin näyttelemän hiljaisen komistuksen, jonka luo hän suostuu lähtemään jatkoille.

Seuraavana aamuna nainen herää tyrmäystipoista todeten miehen lähteneen viemään häntä veneellä kotisaareensa uudeksi vaimokkeekseen. Mies alkaa myös yhä selvemmin näyttää henkisesti epätasapainoiselta. Miten selvitä tästä painajaismaisesta tilanteesta?

Seuraa kiintoisa tahtojen taistelu, psykologinen jännitysdraama, jonka käänteitä ei ihan helpolla ennalta arvaakaan. Perillä asioita vaikeuttaa nainen itse aiheutettuaan miehelle vamman, jonka takia tämä ei pysty huolehtimaan talon töistä. Saari on kaukana ulapalla, eikä kommunikointivälineitä ulkomaailman kanssa ole.

Vähitellen naisen on opittava huolehtimaan molemmista, mitä voi pitää kenties eräänlaisena opetuksena myös hänen aiempaa elämäänsä silmälläpitäen. Pitkä ero sivistyksestä tekee elokuvasta ikään kuin *Cast Awayn* rinnakkaisteoksen, jossa Sam Neill on se lentopallo.

Katsoin kotimaisen DVD:n myös tällä kertaa, mutta jouduin laittamaan oheen australialaisen julkaisun kansikuvan kun kotimaista ei löytynyt. Alun perin antamastani seiskasta niistin yhden pisteen pois.

Mean Creek on amerikkalainen draama, jonka myös katsoin ensimmäisen kerran kun sen suomi-levy oli suhteellisen uusi. Vuosi taisi olla 2005. Nyt sitten 18 vuoden odotuksen jälkeen vihdoin uusintakatselu, samana päivänä ja peräjälkeen edellä esitellyn *Perfect Strangersin* kanssa, mutta päinvastaisessa järjestyksessä: tämä ensin.

Nuoren **Josh Peckin** *(Oppenheimer)* näyttelemä George on pikkukaupungin koulun vittumaisin tyyppi: kookas, yksinkertainen ja aina valmis kiusaamaan pienempiään. Kun kiusaaja on hakannut yhtä heistä, pienikokoista Samia (**Rory Culkin**) yhden kerran liikaa, tämä suunnittelee isoveljensä Rockyn kanssa koston: houkutellaan kiusaaja veneretkelle ja annetaan tälle samalla mitalla takaisin.

Mukaan lähtee pari muutakin kaveria, joiden mielestä kostoidea on mainio. Tarkoituksena on kutsua George veneretkelle metsässä virtaavalle joelle, heittää tämä veteen, viedä tämän vaatteet ja pakot-

MEAN CREEK
USA 2004
Ohjaus: Jacob Estes
Pääosissa: Rory Culkin, Ryan Kelley, Scott Mechlowicz
Katsottu: 27.6.2023
Formaatti: DVD

7

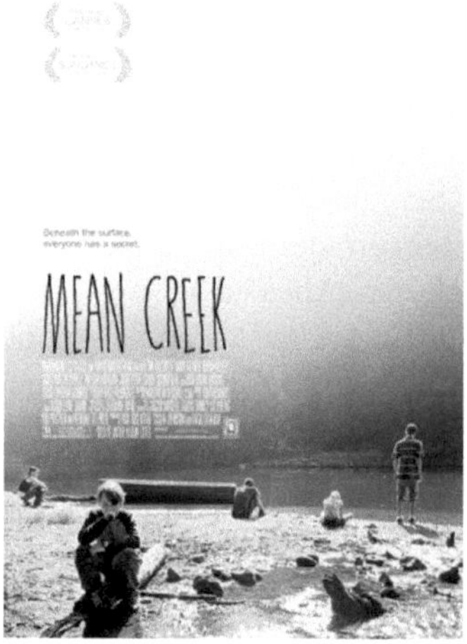

taa juoksemaan alastomana takaisin kotiin.

Matkan varrella osa joukosta alkaa kuitenkin katua suunnitelmaansa kun George vaikuttaakin ihan kivalta kaverilta. Juuri ennen h-hetkeä tämä näyttää kuitenkin ilkeytensä shokeeraavassa kohtauksessa, minkä jälkeen kostosuunnitelma tuntuu jälleen hyvältä ajatukselta mutta meneekin hirmuisella tavalla pieleen. Nuorten pitää päättää, miten toimia tekojensa seuraamusten kanssa.

Ryhmätoimintaa kovassa paineessa tutkiva jännitysdraama on hyvin tehty pieni elokuva, ei millään tavoin ikimuistoinen mutta kelpo teos kuitenkin. Ensimmäisellä katselulla annoin tälle peräti kahdeksan pistettä, mutta se tuntui nyt lievältä liioittelulta, joten otin yhden pisteen pois.

•

Eikä kahta ilman kolmatta. *Pusher 2,* **Nicolas Winding Refnin** jatko-osa rikosklassikolleen tuli sekin katsottua kertaalleen silloin kun DVD oli uusi eli suunnilleen 18 vuotta sitten. Nyt oli vuorossa toinen katselu peräjälkeen *Pusher 3:n* kanssa, joka käsitellään muutama sivu tuonnempana.

Alkuperäisessä elokuvassa sivuroolissa nähty yksinkertaisen oloinen Tonny, osassa Bond-pahis ja monesta muustakin tunnetusta

PUSHER 2
Tanska 2004
Ohjaus: Nicolas Winding Refn
Pääosissa: Mads Mikkelsen, Leif Sylvester, Anne Sørensen
Katsottu: 23.2.2023
Formaatti: DVD

8

elokuvasta tuttu nykyinen maailmantähti **Mads Mikkelsen**, on tällä kertaa pääosassa.

Tonny on juuri päässyt vankilasta ja yrittää päästä kaidalle tielle hankkimalla työpaikan, mutta eteen nousee este toisensa jälkeen. Monet noista esteistä Tonny pystyttää ihan itse. Rikolliset sivuhommat vievät mukanaan ja lopulta päädytään äärimmäisiin tekoihin.

Refniä kiinnostaa pikkurikollisten maailma. Vaikka hahmot ja asetelmat eivät sellaisenaan kiinnostaisi katsojaa, ohjaaja onnistuu luomaan tarinaan sellaisen imun, ettei sen parissa kuitenkaan ole tylsiä hetkiä. Hahmot on tyypitelty hyvin ja heidän luonteensa ja motivaationsa vaivatta ymmärrettävissä.

IMDb:n mukaan Tanskan ensi-ilta oli vuoden 2004 joulupäivänä – tässäpä mainio vaihtoehto tyypillisille joulutarinoille. Ensikatselulla olin merkinnyt tälle kuutosen, mikä on törkeästi liian vähän, nostetaan heti kahdella ylöspäin.

•

Vuoden 2023 keväällä löysin **Aku Louhimiehen** upean pahan olon draaman *Paha maa* silloisesta C More -palvelusta HD-kuvalla, joten se piti katsoa hetimiten vaikka hyllyssäni on kunniapaikalla elokuvan DVD-julkaisu.

Elokuvan käynnistyttyä tuo mainittu HD-kuva kyllä paljastui niin

PAHA MAA
Suomi 2005
Ohjaus: Aku Louhimies
Pääosissa: Jasper Pääkkönen,
Mikko Kouki, Matleena Kuusniemi
Katsottu: 16.5.2023
Formaatti: HD (C More)

9

pehmeäksi ja epäskarpiksi, ettei sitä voi oikein verrata aitoon HD-julkaisuun. Laadullisesti ollaan ikään kuin DVD:n ja blu-rayn puolivälissä. Kuvan suttuisuus saattaa liittyä jotenkin käytettyihin tuon aikakauden kameroihin, mene ja tiedä. Kyllä tämä ylöspano DVD:ni kuvanlaadun sentään voitti.

Julkaisuaikanaan nähtynä *Paha maa* tuntui toiselta kahdesta jos ei nyt kaikkien aikojen niin ainakin tämän vuosituhannen parhaasta kotimaisesta elokuvasta. Nyt siihen tuntumaan ei päässyt ihan heti, kun etenkin **Mikko Koukin** seikkailut alkupuolella tuntuivat enemmän farssilta kuin vakavasti otettavalta draamaelokuvalta.

Mutta tarinat veivät mukanaan sitten kun **Sulevi Peltola** tuli mukaan kuviin, eikä tarvinnut enää kelloa vilkuilla. Väärennetty iso euroseteli käynnistää tapahtumasarjan, jossa toisiinsa risteävät ihmiskohtalot kiertyvät kohden toinen toistaan pahempia lopputulemia. Elokuvan rakenne toimii upeasti.

Traagisia henkilöhahmoja riittää. **Pertti Sveholmin** työttömäksi jäävä ja sen jälkeen viinanjuontiin keskittyvä opettaja; **Jasper Pääkkönen** tämän huonoon seuraan ajautuvana poikana; Sulevi Peltola pölynimurikauppiaana, jonka todellinen luonto paljastuu vasta humalassa; **Matleena Kuusniemi** naispoliisina joka joutuu kuolemanvaaraan virkatehtävissä; ja **Mikko Leppilampi** yläluokkaisena huumediilerinä.

Onhan tämä todellinen huipputeos. Olin pitkän tauon aikana jo unohtanutkin *Pahan maan* juonenkäänteitä, mikä vielä lisäsi katselunautintoa, kun kaikkia yksityiskohtia ei muistanutkaan etukäteen.

THE DARK HOURS
Kanada 2005
Ohjaus: Paul Fox
Pääosissa: Kate Greenhouse,
Aidan Devine, Bruce McFee
Katsottu: 4.7.2023
Formaatti: DVD

5

Katsoin pienimuotoisen kanadalaisen kauhutrillerin *The Dark Hours* ensi kertaa 5. lokakuuta 2008 varhain aamulla yli yön kestäneen elokuvamaratonin toiseksi viimeisenä nimikkeenä ja annoin sille silloin peräti kahdeksan pinnaa. Nyt saatoin vain ihmetellä miksi. Maratonilta ei jäänyt mitään erityisempiä muistiinpanoja, joten nyt lähdin katsomaan elokuvaa ikään kuin puhtaalta pöydältä.

The Dark Hoursin keskushenkilönä nähdään tiukkailmeinen naispsykiatri (**Kate Greenhouse**), joka vankilalääkärinä arvioi vaarallisina pidettyjen vankien kelvollisuutta ehdonalaiseen vapauteen. Heti elokuvan johdantojaksossa nähdään, miten yksi pitkään istunut murhaaja saa häneltä kielteisen lausunnon ja siitä aikamoisen raivarin, joka saattaa vaaraan sivullisiakin.

Seuraavaksi lääkärimme lähtee viettämään viikonloppua syrjäiselle mökille miehensä ja siskonsa kanssa. Siitä tuleekin kolmikolle melkoinen koettelemus, kun työt seuraavat psykiatria sinne ja seuraa armoton taistelu eloonjäämisestä. Myös päähenkilöiden keskinäiset välit joutuvat kovalle koetukselle ilman ulkoista uhkaakin.

Vaikka pidin *The Dark Hoursista* ensikatselulla aika paljonkin, en nyt uudella yrityksellä löytänyt siitä juuri minkäänlaista uskottavaa tarttumapintaa tai omaperäistä asetelmaa, joten pisteet valuivat kertaheitolla peräti kolmella alaspäin.

Katsottu julkaisu oli suomalainen DVD, mutta jälleen kun siitä ei löytynyt skarppia kuvaa jouduin sijoittamaan oheen toisen julkaisun.

DEUCE BIGALOW: EUROPEAN GIGOLO
USA 2005
Ohjaus: Mike Bigalow
Pääosissa: Rob Schneider, Eddie Griffin, Jeroen Krabbé
Katsottu: 19.2.2024
Formaatti: DVD

7

Katsoin *Deuce Bigalow: European Gigolon* välittömästi ensimmäisen osan eli *Male Gigolon* (1999) jälkeen samana päivänä, joten ensimmäinen osa oli tuoreessa muistissa. Elokuvat olikin hyvä katsoa oikeassa järjestyksessä, koska aiemmin näin tämän jatko-osan ensin, enkä siten sillä kertaa tunnistanut jo ykkösosasta tuttuja hahmoja.

Deuce Bigalow ("iso sieltä alhaalta", get it) on tullut pahan kerran nolatuksi Kaliforniassa ja kun kutsu käy, muuttaa mielellään Amsterdamiin. Siellä huumeet ovat niin vapaita että poliisikin tulee antamaan marisätkään tulta. Myös mieshuorien ammattikunta on täällä arvossaan ja sen kerma varakkaan näköistä joukkoa.

Meneillään on kuitenkin myös jotakin pahaenteistä: tuntematon murhaaja tappaa mieshuoria, joiden liitto on kyllä asiasta huolissaan mutta ei saa oikein mitään aikaan jäsentensä suojaamiseksi. Yksittäiset liiton jäsenet pyrkivät päinvastoin etäännyttämään itseään koko ammatista välttääkseen tapetuksi tulemisen vaaran.

Tämä ala tarvitsee sankaria, ja Deuce on sellainen. Jo ensimmäisellä katselukerralla muistan nauraneeni elokuvalle aivan liian monta kertaa ja sama toistui nytkin. Mieshuorista kertovien elokuvien oma

Naked Gun on vielä edeltäjäänsäkin hauskempi. Deucen tämänkertainen romanttisten tunteiden kohde ei tosin ole yhtä sympaattinen kuin edellisessä osassa.

Pisteet eivät uusintakatselulla sentään tuplaantuneet, eikä se asteikko huomioiden olisi ollut mahdollistakaan, mutta yksi lisäpiste kuitenkin tienattiin: aiemmin ansaittu kuutonen kääntyi seiskaksi.

PUSHER 3
Tanska 2005
Ohjaus: Nicolas Winding Refn
Pääosissa: Zlatko Buric, Marinela Dekic, Slavko Labovic
Katsottu: 23.2.2023
Formaatti: DVD

7

Katsoin oikeasti Nicolas Winding Refnin *Pusher 3:n* heti *Pusher 2:n* jälkeen, mutta kirjan elokuvien asetteleminen niiden alkuperäiseen julkaisujärjestykseen heitti ne tässä kirjassa pienen matkan päähän toisistaan.

Myös tuossa trilogian toisessa osassa lyhyesti vilahtanut Milo (roolissa *Triangle of Sadnessin* **Zlatko Buric**) on vuorostaan tämän kolmannen osan keskushenkilö. Hänet tietenkin muistamme myös alkuperäisen vuoden 1996 *Pusherin* ykkösosan huumepomona.

Kun nyt tapaamme Milon, hänellä on kiireinen ja oikeastaan varsin stressaavakin päivä. Hänen aivan helvetin ärsyttävän ylimielisellä tyttärellään Milenalla (**Marinela Dekic**) on syntymäpäivä ja Milon vastuulla on osa juhlavieraiden ruokkimisesta.

Tuon jo sinänsä riittävän vastuullisen tehtävän lisäksi Milon pitäisi ehtiä käydä huumeista irti päässeiden tukiryhmässä, päästä eroon käsiin jääneestä ekstaasilastista, sen jälkeen jahdata sitä myymään lähtenyttä mutta sille tielle kadonnutta diileriä, sekä ennen kaikkea päästä eroon parista ravintolaansa kellahtaneesta ruumiista ennen kuin poliisit saavat selville mitä on tapahtunut.

Myös sarjan ykkösosasta tuttu Radovan (**Slavko Labovic**) palaa mukaan kuvioihin. Henkilögalleria on tässä kolmannessa *Pusherissa* ylipäänsäkin hyvin samantapainen kuin toisessa. Elokuvan iskuvoima on silti jonkin verran vähäisempi. Ensikatselulla kuutonen, nyt pisteellä ylöspäin.

THE NOTORIOUS
BETTIE PAGE
USA 2005
Ohjaus: Mary Harron
Pääosissa: Gretchen Mol, Lili Taylor, Chris Bauer
Katsottu: 22.2.2023
Formaatti: DVD

6

Erityisesti 1950-luvun bondage-kuvastoista tutun pin up -malli **Bettie Pagen** elämäkertaelokuva *The Notorious Bettie Page* taisi aikanaan jäädä hieman *Rayn* ja *Walk the Linen* varjoon (vertailu isoihin studioelokuviin on toki epäreilu). Eikä sen keskushenkilö ole yhtä lailla laajasti rakastettu amerikkalainen ikoni, vaikka onkin omalla tavallaan tärkeä osa sikäläistä kulttuurihistoriaa.

American Psychon (2000) ohjaajana parhaiten tunnettu **Mary Harron** on saanut Pagen elämästä aikaan sinänsä ihan mielenkiintoisen, mutta kaikissa suhteissa hyvin kädenlämpöisen elokuvan, joka ei yllätä eikä säväytä. Mitään rohkeaa ja räväkkää elokuva ei tarjoa vaikka sen aiheen luulisi tarjoavan siihen hyvät mahdollisuudet.

Page esitetään elämäkertaelokuvassaan viattomana maalaistyttönä, joka ei oikeastaan ymmärrä omaa muuntumistaan palvotuksi fetissiaiheisten kuvien ja filmien tähdeksi. Hänestä kuvaukset olivat vain hassua hauskanpitoa ja lopulta hän luopuu koko urastaan voidakseen omistautua **Jeesukselle**.

Gretchen Mol eläytyy hyvin Pagen rooliin ja hänestä on saatu todella esikuvansa näköinen. **Jared Harris** on hänen vastanäyttelijänsä koko elokuvan ainoassa bondage-kohtauksessa. Ensimmäisellä katselulla joskus 00-luvun puolivälissä olen merkinnyt tälle 7 pistettä, mutta tällä katselulla tuntui että siinä oli yksi liikaa.

BUG
USA 2006
Ohjaus: William Friedkin
Pääosissa: Ashley Judd, Michael Shannon, Harry Connick Jr.
Katsottu: 27.9.2023
Formaatti: DVD

5

En ollut koskaan aiemmin nähnyt tätä William Friedkinin *(The Exorcist)* elokuvaa, joten kun DVD tuli melko edullisella hinnalla vastaan, ostin sen.

Lisäkannusteena mainittakoon *Bugin* perustuminen **Tracy Lettsin** näytelmään, kuten ohjaajan sitä myöhempi mestariteos *Killer Joe* (2011), sekä aivan mieletön *August: Osage County* (2013) jota suosittelen erittäin painokkaasti kaikille, vaikka siinä näytteleekin **Julia Roberts**. **Meryl Streep** on tuon elokuvan Hannibal Lecter ja olisi ansainnut Oscarin ihan siinä missä Anthony Hopkins sai hänkin omansa.

Mutta jos palataan tähän *Bugiin,* niin täytyy myöntää että siitä en ollut yhtä innoissani ainakaan nyt ensimmäisellä katselulla. *Killer Joen* tavoin Letts sijoittaa myös tämän tarinan amerikkalaisen trailer trashin keskuuteen: ollaan narkkareita ja väkivaltarikollisia, ja elämä on kovin ongelmallista.

Yksinäinen Agnes (**Ashley Judd**) asuu syrjäisessä oklahomalaisessa motellissa ja tutustuu Peteriin (**Michael Shannon**) joka on sotaveteraani ja jolla on siitä seuranneita isoja henkisiä ongelmia. Pari vajoaa vähin erin yhdessä syvälle hulluuteen kuvitellessaan tuhohyönteisten vallanneen paitsi heidän asuttamansa huoneiston, myös heidän kehonsa.

Lopussa ylletään suorastaan surrealistisiin tunnelmiin, joita itseni oli vaikea ottaa vakavasti. Moni muu siihen on kuitenkin pystynyt, joten kannattaa silti kokeilla. Minulle *Bug* oli etenkin viimeisen kolmanneksensa osalta pelkkää sekoilua, joka jätti kylmäksi, ja josta oli vaikea tunnistaa Friedkinin kädenjälkeä. Loistava *Killer Joe* on mielestäni useita kertaluokkia parempi.

THE DEPARTED

USA 2006
Ohjaus: Martin Scorsese
Pääosissa: Leonardo DiCaprio, Matt Damon, Jack Nicholson
Katsottu: 23.4.2024
Formaatti: 4K Ultra HD

10

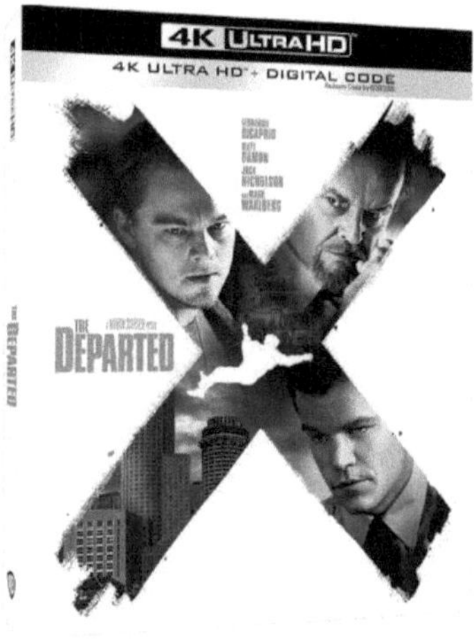

Martin Scorseselle parhaan elokuvan ja ohjauksen Oscarit voittanut *The Departed* julkaistiin 4K UHD -formaatissa muistaakseni katseluani edeltävänä päivänä. Kuten tunnettua, Scorsese ei etenkään vanhemmilla päivillään ole montaa hutia lyönyt, eikä *The Departed* myöskään kuulu niihin.

Moninkertainen Oscar-voittaja on mielestäni Scorsesen täydellisin elokuva: laajalla henkilögallerialla siunattu rikossaaga, jonka näyttelijät ovat loistavia, toteutus virtuoosimaisen sujuvaa ja käsikirjoitus yksi upeimmista koskaan. Tai ehkä jopa upein koskaan.

Käsikirjoituksestaan myöskin Oscarin voittanut **William Monahan** on ottanut pohjaksi sinänsä ihan pätevän mutta ei erityisen muistettavan hongkongilaiselokuvan *Infernal Affairs* (2002) perusidean. Poliisiin on soluttautunut rikollinen ja rikollisjärjestöön poliisi. Miten paljastetaan kuka kumpikin on?

Tämän ympärille Scorsese kumppaneineen on rakentanut todellinen rikosfilmien klassikon, joka liikkuu aivan samalla tasolla tai vähän ylempänä kuin **Michael Mannin** *Heat* (1995) sekä laadullisesti että laajuutensa puolesta. Jos Mannin elokuva oli "A Los Angeles crime saga", on tämä sitten "A Boston crime saga".

Leonardo DiCaprio on teknisesti elokuvan päähenkilö, rikollisten suvusta tullut poliisi, jonka uskotaan sopivan hyvin undercovermieheksi rikollisten joukkoon juuri perhetaustansa takia. Vastaavasti **Matt Damon** on niin rehdin näköinen poliisina, ettei ole helppoa uskoa hänen olevan tosiasiassa rikollispomo Frank Costellon (**Jack Nicholson**) leivissä.

Alkupuolella pääosassa ovat muistettavat dialogit ja one-linerit, joiden kanssa saa toistuvasti hihittää ääneen, ja joista yllättävän monet on kirjoitettu sinänsä melko pienessä roolissa nähtävän **Alec Baldwinin** roolihahmon suuhun. Loppupuolella läpänheitto jää vähemmälle ja siirrytään pelaamaan katsojan odotuksilla: mutkikas tarina vetää maton alta monissa kohdin, ja kaiken tämän Scorsese ohjaa veteraanin ylivertaisilla taidoilla.

Jack Nicholson on tarinan pääroistona elokuvalle yhtä aikaa sekä vahvuus että heikkous. Vahvuutta ovat näyttelijälegendan karisma ja sitä kautta saatava vakuuttavuus roolissa. Heikkous on Nicholsonin muuntautumiskyvyttömyys (ja varmaan myös -haluttomuus): hän näyttelee kaikissa elokuvissaan lähinnä itseään, uusimmissa etenkin. Joku toinen näyttelijä olisi voinut saada Costellosta monitahoisemman hahmon.

4K UHD:n kuvanlaatu päihittää blu-rayn mutta ei tarjoa kuitenkaan läheskään samanlaista referenssitasoa kuin *The Thing* tai *I Know What You Did Last Summer.*

•

Kauhun kuningas Stephen Kingin valtavan laajassa tuotannossa oma suosikkini on aina ollut **Kirby McCauleyn** toimittamassa kauhu-

THE MIST
USA 2007
Ohjaus: Frank Darabont
Pääosissa: Thomas Jane, Laurie Holden, Marcia Gay Haden
Katsottu: 19.10.2023
Formaatti: 4K Ultra HD

9

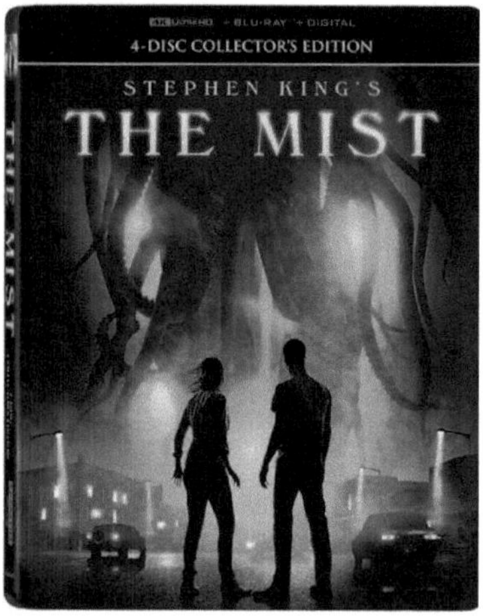

antologiassa *Dark Forces* alun perin vuonna 1980 julkaistu *The Mist,* jonka voi luokitella poikkeuksellisen pitkäksi novelliksi tai pienoisromaaniksi.

Luin tarinan jo suunnilleen 1980-luvun puolivälissä ja olin todella vaikuttunut sekä sen kiehtovasta premissistä että äärimmäisen realistisen oloisesta, kaupassa loukussa olevien henkilöhahmojen ryhmädynamiikkaa tutkivasta osuudesta. En osannut toivoakaan, että tästä tarinasta saataisiin joskus elokuvaversio, mutta kuinka ollakaan, runsaat 20 vuotta lukukokemustani myöhemmin sellainen kuitenkin saatiin.

Eikä mitä hyvänsä elokuvaversiota vaan sellainen, jonka tekijä oli jo todistanut itsensä loistavaksi Kingin tekstien tulkiksi: Frank Darabont, upeiden elokuvien *The Shawshank Redemption* (1994) ja *The Green Mile* (1999) ohjaaja. Nyt hän oli ensimmäistä kertaa päättänyt tarttua Kingin kauhutarinaan, ja suoraan niistä kaikkein parhaaseen.

Päähenkilöksi tarkentuu David Drayton (**Thomas Jane**), joka jää poikansa kanssa loukkuun pikkukaupungin markettiin lukuisien muiden asiakkaiden ja henkilökunnan kanssa, kun kaupunkiin vyöryy paksu sumu ja sen suojassa kammottavia, isoja hyönteismäisiä hirviöitä jotka tappavat kaikki jotka vain kiinni saavat.

Tilanteen pitkittyessä amerikkalaisille tyypillinen taipumus uskonnollisuuteen alkaa näyttää ratkaisulta, ja asiakkaiden joukosta erottuu tarinan pääroistoksi kiiluvasilmäinen rouva Carmody (**Marcia Gay**

Harden). Ahdistavan tilanteen paineessa murtuneet, Carmodyn kulttiin liittyneet henkilöhahmot alkavat lopulta puhua ihmisuhrien tarpeellisuudesta tilanteen laukaisemiseksi.

Klassikosta julkaistiin jenkeissä alkusyksystä 2023 neljän levyn Collector's Edition, jossa on sekä 4K-levy että blu-ray sekä värillisenä että mustavalkoisena versiona, kaikki omilla levyillään. Saatuani paketin käsiini katsoin värillisen 4K-levyn. Kaikki kunnia itse elokuvalle, mutta en havainnut sitä tältä levyltä katsoessani minkäänlaista eroa jo ennestään omistamani blu-rayn kuvanlaatuun, joten levy meni myyntiin heti katselun jälkeen.

Epäskarppia ja jotenkin kuvan säädöistä riippumatta hyvin ylikontrastista kuvaa katsoessa epäilykset kohdistuivat vuoden 2007 digikameroihin, jotka olivat varmastikin paljon alkeellisempia kuin nykyään. Tyydyn siis myös jatkossa jo ennestään omistamaani blu-ray -julkaisuun.

Itse elokuva on tietysti loistava, kuten edellä jo suunnilleen annoin ymmärtää ja sen erottaakin täydestä kympistä vain sen shokkiloppu, joka vaikkakin tuntui aikanaan innovatiiviselta, on hiukan laajemmassa perspektiivissä ongelmallinen.

Kieltämättä myöskään Stephen Kingin alkuperäinen, selvästi avoimempi loppu ei ole täysin tyydyttävä. Frank Darabont meni elokuvassa toiseen äärimmäisyyteen keksimällä omasta päästään äärimmäisen julman loppuratkaisun, jota jopa King itse ehti aikanaan kehua.

Saa olla eri mieltä, mutta minusta se menee överiksi. On eräänlaista henkistä väkivaltaa katsojia kohtaan tehdä noin henkilöhahmoille, joiden puolesta nämä ovat jännittäneet melkein kaksi tuntia.

•

Vihdoinkin jokin muu ymmärrettävällä kielellä tekstitetty blu-ray ranskalaisen extreme-kauhun merkkiteoksesta *Frontier(s),* kuin Future Filmin mädäntynyt julkaisu! Tai niin ainakin ensin ajattelin, etenkin kun juuri sitä ennen katsomani *Lake Mungon* (käsitellään kohta) kuvanlaatu oli asettanut odotukset korkealle.

Frontier(s)in kuva ei kuitenkaan suurimman osan aikaa ollut laadultaan paljoakaan DVD:tä parempi, mikä hieman latisti tunnelmaa. Kaiketi Futuren versiossa oli sama ongelma, en ollut vain kiinnittä-

FRONTIER(S)
Ranska 2007
Ohjaus: Xavier Gens
Pääosissa: Karina Testa,
Aurélien Wiik, Patrick Ligardes
Katsottu: 21.8.2023
Formaatti: Blu-ray

8

nyt siihen aiemmin huomiota. Levy joka tapauksessa toimi moitteetta alusta loppuun, mikä on siis paljon enemmän kuin mitä Futuren levystä voi sanoa.

Elokuva seuraa ryhmää nuoria ranskalaisia aikuisia, jotka pakenevat mellakoiden ja väkivallan täyttämästä pariisilaislähiöstä kauas maaseudulle, jossa heitä odottavat vieläkin pahemmat kauhut. He kirjautuvat syrjäiseen majataloon, jossa ensimmäisenä perille ehtineen mieskaksikon itsevarmempi osapuoli alkaa heti pyrkiä sänkyyn henkilökuntaan kuuluvan uhkean naisen kanssa.

Tilanne alkaa kuitenkin vaikuttaa oudolta, ja lopulta paljastuu että koko majatalon paikalla oleva henkilökunta kuuluu samaan perheeseen, jonka toiminta omalla tilallaan tuo jossakin määrin mieleen Teksasin moottorisahaperheen. Elokuva kääntyy nopeasti todella hurjaksi syrjäseutupainajaiseksi, ja nuoria aletaan harventaa erittäin verisin menetelmin.

Ymmärtääkseni jotkut eivät tästä pidä tästä elokuvasta, ja tavallaan senkin ymmärrän, koska etenkin elokuvan ensimmäinen puolituntinen on yhtä monin paikoin ärsyttävää huutoa ja mekastusta salamannopein leikkauksin ja voimakkain äänitehostein ryyditettynä.

Mutta kun siirrytään itse kauhuvaiheeseen noin puolen tunnin katselun jälkeen, niin onhan tämä siitä eteenpäin todellinen kidutuskauhun muotovalio, ei voi paljoa parantaa (eikä rankentaa). Verenlennätyksen määrä ja laatu ovat hetkittäin häkellyttävää tasoa.

Teksasin moottorisahaperhe on *Frontier(s)issa* korvautunut Ranskan maaseudun natsiperheellä; katsojaa koetellaan joka tapauksessa samanlaisella raivokkuudella. Ollaan samalla viivalla muiden ranskalaisten extreme-klassikoiden *High Tension* (käsitelty edellä), *Inside* ja *Martyrs* (käsitellään hiukan jäljempänä) kanssa. Elokuva maistuu allegorialle 00-luvun puolivälin ranskalaisesta yhteiskunnasta, jonka levottomassa ilmapiirissä kaikki tuntuivat vihaavan kaikkia.

THE INVASION
USA 2007
Ohjaus: Oliver Hirschbiegel
Pääosissa: Nicole Kidman, Daniel Craig, Jeremy Northam
Katsottu: 30.5.2023
Formaatti: Blu-ray

6

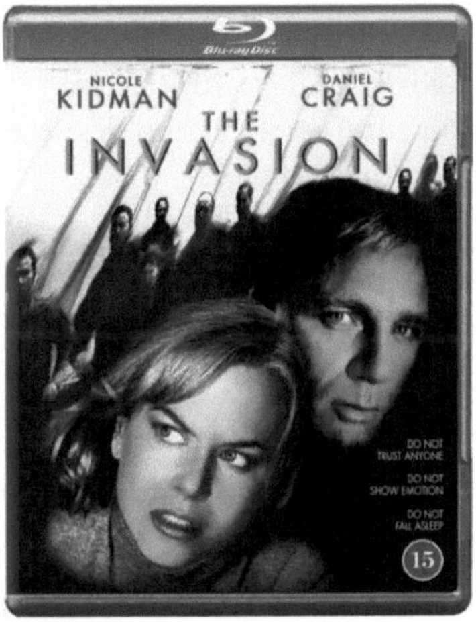

En jostakin syystä ollut alun alkaen yhtään kiinnostunut tästä *Invasion of the Body Snatchersin* jo neljännestä versiosta, joten kun se oli uusi, yksinkertaisesti skippasin sen kokonaan.

En enää muista mistä sain kuitenkin lopulta hyllyyni elokuvan blu-ray -julkaisun muutamaa vuotta myöhemmin, luultavasti jostakin alelaarista. Sitten katsoin elokuvan 1. helmikuuta 2012 ja muistan olleeni miellyttävästi yllättynyt siitä miten hyvä versio tutusta tarinasta olikaan kyseessä. Nyt vuorossa oli uusintakatselu.

Nicole Kidman on eronnut washingtonilainen psykiatri, joka hoitelee pientä poikaansa ja tapailee **Daniel Craigin** näköistä lääkäriä. Räjähtäneen avaruussukkulan kappaleiden pudottua ympäri Amerikan mannerta alkaa jo aiemmista elokuvista tuttu body snatchers -epidemia, jota tällä kertaa käsitellään kuten pandemiaa: tartunnan saaneet toki muuttuvat tunteettomiksi epäihmisiksi, mutta tähän etsitään täysillä myös parannuskeinoa.

Pitkään mielenkiintoisena ja jännittävänä säilynyt elokuva hyytyy hieman viimeisen puolen tunnin aikana pelkistyttyään Nicolen ja tämän pojan survival-seikkailuksi. Jouduinkin vähentämään yhden pisteen viimekertaisesta seiskasta.

EASTERN PROMISES
Iso-Britannia/Kanada/USA
2007
Ohjaus: David Cronenberg
Pääosissa: Viggo Mortensen, Vincent Cassel, Naomi Watts
Katsottu: 3.10.2023
Formaatti: 4K Ultra HD

7

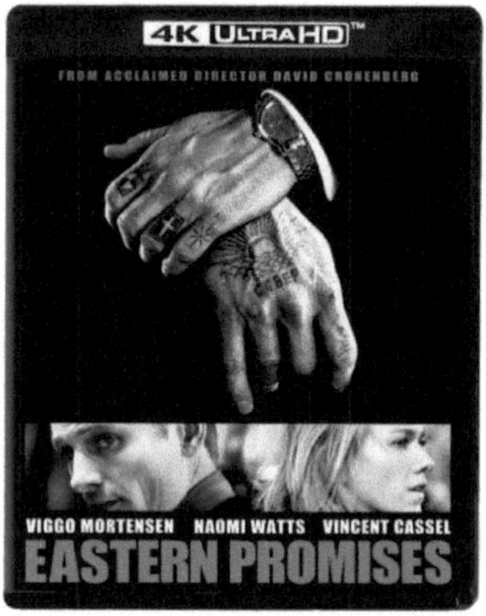

Kuten edellä on jo käynyt ilmi, Kino Lorberin 4K UHD -julkaisut ovat olleet melko vaihtelevan tasoisia. *Eastern Promises* kuuluu heidän laadukkaimpiin levyihinsä ja näyttää todella hienolta. Ei ihan referenssitasoa ehkä, mutta varsin lähellä: virheitä kuvasta ei pahemmin löydy.

Itse elokuva oli ehtinyt ennen tämänkertaista katselua painua vähän unohduksiin, en edes muista milloin olen katsonut sen edellisen kerran. Mahdollisesti ensin kertaalleen lehdistönäytöksessä ennen ensi-iltaa, ja sen jälkeen uusiksi suomi -blu-rayltä silloin kun se oli uusi.

Elokuvana *Eastern Promises* on oikein sujuva rikostarina, joka pitää mainiosti otteessaan, mutta David Cronenbergin muiden elokuvien taso huomioiden se kuuluu silti auttamatta hänen tuotannossaan keskitason alapuolelle.

Lontooseen sijoittuvan tarinan päähenkilöitä ovat venäläisen mafian autonkuljettajana toimiva Nikolai (**Viggo Mortensen**) sekä kätilönä työskentelevä Anna (**Naomi Watts**). Kun Annan hoitoon tullut teini kuolee synnytykseen, hän löytää tämän venäjänkielisen päiväkirjan, joka viittaa siihen, että kaupungin mafiamiehet ovat syyllistyneet tämän raiskaukseen.

Mafian viileän rauhallinen mutta samalla uhkaava johtaja Semyon (**Armin Mueller-Stahl**) yrittää saada päiväkirjan pois Annan käsistä tämän yritettyä saada häneltä apua sen kääntämisessä luullen häntä pelkäksi ravintoloitsijaksi. On kuitenkin pian selvää, että Anna on vaarassa, mikäli hän ei luovuta päiväkirjaa suosiolla. Semyonin lisäksi uhkana on tämän holtiton, epävakaa poika Kirill (**Vincent Cassel**).

Hyvä elokuva, mutta Cronenbergin tekemäksi hieman vaisu. On kuvaavaa, että kun hänen muiden elokuviensa muistettavimmat kohtaukset ovat luokkaa "miehen pää räjähti" ja "miehen keho halkesi kahtia ja valtavia kasvaimia pursui esiin", niin *Eastern Promisesin* vastine niille on paljain käsin ja veitsin suoritettu yhdistetty nyrkkeily- ja painiottelu höyrysaunassa.

Ei kuulosta aivan yhtä pysäyttävältä, vaikka **Viggo Mortensen** onkin tuon jakson aikana satunnaisia naiskatsojia varten alasti. Siitä huolimatta, etenkin laadukkaan presentaationsa ansiosta *Eastern Promises* oli kuitenkin oikein miellyttävä katselukokemus tälläkin kertaa.

MARTYRS

Ranska/Kanada 2008
Ohjaus: Pascal Laugier
Pääosissa: Morjana Alaoui, Mylène Jampanoï, Catherine Bégin
Katsottu: 28.5.2016
Formaatti: Blu-ray

9

Vuosina 2003 - 2008 Ranska oli täysin suvereeni äärimmäisen brutaalien kauhuelokuvien lajityyppiin kuuluvien elokuvien tuottajana. Huikea nousu lähti liikkeelle vuonna 2003 Alexandre Ajan häkellyttävällä läpimurtoteoksella *High Tension* (käsitelty edellä), joka ei totisesti arastellut sen kummemmin veren lennätyksessä kuin juonellisissa epäuskottavuuksissakaan.

Uranuurtaja sai komeita seuraajia, kun vuonna 2007 ensi-iltaan tulivat sekä Xavier Gensin *Frontier(s)* (käsitelty edellä) että varsinkin **Alexandre Bustillon** ja **Julien Mauryn** sanoinkuvaamaton *Inside,* joka jo ilmestyessään tuntui lajityypin ihan viimeiseltä sanalta, ja johon saatamme ehkä palata jossakin myöhemmässä CineActivessa.

Amerikkalaiset olivat näihin aikoihin *Saw* ja *Hostel* -elokuvien sarjallaan popularisoineet mutta samanaikaisesti myös jossakin määrin trivialisoineet kidutuskauhuelokuvien alalajin. Näillä elokuvilla ranskalaiset näyttivät, että saman voi tehdä myös tyylillä, itsensä toistamista välttäen, sekä ennen kaikkea myös oikea tarina kertoen.

Inside ei kuitenkaan lopulta jäänyt ranskalaisen extreme-kauhun ihan viimeiseksi sanaksi. Vuotta myöhemmin **Pascal Laugier** tuli ja löi pöytään aivan uskomattoman teoksen. Hänen upea elokuvansa *Martyrs* on haudanvakava, äärimmäisen brutaali teos, jonka puristavuuden kruunaa sen painava sanottava ihmisluonnosta.

Martyrsistä kirjoittaminen on kuitenkin varsin haastavaa. Jos lähden käymään läpi tarinaa juurikaan alkua pitemmälle, päädyn melko pian inhoihin spoilereihin. Kaikkein parasta olisi nähdä koko elokuva tietämättä siitä ennalta mitään. *Martyrsin* tehot kun eivät rajoitu inhottavuuksien näyttämiseen kankaalla, vaan se on jopa graafisuuttaan vahvempi psykologisessa puristavuudessa.

Yritetäänpä nyt kuitenkin. Ennen alkutekstejä meille esitellään Lucie (**Mylène Jampanoï**), 12-vuotias tyttö joka juuri onnistuu itkien pakenemaan salaperäisten kiduttajien kynsistä oltuaan vankina ankealla teollisuusalueella, syistä jotka jäävät tässä vaiheessa hämärän peittoon.

Tyttö päätyy orpokotiin, jossa hän kasvaa sympaattisen rauhoittavan alkutekstijakson taustalla nuoreksi aikuiseksi. Samalla hän tutustuu Annaan (**Morjana Alaoui**), josta tulee hänen paras ystävänsä ja elinikäinen uskottunsa.

Laugier alkaa välittömästi manipuloida katsojaa ja pelata tämän odotuksilla, kun alkutekstien jälkeen seuraakin jotakin ihan kokonaan muuta. Meille esitellään aivan uusia henkilöitä, kenties elokuvan varsinaiset päähenkilöt: nelihenkinen perhe joka viettää vauraan näköisessä kodissaan ilmeisesti tyypillistä aamupäivää, kun yhtäkkiä ovikello soi.

Oven avannut vanhempi teurastetaan saman tien verisesti haulikonlaukauksella, ja sama kohtalo odottaa hetken päästä muitakin perheenjäseniä. Se niistä mahdollisista päähenkilöistä. Mitäs seuraavaksi?

Lucie on tullut siihen tulokseen, että nimenomaan tämän perheen vanhemmat olivat hänen nuoruudenaikaiset kiduttajansa, ja on päättänyt ottaa oikeuden omiin käsiinsä. Joukkomurhan tapahtumapaikalle hiukan myöhässä saapuva Anna saattaa enää vain todeta tapahtuneen, ja samalla myös sen, ettei Lucie tunnu olevan enää ihan täysin järjissään.

On epävarmaa, onko Lucie kohdistanut verisen kostonsa oikeisiin henkilöihin. Anna yrittää auttaa ystäväänsä sen verran kuin pystyy. Jotenkin pahaenteiseltä talon ilmapiiri kuitenkin tuntuu.

Tämän pidemmälle emme oikeastaan pysty juonta spoilaamatta kertaamaan, vaikka tässäkin olivat vasta elokuvan ensimmäiset noin 20 minuuttia. Emme silti päässeet lähellekään *Martyrsin* aivan perimmäistä salaisuutta; sitä kaiken takana piilevää *aihetta,* joka sai huhupuheiden mukaan itsensä Steven Spielbergin itkemään elokuvaa katsoessaan.

Huhulla on ehkä hieman keskitasoa paremmat mahdollisuudet perustua tositapahtumaan, koska Spielbergin viehtymys kauhuelokuvaan on ollut ilmeinen hänen omankin tuotantonsa kautta. Sen joka elokuvan loppuun asti sinnittelee voi tosiaan olla vaikeaa olla liikuttumatta sen sysimustasta ihmiskuvasta.

Martyrsin iskuvoima perustuu nimenomaan johdonmukaiseen psykologiseen näkemykseen, joka paljastuu kun Lucien lapsuusaikaisen kidutuksen taustalla olevat motiivit aukeavat hieman elokuvan puolivälin jälkeen. Tämä ei silti tarkoita sitä, etteikö *Martyrs* olisi myöskin äärimmäisen väkivaltainen teos, joskin osa sen väkivaltaisesta sisällöstä on hyvin erilaista kuin mitä kauhuelokuvia ahmiva voisi kuvitella.

Elokuvan kaikki arvoitukset on periaatteessa ratkaistu sen jälkeen kun edellämainitut motiivit on paljastettu, mutta sen teho ei laske, vaan Laugier vie tarinansa loogisen eheänä loppuun saakka, ja onnistuu vielä jopa ällistyttämään katsojansa aivan viime metreillä, jossa lähdetään kurottamaan kohti kokonaan toista elokuvan lajityyppiä.

Katsoin vanhan brittiläisen blu-rayn, mutta tässä olisi elokuva joka olisi erittäin aiheellista päivittää 4K UHD:ksi. Kuka suostuisi julkaisemaan tämän ja *Insiden* lippulaivaformaatissa?

LAKE MUNGO
Australia 2008
Ohjaus: Joel Anderson
Pääosissa: Rosie Traynor, David Pledger, Martin Sharpe
Katsottu: 21.8.2023
Formaatti: Blu-ray

7

Edellä juuri esitellyn *Frontier(s)in* tavoin myös *Lake Mungo* on brittiläisen laatujulkaisija Second Sightin blu-ray. Sain molemmat elokuvat samassa paketissa ja katsoin ne samana iltana peräkkäin, *Lake Mungon* ensin.

Tämä elokuva oli itse asiassa vahingonlaukaus levytilausteni joukossa: tilasin sen Second Sightilta sekoitettuani sen *Eden Lakeen* (josta taas aika pian tämän tapahtuman jälkeen julkaistiin Saksassa 4K UHD, jonka sitten tilasin). Minulla oli jo ennestään *Lake Mungon* saksa-blu-ray, mutta nyt tuli siis tuplakappale.

Eipä harmittanut enää kun ryhdyin elokuvaa katsomaan! Kuvanlaatu oli erinomainen, ja englanti-tekstitkin löytyivät, mikä helpotti leveän Australian murteen ymmärtämisessä. Vaikka saksa-levy oli sekin laadullisesti ihan OK, siinä oli tekstit vain saksaksi. Tein siis eräänlaisen vahinkopäivityksen parempaan julkaisuun samasta elokuvasta, keräilijoille näitä sattuu toisinaan.

Lopulta huomasin, etten ollut ilman tekstityksiä missannut kovin paljoa: eniten lisäselvyyttä tuli perheen pojan nopeasti läpipuhumiin kuvausteknisiin juttuihin, kun hän kertoi yksityiskohtaisesti miten hän oli tallentanut filmille kuvia kotitaloa vaivaavasta aaveesta.

Eli kerrataanpa elokuvan aihe. Pikkukaupungissa asuvan australialaisperheen myöhäisessä teini-iässä ollut tytär kuolee hukkumalla. Hautajaisten jälkeen alkaa tuntua siltä, ettei tämä ole kokonaan poissa vaan kummittelee edelleen perheen kotitalossa.

Hiuksianostattavia, aavemaisia olentoja saadaan tallennettua sekä video- että valokuviin. Pilaileeko joku vai ollaanko tultu aidosti paranormaalien asioiden äärelle? Vai olisiko kyse jopa molemmista?

Dokumentaariseksi kirjoitettu *Lake Mungo* kuuluu samaan sarjaan kuin 00-luvun *Paranormal Activity* -elokuvat, olkoonkin että se taisi valmistua jo ennen kuin niistä ensimmäinen kasvoi jättihitiksi. Pari nopeaa jump scareakin elokuvassa on, mutta useammin luotetaan hitaaseen pelästymiseen, kun katsoja vähitellen huomaa mitä pelottavaa kuvan reunan hämärässä melkein näkyy.

Loppupuolen tehokkaiden paljastusten taustalle asemoituu liian lyhyeen loppuneen nuoren elämän tuottama surumielisyys.

RELIGULOUS
USA 2008
Ohjaus: Larry Charles
Pääosassa: Bill Maher
Katsottu: 4.7.2023
Formaatti: DVD

7

Larry Charles ohjasi *Boratin* (2006) ja *Brünon* (2009) välissä niiden tyyliä jäljittelevän ”dokumentin” *Religulous,* jonka keskiössä oli **Sacha Baron Cohenin** keksimän fiktiivisen hahmon sijaan oikea amerikkalainen koomikko ja tv-juontaja **Bill Maher**.

Nyt provokaation ideana oli lähettää tämä kaikki uskonnot kyseenalaistava julkkishahmo eri uskontojen edustajien keskuuteen haastamaan kylmällä logiikalla kaikki se, mitä nämä pitävät pyhänä.

Osansa saavat varsin tasapuolisesti kristityt, mormonit, muslimit, skientologit ynnä muut.

Boratista opittu formaatti toimii mainiosti, vaikka kohtaamiaan ihmisiä haastatteleva keskushahmo ei olekaan keksitty eikä tämä ryhdy ärsyttämään näitä samantyyppisillä ylimääräisillä tempuilla kuin Borat teki omassa elokuvassaan.

Ensikatselulla vuonna 2009 merkitsin *Religulousille* peräti kahdeksan pistettä ja sitä lähellä oltiin nytkin, mutta ehkä piste vähemmän kuitenkin riittää.

EDEN LAKE
Iso-Britannia 2008
Ohjaus: James Watkins
Pääosissa: Kelly Reilly, Michael Fassbender, Tara Ellis
Katsottu: 15.8.2023
Formaatti: 4K Ultra HD

6

Katsoin kauan sitten todennäköisesti suomalaiselta levittäjältä saamani arvostelukappaleen *Eden Laken* kotimaisesta blu-ray -julkaisusta. En muistanut elokuvaa enää tuon ensikatselun jäljiltä kovinkaan tarkasti, ja koska minulla ei ollut selvää mielikuvaa elokuvan loppuratkaisusta, arvasin lopettaneeni sen katselun silloin kyllästyneenä kesken.

Näin asia sitten näytti olevankin. Noin kuuden pisteen muistikuva minulla kuitenkin oli elokuvan alkupuolesta ja mielenkiintoista kyllä, elokuvan kokonaisuudessaan katsominen kesken jättämisen sijasta ei muuttanut sitä miksikään.

Kelly Reilly ja **Michael Fassbender** näyttelevät vakavissaan seurustelevaa ja lähiaikoina naimisiin aikovaa paria, joka jostakin syystä haluaa viettää rennon camping-viikonlopun erittäin luotaantyöntävän näköisen järven rannalla, jonne ei edes pääse muuten kuin maasturilla kirjaimellisesti metsämaastossa ajaen. Järveä ympäröivä havumetsä saa järven näyttämään vieläkin hyytävämmältä.

Paikalliset jälkeenjääneen näköiset, lämpimästi pukeutuneet jenginuoret tekevät hyvinvoivan pariskunnan lomasta pian syrjäseutupainajaisen, kun heitä aletaan piinata ja kohta taistellaan henkiinjäämisestä. Koiran tappamisesta pisteet, mutta ei tämä siltikään kovin suurta vaikutusta tehnyt. Kauhuelokuvanakin vain rajatapaus.

Saksalaisen 4K-levyn kuvanlaatu oli lievä pettymys, parannus blu-rayhin nähden oli marginaalinen. Saattoi se ehkä olla hieman terävämpi kuin tyypillinen blu-ray, mutta varsinkin kun kyseessä on näinkin uusi elokuva, eron olisi pitänyt olla selvempi. Ehkä tällä on jotakin tekemistä vuoden 2008 kameroiden kanssa, jotka eivät vain pystyneet parempaan.

BURN AFTER READING
USA 2008
Ohjaus: Joel & Ethan Coen
Pääosissa: Brad Pitt, Frances McDormand, George Clooney
Katsottu: 30.5.2023
Formaatti: Blu-ray

8

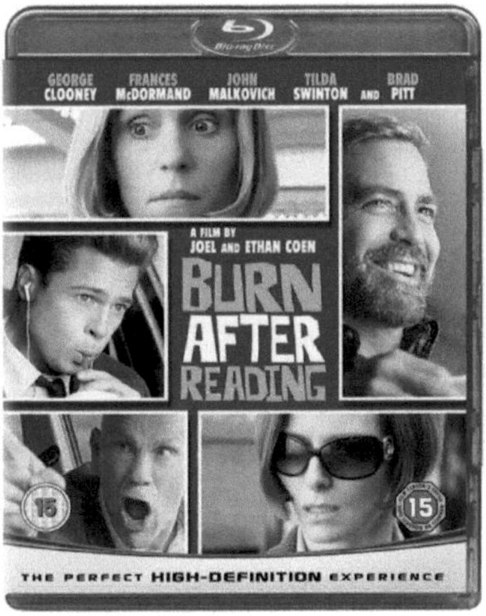

Herätekatselu: päätin yhtäkkiä haluta katsoa **Coenin** veljesten 15 vuoden takaisen komedian *Burn After Reading,* koska tajusin etten muistanut siitä enää oikeastaan mitään vaikka olin katsonut sen jo kahdestikin aiemmin, vuosina 2009 ja 2011. Olin merkinnyt sille 7 pistettä molemmilla kerroilla.

Linda (**Frances McDormand**) ja Chad (**Brad Pitt**) ovat hivenen yksinkertaisia kuntosalityöntekijöitä. He keksivät keinon saada rahaa löydettyään salilta salaperäisen CD-ROM -levyn. He onnistuvat jäljittämään levykkeen Osbourne Coxiin (**John Malkovich**), joka on saanut kenkää CIA:sta liiallisen juomisen takia ja on sittemmin keskittynyt kirjoittamaan muistelmiaan.

Linda ja Chad uskovat löytämänsä levykkeen sisältävän arvokkaita tietoja ja yrittävät myydä sen ensin Osbournelle ja sen jälkeen jopa venäläisille vierailtuaan näiden suurlähetystössä. Huumoripitoisen agenttikomedian näyttelijöinä nähdään myös **George Clooney**, **Tilda Swinton**, **David Rasche** *(Sledge Hammer)* ja **J. K. Simmons** *(Whiplash)*.

Coenien tapa sijoittaa hassuja hahmoja tarinoihinsa tuntuu ehkä vähän itsensä toistamiselta, mutta eipä siitä toisaalta voi juuri valittaakaan, kun lopputulos on näinkin viihdyttävä. Nauroin useita kertoja ääneen. Periaatteessa ”vakava” aihe tuottaa mainion kontrastin *Burn After Readingin* kansoittamille lievästi sanottuna yksinkertaisille henkilöhahmoille. Etenkin Brad Pitt onnistuu näyttelemään täydellistä pösilöä todella hyvin.

Vain vähän aiemmin katsomani *Whiplashin* J. K. Simmons näyttäytyy CIA:n johtajana kahdessa kohtauksessa, jotka kumpikin kuuluvat elokuvan hauskimpiin. Pisteet aiemmista katselukerroista yhdellä ylöspäin.

THE WRESTLER

USA 2008
Ohjaus: Darren Aronofsky
Pääosissa: Mickey Rourke, Marisa Tomei, Evan Rachel Wood
Katsottu: 27.2.2024
Formaatti: Blu-ray

7

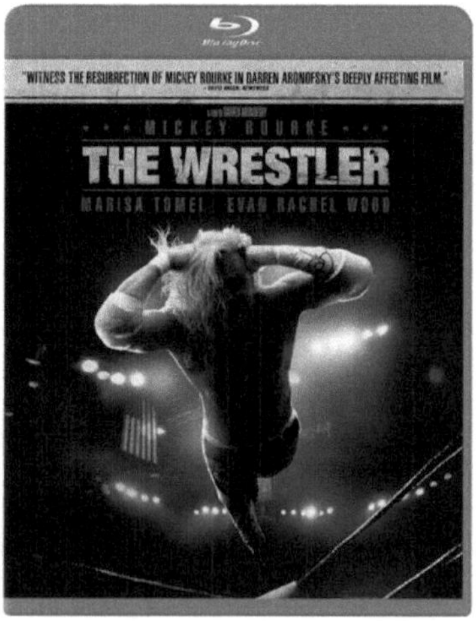

Olin nähnyt **Darren Aronofskyn** *The Wrestlerin* tätä ennen yhden ainoan kerran, lehdistönäytöksessä 8. tammikuuta 2009 jolloin en tykännyt ja annoin sille vain 5 pistettä. Ilmeisesti elokuvasta oli tulossa jokin laadukas uusi julkaisu, koska vanhoja blu-ray -painoksia oli yhtäkkiä alkuvuodesta 2024 tarjolla pikkurahalla. Ostin sitten semmoisen tarkistaakseni olinko katsonut elokuvaa ensimmäisellä kerralla jotenkin väärin.

Mickey Rourke on tosielämänkin nyrkkeilykehissä ruhjottuna todella osuva valinta rooliin. Showpainijauran loppupuolta kuvaava tarina korostaa arkista maanläheisyyttään käsivarakuvauksella ja rakeisella kuvanlaadulla. Rujon ulkomuodon alta paljastuu lopulta ystävällinen, suorastaan kiltti ihminen, joka on jo tehnyt paljon virheitä menneisyydessään eikä syystä tai toisesta osaa olla tekemättä niitä yhä vain lisää.

Kun painijanura lopahtaa vakavaan sairauteen, mies yrittää saavuttaa yhteyden kahteen naiseen elämässään: hänet jo hylänneeseen tyttäreen (**Evan Rachel Wood**) sekä paikallisen strippiklubin ikääntyneeseen tankotanssijaan (**Marisa Tomei**), josta hän on ilmeisen kiinnostunut. Näiden viimeisten ihmisten lähelle pyrkimisen epäonnistuessa aletaan kuitenkin olla perimmäisten kysymysten äärellä.

Kieltämättä *The Wrestler* oli jonkin verran parempi kuin muistin, joten korjasin pisteytystä pari pykälää ylöspäin. Brittilevyn kuva oli erittäin rakeinen, ilmeisesti ihan tarkoituksella, tarinan maanläheisyyttä ja arkisuutta korostaen.

•

<Sarkasmi päälle> Sitten pitkästä aikaa Marvel-elokuva koneeseen! Niistä minä tykkään! </Sarkasmi pois>

Dolph Lundgrenin tähdittämä *The Punisher* on tietenkin lajityypin klassikko, etenkin harvinaisena unrated-versiona, joten hankin aikanaan myös *Punisher: War Zonen* sen vahvuuksien perusteella. (Kuten myös vuoden 2004 uusintaversion, jonka sain onneksi myytyä eteenpäin, antamatta sen huonouden lannistaa.)

Dolph Lundgren ei tietenkään enää jatka Frank Castlen eli Punisherin roolissa vaan siihen on tässä elokuvassa palkattu tanakka ja yrmeäilmeinen **Ray Stevenson**, joka onkin kieltämättä roolissa varsin vakuuttava. Näytellä hän tuskin osaa, mutta ei tarvitsekaan.

PUNISHER:
WAR ZONE
USA 2008
Ohjaus: Lexi Alexander
Pääosissa: Ray Stevenson, Dominic West, Julie Benz
Katsottu: 21.3.2023
Formaatti: Blu-ray

6

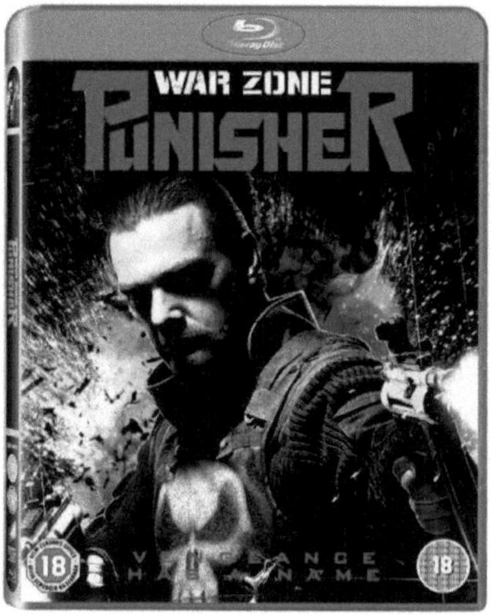

Punisherin päävastustajana nähdään todella ilkeä rikollispomo, roolissa **Dominic West**, ja naiskauneutta tuo samana vuonna myös niin ikään varsin väkivaltaisessa *Rambo* nelosessa nähty **Julie Benz**. Kuten ennenkin, Punisher taistelee ja tuhoa rikollisorganisaatioita kostoksi perheensä murhasta aiemmin.

Punisher: War Zonen ensimmäinen katselu oli elokuvamaratonilla helmikuussa 2010, jolloin en välttämättä ollut kovin tarkkaavainen, mutta pidin silloin kuitenkin näkemästäni kuutosen edestä vaikka en enää nyt muistanutkaan miksi.

Uusin silmin katsottuna tämä ei ollut elokuvana oikein mistään kotoisin, mutta en voinut olla ihailematta millä antaumuksella veri lentää ja pahisten kehot hajoavat toinen toisensa jälkeen. Hetkittäin tuntui jopa oudolta, että tällainen tavara on mennyt R:nä läpi. Elokuvan alun verilöyly oli sentään valaistu punaisena, jotta veri näyttäisi mustalta eikä tuota jaksoa tarvitsisi leikata elokuvasta kokonaan pois.

Punisher: War Zone ei ole erityisen hyvä elokuva, mutta viihdyttävä se kyllä on. Tällaisia kaikkien muidenkin Marvel-elokuvien pitäisi olla: ei mitään trikoopellejä vaan kunnon lahtaamista yrmein ilmein. Nauroin oikein ääneen, kun normipoliisi yritti pidättää yhtä pahiksista perinteisin menetelmin ja Frank Castle tuli yllättäen tilanteeseen sisään omalla, täysin jäljittelemättömällä tavallaan.

LAW ABIDING CITIZEN
USA 2009
Ohjaus: F. Gary Gray
Pääosissa: Gerard Butler, Jamie Foxx, Leslie Bibb
Katsottu: 22.5.2023
Formaatti: Blu-ray

6

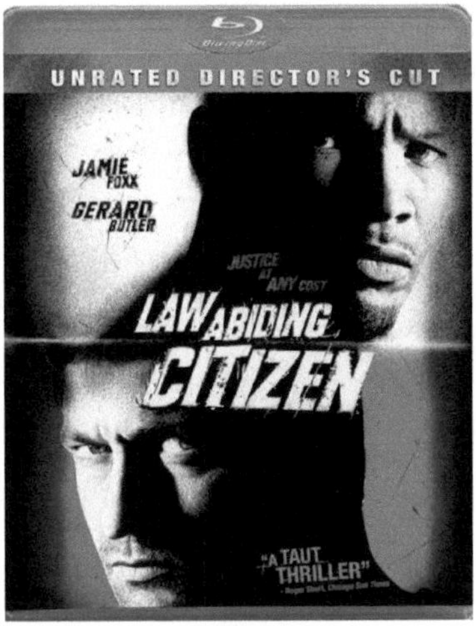

Law Abiding Citizenin lähes 13 vuoden takaisesta ensikatselusta mieleen oli jäänyt oikeastaan vain se, että **Gerard Butlerin** toimeenpanema väkivalta on siinä melko rouheaa ja olihan se sitä kyllä. Nyt kun kirjoitan tätä päivälleen vuotta myöhemmin, olen taas unohtanut yksityiskohdat uudelleen. Mutta tässähän ne tulevat viime vuoden muistiinpanoista:

Aluksi pahikset tunkeutuvat Butlerin näyttelemän Clyde Sheltonin kotiin ja tappavat sekä tämän vaimon että pienen tyttären (päähenkilön motivaatio on siten sama kuin Punisherin). **Jamie Foxxin** näyttelemä umpikiero juristi neuvottelee näiden puolustuksen kanssa diilin, jonka tuloksena vain toinen pahis saa kuolemantuomion ja toinen pääsee vapaaksi.

Kun tuomion varsinaisen toimeenpanon aika koittaa vuosikymmentä myöhemmin, alkaa tapahtua! Kovana jätkänä Shelton tappaa äärimmäisin menetelmin myös vapaana pysyneen toisen syyllisen ja alkaa sen jälkeen jahdata muita asianosaisia.

Erittäin väkivaltainen ja suorastaan äärimmäisen epäuskottava tarina jaksaa säilyttää mielenkiintonsa alusta loppuun, mutta en kyllä ymmärrä missä mielenhäiriössä olen sille aikoinaan merkinnyt 8 pistettä. Nyt siitä heti kaksi pinnaa pois. Kohtuullista suorittamista mutta ei missään nimessä noin kovien pisteiden arvoista.

Katsoin tosiasiassa ihan kotimaisen blu-rayn (Future Film), tuo kansikuva ohessa on jostakin muusta versiosta. Tosin elokuvasta näyttää nyt olevan tulossa uusi blu-ray -julkaisu, jossa on juuri tuo kansikuva.

2010-LUKU

A SERBIAN FILM
Serbia 2010
Ohjaus: Srđan Spasojević
Pääosissa: Srđan Todorovic, Sergej Trifunovic, Jelena Gavrilovic
Katsottu: 19.11.2019
Formaatti: Blu-ray

9

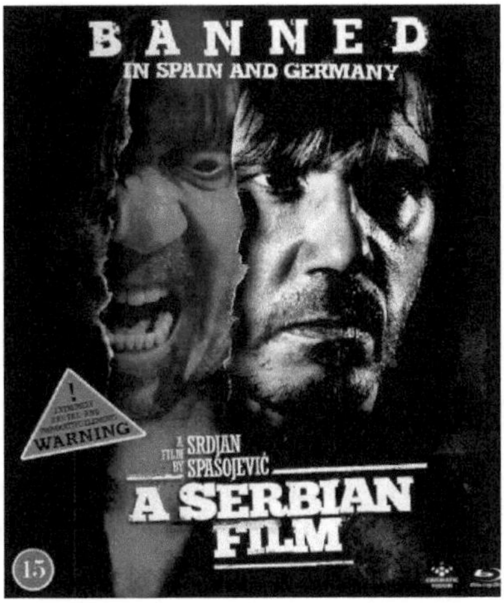

Yksi 2010-luvun kiistellyimmistä kauhuelokuvista kiersi festivaaleja jo valmistumisvuonnaan 2010. Seuraavan vuoden alkupuolella siitä alkoi tulla saataville sensuroituja videojulkaisuja niissä maissa, joissa sitä ei oltu vielä kokonaan kielletty – kuten mm. Brasiliassa, Saksassa ja Espanjassa oli käynyt.

Skandinavian maat saivat ehkä jopa yllättäen kokonaan oman, täysin leikkaamattoman blu-ray -julkaisunsa kesäkuussa 2011, joskin siitä huolimatta esimerkiksi edesmennyt Discshop kieltäytyi silloin silti myymästä sitä Ruotsissa ja julkaisujen todellinen kohtalo Norjassa ja Tanskassa jäi auki.

A Serbian Film kuuluu lajityyppinsä huippuihin. Mutta samanaikaisesti se syyllistyy kauhuelokuvien helmasyntiin: se on *liian hyvin tehty,* mistä seuraa oletus, että sillä varmaankin on hyvin voimakas vaikutus katsojaansa, mikä varmaan pitääkin paikkansa. Lisäksi näin äärimmäisen elokuvan ollessa kyseessä olisi varmaan oikeammin puhua kauhuelokuvan sijaan inhoelokuvasta.

Ohjaaja **Srđan Spasojević** on aivan oikeasti sitä mieltä, että serbit ovat kansakuntana maailman törkeimmin kohdeltuja marttyyrejä viime vuosikymmenten tapahtumien perusteella. Heidän raiskaamisensa alkaa saman tien kun he syntyvät, eikä se pääty edes heidän kuolemaansa. Voi heitä!

Elokuvan lähtökohta on siis hieman hupaisa, mutta sydänverellä tehty toteutus nostaa silti palan kurkkuun kenellä hyvänsä eläytymiskykyisellä katsojalla. Tämä ei tarkoita samaa kuin ohjaajan sanomaan uskominen ja sen hyväksyminen; ainoastaan vakuuttumista siitä, että hän uskoo asiaansa ja on täydellisen tosissaan.

A Serbian Filmin päähenkilö Milos (**Srđan Todorovic**) on entinen pornoelokuvatähti, joka on ajautunut rahavaikeuksiin. Saatuaan vinkin todella rahakkaasta keikasta hänen on mahdoton vastustaa kiusausta korjata perheensä taloudellinen tilanne kertaheitolla.

Kauhuelokuvia edes vähän katsoneet saattavat arvata, että siitä ei hyvä seuraa. Viileä, ilmeisen älykäs ohjaaja (**Sergej Trifunovic**) on ehkä vakuuttavan tuntuinen kertoessaan Milosille aikeistaan tehdä oikeasti taiteellinen pornoelokuva, mutta vaikuttaa jo alusta alkaen psykopaatilta. Ja sellaiseksi hän totta kai sittemmin osoittautuukin, joskin katsojan odotukset Milosin houkuttelemisesta jonkinlaisen snuff-filmin tähdeksi ovat liian yksinkertaisia. Kyse on paljon monitahoisemmasta taiteesta.

A Serbian Filmin kaikki tekijät ovat alansa ammattilaisia eikä olekaan ihme, että elokuva näyttää kokonaisuutena aidolta eurooppalaiselta taide-elokuvalta halpahintaisen eksploitaation sijaan. Myös meillä Suomessa saataville tulleen blu-ray -julkaisun kuvanlaatu on lisäksi poikkeuksellisen täydellinen, mikä saa lopputuloksen näyttämään vielä epätodellisemmalta.

Kuka hyvänsä eurooppalaisiin ns. teenjuontielokuviin tottunut pystyy helposti katsomaan runsaan 100 minuutin mittaisen elokuvan sen puoliväliin saakka ilman, että tee menee väärään kurkkuun. Sen jälkeen onkin sitten hieman vaikeampaa, kun Milosille yhdessä ainoassa kohtauksessa demonstroidaan miten pitkälle serbialaisen taidepornoelokuvan tekijät ovat aikeissa mennä.

Tässä kohtaa myös minulta loppuvat sanat, en missään nimessä ikinä suostu kirjoittamaan saati julkisesti kuvailemaan mitä kyseisessä kohtauksessa tapahtuu. Myöskin kyseessä lienee yksi kauhuelokuvan historian harvoista, ellei peräti ainoa kohtaus, jossa erikoistehosteesta on tehty tahallisesti epäaidon näköinen, koska liika aitous olisi johtanut koko elokuvan täydelliseen kieltämiseen missä päin maailmaa hyvänsä.

Milosin tarinassa tämä puolivälin äärimmäinen shokki on kuitenkin vasta käännöspiste. Matkalla kohti varsinaista kliimaksia nähdään myös perinteisemmin viihdyttävää, katsojan henkisesti vapauttavaa splatteria. Elokuvan loppukohtaus on varmastikin kolkoin ja lohduttomin aikapäiviin, mukautuessaan ohjaajan äärikyyniseen sanomaan kirjaimellisesti.

En ihmettele, jos *A Serbian Film* herättää katsojissaan pelkästään vihaa ja kieltopyrkimyksiä, mutta elokuvana se on hämmästyttävän voimakas teos, jota ei juuri siksi voi missään nimessä suositella jokaiselle. Extreme-kauhuelokuvan äärimmäisyyksiin tottuneelle se tarjoaa todella palkitsevan katselukokemuksen.

THE GHOST WRITER
Ranska/Saksa/Iso-Britannia
2010
Ohjaus: Roman Polanski
Pääosissa: Ewan McGregor, Pierce Brosnan, Olivia Williams
Katsottu: 21.3.2023
Formaatti: Blu-ray

8

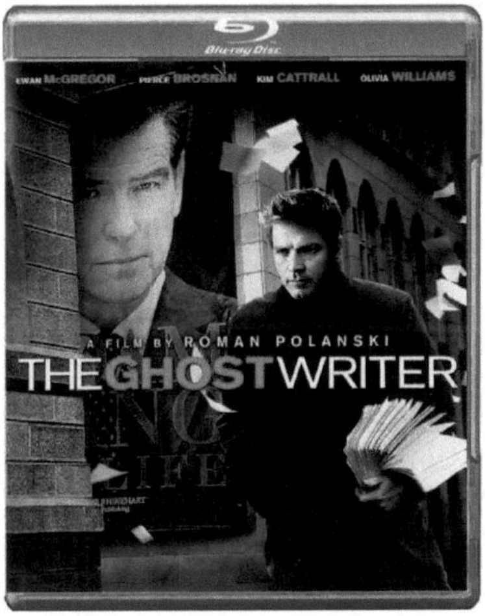

Roman Polanskin ohjaama *The Ghost Writer* on hyvin kirjoitettu jännäri, jossa Ewan McGregorin näyttelemä keskinkertaisesti menestynyt kirjailija hankkiutuu entisen brittipääministerin muistelmien haamukirjoittajaksi. Hän ei pääse kunnolla edes alkuun, kun paljastuu skandaali. **Pierce Brosnanin** näyttelemä ex-pääministeri saa haasteen Haagiin vastaamaan sotarikoksista.

Yksin muistelmia työstämään jäänyt kirjailija saa selville muitakin päivänvaloa kestämättömiä asioita tutustuessaan teoksen ensimmäiseen versioon. Sitä jo varsin pitkälle kirjoittanut edeltäjä kuoli epämääräisissä olosuhteissa, mikä juuri olikin alun alkaen syynä lyhyellä varoitusajalla tulleeseen kirjoituspestiin.

The Ghost Writer on romaaniin perustuvaa laadukasta jännitettävää, jonka parissa reilu kaksi tuntia menee kuin siivillä. Britanniassa elokuva on julkaistu jostakin syystä lyhyemmällä nimellä *The Ghost,* mikä luki myös katsomani brittijulkaisun kannessa.

Jo ensikatselulla 11,5 vuotta aiemmin annoin elokuvalle 8 pistettä enkä nähnyt tarvetta muutoksille tälläkään kertaa. Myös brittiläinen blu-ray oli laadultaan moitteeton.

LIMITLESS
USA 2011
Ohjaus: Neil Burger
Pääosissa: Bradley Cooper, Abbie Cornish, Robert De Niro
Katsottu: 13.6.2023
Formaatti: Blu-ray

7

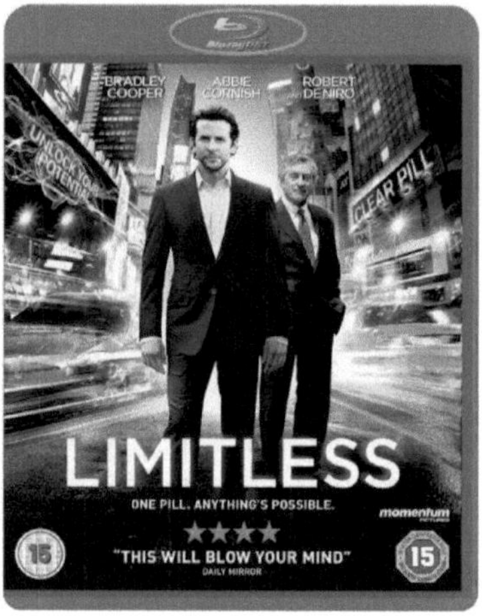

The Hangover -elokuvista tähdeksi ponnistaneen **Bradley Cooperin** ura jatkui *The Illusionistin* (2006) ohjaajan **Neil Burgerin** tieteisaiheesta ammentavassa jännärissä *Limitless*. Siinä Cooper näyttelee epäonnistunutta kirjailijaa, jolle epämääräisen taustan omaava kaveri tarjoaa kokeellisen pillerin, jonka avulla omasta aivokapasiteetistaan saa käyttöön normaalin 20 prosentin sijasta täydet 100.

Ei kestä kauan, kun uraauurtava kirjaprojekti on valmis, minkä jälkeen mies suuntaa tuottavammalle uralle suunnittelemaan isoja yritysfuusioita **Robert De Niron** näyttelemän porhon alaisuudessa. Tällä uralla saattaa kuitenkin törmätä vääriin henkilöihin ja ennen pitkää mies joutuu pakenemaan henkensä edestä.

Elokuvan ensimmäinen katselu marraskuussa 2011 tuotti 8 pistettä missä tuntuu nyt lievää liioittelun makua, vaikka elokuva onkin mielenkiintoinen ja hyvin tehty. Sen suurin ongelma on Cooperin omahyväinen roolisuoritus: tällaisesta keskushenkilöstä on hyvin vaikea pitää, vaikka tämän onnistumista tavallaan toivookin nähdäkseen miten korkealle tämä onnistuu lopulta ponnistamaan.

Kuvassa elokuva nähdään brittikansilla, mutta näkemäni versio oli kuitenkin yhteispohjoismainen blu-ray.

DRIVE
USA 2011
Ohjaus: Nicolas Winding Refn
Pääosissa: Ryan Gosling, Carey Mulligan, Bryan Cranston
Katsottu: 15.8.2023
Formaatti: 4K Ultra HD

9

Tanskalaisen Nicolas Winding Refnin (mm. *Pusher* -elokuvat) *Drive* oli 2010-alussa todella kova juttu. **Ryan Goslingin** näyttelemä äärimmäisen vähäpuheinen mies on taitava autojen kanssa. Päivisin hän työskentelee korjaamolla sekä tekee autostuntteja elokuviin. Öisin hän taas ajaa rikollisten palkkaamana näiden pakoautoilla poliiseja karkuun.

Ilmeetön mies alkaa väkisinkin osoittaa elonmerkkejä, kun naapuriin muuttaa **Carey Mulliganin** Irene, jonka kanssa hän vähitellen ystävystyy. Irenen mies (**Oscar Isaac**) on vankilassa. Hänellä on pieni poika, josta hänen on huolehdittava yksin. Tämä kaksikko ikään kuin herättää yrmeän miehen suojeluvietin.

Tilanteet kääntyvät ultraväkivaltaiseen suuntaan sen jälkeen, kun Irenen mies pääsee vankilasta ja pakoautokuskimme päätyy osaksi aika rajuja välienselvittelyjä, joiden vuoksi elokuva on saanut hyvin ansaitun K18-leiman sekä meillä että Britanniassa.

Refn on *Driven* parissa aivan parhaimmillaan ja hienosti toimiva musiikki täydentää hänen kädenjälkeään komeasti. Etenkin ensimmäisen pakoautokuljetuksen taustalla soiva musiikki on elimellinen osa kokonaisuutta: melodiaa ei oikein edes erota, mutta sykkivä bassopainotteinen komppi lisää jakson jännitettä esimerkillisesti. Väkivaltaa ei lopulta ole määrällisesti hirmuisen paljon, mutta kun sitä on, se on hyvin äärimmäistä.

Olen omistanut *Driven* amerikkalaisen blu-rayn jo niistä ajoista asti, jolloin elokuva ei ollut vielä lainkaan julkaistu Suomessa videotallenteena. Pari vuotta sitten brittiläinen Second Sight julkaisi sen myös 4K UHD -formaatissa, jonka version nyt katsoin.

Tilasin kyseisen 4K-levyn ensimmäistä kertaa Amazonista jo vuoden 2022 puolella. Se on edelleen ainoa levy, jonka ostokulu hyvitettiin minulle kokonaisuudessaan syystä, että levyn huomattiin kadonneen matkalla. Seuranta päättyi muistaakseni johonkin kuriirin välivarastoon, jonka jälkeen kun se ei ollut liikahtanut sieltä eteenpäin lähes kuukauteen, laitoin viestiä Amazonille että mitä vittua ja hyvitys tuli sen jälkeen hyvin pian.

Sen jälkeen en yrittänyt tilausta uudelleen, mutta kun seuraavan vuoden puolella menin Second Sightin verkkokauppaan etsimään *Frontier(s)* blu-raytä (arvio oli jo edellä), satuin huomaamaan että siellähän *Drive* 4K oli myöskin myynnissä ja itse asiassa jopa hieman halvemmalla kuin vuotta aiemmin Amazonissa.

Sillä kertaa levy tuli menestyksellisesti perille ja on hyllyssäni edelleen. 4K-kuvan laatu oli ihan OK mutta ei mitään häikäisevää. Ääniraidan formaatti on Dolby Atmos.

YOU'RE NEXT

USA/Iso-Britannia 2011
Ohjaus: Adam Wingard
Pääosissa: Sharni Vinson, Joe Swanberg, AJ Bowen
Katsottu: 7.2.2023
Formaatti: Blu-ray

6

Tämän vuonna 2011 valmistuneen elokuvan olin huomannut hankkia hyllyyni vasta tammikuussa 2014, jolloin sen myös ensimmäistä kertaa katsoin. Nyt yhdeksän vuotta myöhemmin se tuli vihdoin katsottua toistamiseen. *You're Nextin* ohjaaja **Adam Wingard** näkyy ohjanneen etupäässä kauhua, ennen kuin hän teki vuonna 2021 hirviörymistelyn *Godzilla vs. Kong*, joka sai sitten harmi kyllä vielä jatko-osankin vuonna 2024.

Tässä elokuvassa rikkaat vanhemmat kokoontuvat aikuisten lastensa ja näiden puolisoiden tai seurustelukumppanien kanssa näyttävään kartanoon, kun paikalle ilmaantuu yhtäkkiä mainion pahaenteisiä eläinnaamareita käyttäviä tyyppejä, jotka alkavat ilman sen kummempia selityksiä tappaa porukkaa.

Elokuvan alun johdantojaksossa sama tapahtuu naapurissa, mille olisin toivonut jotakin selitystä, koska itse kartanon puolella tapahtuvan teurastuksen, ja vain sen, motiivit meille loppupuolella kerrotaan.

Naamioitujen, hiljaisten hyökkääjien ilmaantuminen öiseen aikaan tappamaan elokuvan niitä henkilöitä joilla on vuorosanoja tuo helposti mieleen **Bryan Bertinon** pätevän kauhuelokuvan *The Strangers* (2008). Se lienee ainakin jossain määrin toiminut *You're Nextin* inspiraationa.

Wingard ei kuitenkaan yllä tuon edeltävän elokuvan tasolle. Hänen elokuvansa on kylläkin varsin pätevää pimeässä hiiviskelyä verisine tappoineen, mutta ei mitään mullistavaa.

•

Minulla on heikko kohta *Paranormal Activity* -sarjan elokuvia kohtaan. Alkuperäiselle annan täydet 10 pistettä: mikään muu elokuva ei ikinä ole onnistunut nostamaan minulle samalla tavalla niskakarvoja pystyyn tuottamalla täysin aidon tunteen läsnäolevasta näkymättömästä, yliluonnollisesta pahuudesta. Siihen ei esimerkiksi *Manaaja* pystynyt koskaan.

Minulle henkilökohtaisesti kaikkien aikojen pelottavimman elokuvan kakkososan menin aikanaan katsomaan oikein teatteriin asti ja sekin oli minusta aika hyvä vaikka toistikin ykkösosaa. Nyt kolmosessa kikat alkavat olla jo tuttuja.

Oikeastaan ainoa asia, jonka muistin *Paranormal Activity 3:sta* runsaat 11 vuotta aiemmin tapahtuneen ensikatselun pohjalta oli nokkelasti käytetty, alustallaan kahta eri huonetta vuoron perään automaattisesti panoroiva kamera. Sen kääntyessä ääriasentoon yhdessä suun-

PARANORMAL ACTIVITY 3
USA 2011
Ohjaus: Henry Joost, Ariel Schulman
Pääosissa: Chloe Csengery, Jessica Tyler Brown, Christopher Nicholas Smith
Katsottu: 17.4.2023
Formaatti: Blu-ray

6

nassa, toisessa on tapahtunut muutoksia joiden tulo näkyviin nostattaa kylmiä väreitä, tai ainakin se on tekijöiden tarkoitus.

Sarjan kolmas osa näyttäytyy prequelina, kertoen ykkösosan päähenkilö Katien lapsuudesta, jossa tämä joutui ensimmäistä kertaa tekemisiin kotiinsa asettuneen näkymättömän demonin kanssa. (Onpa muuten outoa, ettei hän maininnut tästä asiasta ykkösosassa, vaan käyttäytyi kuin asia olisi ollut hänelle täysin uusi.)

Kolmatta kertaa olemme siis mukavalta vaikuttavan lapsiperheen asunnossa; isossa talossa, jossa tapahtuu öiseen aikaan merkillisiä asioita. On kuin jokin näkymätön voima kulkisi siellä ympäriinsä. Videon kannen outo varjo lastenhuoneen seinällä kuvaa aihetta hyvin.

Elokuvan lopussa mieleeni palautui tuon kääntyilevän kameran lisäksi, mikä minua tässä viimeksi ärsytti: yritys tehdä tarpeetonta taustatarinaa asioille, jotka eivät sellaista kaipaa.

Pohjoismaisesta blu-ray -painoksesta löytyi sekä elokuvan teatteri- että pidennetty versio, joista katsoin jälkimmäisen.

•

Vaikka Britanniassa menee nykyään sensuurista läpi melkein mikä vain, niin *The Bunny Game* ei sentään mennyt. Pientä rajaa! Ruotsalainen Njutafilms on onneksi julkaissut DVD:nä täysin leikkaamatto-

THE BUNNY GAME USA 2011 Ohjaus: Adam Rehmeier Pääosissa: Rodleen Getsic, Jeff F. Renfro, Drettie Page Katsottu: 24.2.2023 Formaatti: DVD 5

man version tästä halvalla tehdystä mustavalkoisesta amerikkalaisesta draamasta, joka kertoo sadistisen rekkakuskin käsiin joutuvasta, kadulla itseään myyvästä ilotytöstä tarkemmin määrittelemättömässä kaupungissa.

Rekkamies houkuttelee naikkosen ensin autonsa kyytiin käyttämään huumeita, kopsauttaa sitten tajun kankaalle ja siirtyy rekkoineen kauas erämaahan voidakseen kenenkään asiaan sekaantumatta piinata naista päiväkausia sen perävaunussa. Käsiraudoin ja ketjuin lannistetun naisen huutoja ei siellä kuule kukaan edes silloin kun tämä pääsee hetkellisesti karkumatkalle (joka näkyy oheisessa julistekuvassa).

Elokuvan ilmeinen ongelma on se, että sen ohjaaja on ollut omasta mielestään tekemässä väkivaltaeksploitaation ohella mustavalkoista taide-elokuvaa. Hän yrittää toteuttaa persoonansa tätä puolta ärsyttävällä kuvallisella kikkailulla, rasittavalla ääniraidalla ja yrittäen ehtiä tehdä useamman sata leikkausta minuutissa. Valittu tyyli lyö sisältöä korville. Olisi ehkä toiminut paremmin rehellisenä eksploitaationa.

Tekijät ovat korostaneet, ettei elokuvassa ole mitään tehosteita vaan kaikki mitä rekkamies naiselle tekee, hän tekee oikeasti. Tämä onkin helppo uskoa, koska eihän hänelle tehdä mitään sellaista, mistä aiheutuisi mitään pysyvämpää vammaa. Elokuva onkin siis ikään kuin hieman keskitasoa rajumman S/M -session filmatisointi. Sensorit eivät ole välttämättä tottuneet sellaisia katsomaan ja siksi kieltopäätös Britanniassa.

Tosin erotuksena sadomasokismiin *The Bunny Gamen* tapahtumia ei missään vaiheessa erotisoida. Jo alussa naiselta ajellaan hiukset ja kaikki nähtävät tapahtumat ovat sen jälkeenkin vain luotaantyöntäviä, mukaan lukien äärimmäisen karu tapahtumaympäristö.

Ilotyttöä näyttelevä **Rodleen Getsic** kertoo DVD:n ekstroissa halunneensa tämän elokuvan teon kautta ikään kuin puhdistautua traumaattisesta kokemuksesta omassa menneisyydessään – ilmeisesti hän on joutunut joskus hyvin samantapaisen väkivallanteon uhriksi jota *The Bunny Game* kuvaa.

On hiukan hyytävää ajatella, että elokuvan tapahtumakuvio voi olla ylipäänsäkin täysin mahdollinen. Kadulla kiertävä ilotyttö oli mitä ilmeisimmin koditon ja sitä kautta periaatteessa haavoittuvainen rekkakuskin kaltaisille hyväksikäyttäjille.

THE HUMAN CENTIPEDE II: FULL SEQUENCE
USA/Hollanti 2011
Ohjaus: Tom Six
Pääosissa: Laurence R. Harvey, Ashlynn Yennie, Maddi Black
Katsottu: 5.5.2012
Formaatti: Blu-ray

9

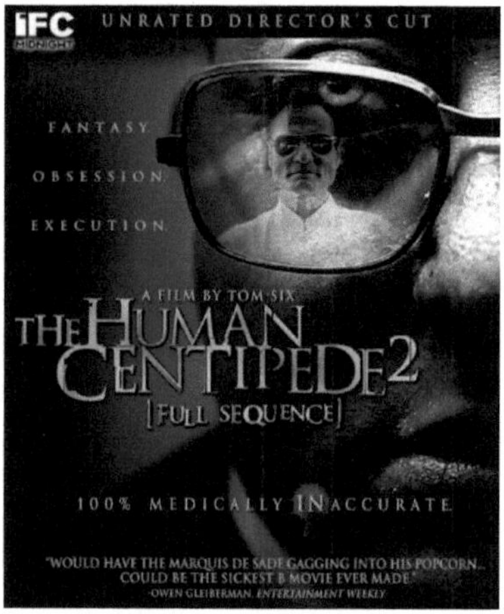

Hollantilaissyntyisen **Tom Sixin** *The Human Centipede* -trilogia herätti hämmennystä runsas vuosikymmen sitten, mutta on sen jälkeen painunut koko lailla unohduksiin. Sarjan aloittaneen elokuvan *The Human Centipede: First Sequence* (2009) taustalla vaikutti ohjaajan kaveripiirin pohdinta siitä, mikä olisi *oikeasti* sopiva rangaistus pedofiileille. Joku keksi, että nämä pitäisi kiinnittää toisiinsa suusta anukseen, tuhatjalkaista muistuttavaksi olioksi siten, että jälkimmäinen joutuisi väkisin nielemään eteensä kiinnitetyn ulosteet.

Six sai ideasta inspiraation elokuvaan. Olisiko oikeasti mahdollista rakentaa tällainen olio, joka pystyisi peräti pysymään hengissä siten, että sillä olisi yksi ainoa ketjutettu ruuansulatuskanava? Ensimmäisen yksilön suusta peräsuoleen, siitä seuraavan suuhun jne. niin pitkään kuin tuhatjalkaisessa riittää jäseniä.

Six rakensi tälle idealle melko perinteisen kauhuelokuvan, jossa syrjäiseen taloon haaksirikkoutuvat sievät naispuoliset amerikkalaisturistit joutuvat hullun tohtorin koekaniineiksi, jo heitä ennen vangitun japanilaismiehen jatkoksi, kolmeosaisen tuhatjalkaisen kahdeksi jälkimmäiseksi osaksi.

Ykkösosan mainoslause julisti: *100% medically accurate!* Six väitti, että sen kolmen hengen ihmisjono oli oikeasti mahdollinen toteuttaa lääketieteellisessä mielessä. Toki jonon viimeisenä oleva nainen alkoi elokuvassakin piakkoin voida melko huonosti saadessaan ravinnokseen vain jo kahteen kertaan sulatettua ruskeaa tahnaa, jonka ravitseva osuus oli käytetty jo kauan ennen kuin se hänen suuhunsa päätyi.

The Human Centipede: First Sequence on hyvin tehty, mutta enemmänkin kuin vain hiukan pointittoman tuntuinen inhodraama, joka on sisältönsä puolesta paljon kiltimpi ja siistimpi kuin mitä edellä oleva kuvaus antaa ymmärtää. Väärään paikkaan eksyvät päähenkilöt joutuvat yllämainittuun ongelmatilanteeseen ilman, että siitä irroitetaan juurikaan mitään muuta inhottavaa kuin pelkkä perusajatus. Mitään graafisesti iljettävää ei nähdä vaan se pitää kuvitella.

Tämä ei toistu trilogian keskimmäisessä osassa *The Human Centipede II: Full Sequence,* jossa otetaan ykkösosassa hukatut potentiaaliset inhottavuustehot takaisin korkojen kanssa. Samalla kertaa ykkösosan pointittomuus korvautuu monitasoisella inhodraamalla, joka ei ehkä ole kauhuelokuva perinteisessä mielessä, mutta onnistuu silti vaikuttamaan katsojaan sellaisen tavoin. Törkeä juonisisältö pitää inhotason korkealla, ja kokonaisuuden kruunaa Sixin ennätysmusta huumori, joka saa katsojan hihittelemään mitä merkillisimmille asioille.

Full Sequencen keskushenkilö on Martin (**Laurence R. Harvey**), käytännössä mykkä ja varsin syvältä häiriintynyt lontoolainen paikoitushallin vartija, johon alkuperäinen elokuva on tehnyt suuren vaikutuksen. Martin katselee *First Sequencea* yhä uudelleen ja uudelleen työpaikkansa läppärillä samalla kun tekee töitä ja kolkkaa varomattomia asiakkaita isolla sorkkaraudallaan.

Martinin haaveena on rakentaa kokonaan oma ihmistuhatjalkainen, peräti kahdestatoista osasta, mutta koska hänellä ei ole lääketieteellistä osaamista, joudutaan jo elokuvan julisteessa paljastamaan että tämänkertainen kokeilu on *100% medically inaccurate!* Mustavalkoinen elokuva yllättää hyvällä taustoituksellaan. Tutustumme perusteellisesti Martinin kotioloihin, jotka paljastavat ilmiselvän syyn hänen häiriintyneisyyteensä. Edesmennyt isä on käyttänyt poikaa insestin kohteena, samoin perheen lähipiiriin edelleen kuuluva rabbi, ja omaa kuolemaansa suureen ääneen toivova äitikin yrittää tappaa poikansa aamun alkajaiksi isolla lihaveitsellä – minkä Martin tuntuu kuitenkin ottavan iisisti, kuin yhtenä osana normaaleja aamutoimia.

Martin ei muutenkaan puhu koko elokuvan aikana yhtään mitään, mutta Harveyn ilmeikäs tulkinta ja eläimellinen ääntely välittävät kyllä tämän tunnetilat, aikeet ja tarkoitukset perille paremmin kuin hyvin. Elokuvan alkupuoli koostuu päähenkilönsä sairaiden kotiolojen kuvauksen ohella myös riemastuttavista splatter-roiskutuksista, jotka tuovat mukanaan toistuvia, positiivisia muistumia kultaisilta 1970- ja etenkin 1980-luvuilta.

Ihmistuhatjalkaisen rakentaminen ei tietenkään suju Martinilta niin kuin pitäisi, mistä seuraa elokuvan lopuksi yksi kaikkien aikojen sanoinkuvaamattomimmista viimeisistä puolituntisista. Ykkösosan hullun, mutta myös ammattitaitoisen tohtorin osaamisen puutteessa ihmisketjun rakentamiseen käytetään vaikka nitojaa. Kakkososassa myöskin roiskutellaan tarkoituksella juuri niitä kaikkia eritteitä, joita jo ykkösosan katsoja kuvitteli näkevänsä mutta joutui niitä odotellessaan "pettymään". Vahva vatsa on hyvä apu jatko-osan finaalia seuratessa.

Paitsi, että *Full Sequence* yllättää aidosti toimivalla ja perustellulla häiriintyneisyyden kuvauksellaan, se myöskin häikäisee siinä mikä on kautta aikojen tehnyt kauhuelokuvista muistettavia: katsojansa haastamisessa seuraamaan tapahtumia, joiden seuraaminen ei ole helppoa. Elokuvan mustavalkoisuus tulee helposti perusteltua loppuvaiheita seuratessa: jos kaikki tämä olisi kuvattu väreissä, ei lopputulosta olisi varmastikaan saanut julkaista juuri missään. Nytkin mennään jo vähän niillä rajoilla.

IT'S SUCH A
BEAUTIFUL DAY
USA 2012
Ohjaus: Don Hertzfeldt
Ääniosissa: Sara Cushman, Don Hertzfeldt
Katsottu: 6.4.2021
Formaatti: Blu-ray

10

IT S SUCH A BEAUTIFUL DAY
A FILM BY DON HERTZFELDT

Amerikkalaisen animaattori **Don Hertzfeldtin** *It's Such a Beautiful Day* ei ole ainoastaan paras koskaan näkemäni animaatioelokuva, vaan yksi parhaista elokuvista ylipäänsä, lajityypeistä riippumatta. Tehdessäni 2010-luvun parhaiden elokuvien ranking-listaa viime vuosikymmenen vaihteessa sijoitin sen ykköseksi.

Elokuvan pelkistetty piirrostyyli kätkee taakseen nerokkaasti käsiteltyjä, valtaisan suuria teemoja. Neroille ominaiseen tapaan Hertzfeldt etenee kovalla vauhdilla; perässä on vain pakko yrittää pysyä, vaikka se haastavalta tuntuukin.

It's Such a Beautiful Day koostuu kolmesta noin parinkymmenen minuutin mittaisesta lyhytelokuvasta, jotka on siinä nivottu yhteen hiukan yli tunnin mittaiseksi kokonaisuudeksi. Alkuperäisistä lyhäreistä vanhin, *Everything Will Be OK* (2006) esittelee meille tarinan päähenkilön Billin, joka on tikku-ukon tapaan piirretty hattupäinen mieshenkilö. Bill elää rutiininomaista elämää ja tekee omalaatuisia, usein tragikoomisia havaintoja häntä ympäröivästä maailmasta. Hertzfeldt käyttää kuva-alaa erikoisella tavalla, valaisten siitä vain pienen, kulloinkin tarpeellisen osan, ja pitäen sen muuten mustana.

Billin tarina alkaa saada huolestuttavia piirteitä. Kaikki ei ole kohdallaan. Bill tarvitsee lääkitystä ja joutuu viettämään aikaa sairaalan vuoteella. Hänelle tehdään verikokeita ja hänellä tuntuu olevan myös jonkinlainen muistisairaus.

Olemme siis tutustuneet sympaattiseen mutta kuolemansairaaseen tikku-ukkoon. Hetken aikaa näyttää, että Billin vointi olisi ehkä paranemassa, kunnes tapahtuu äkillinen romahdus. Tarinalla on siis paljon synkempiäkin sävyjä kuin pelkkä ympäröivän maailman hauska havainnointi.

Elokuvan keskimmäisessä osassa *I Am So Proud of You* (2008) Bill palaa takaisin lapsuuden muistoihinsa ja itse asiassa vieläkin kauemmas, kertoen valokuva-albumiin pohjautuen isovanhempiensa vanhempien elinaikaan saakka ulottuvia anekdootteja, joita hän ei voi mitenkään oikeasti tietää. Takaumien sävy jatkuu mustan humoristisena. Palaamme myös takaisin nykyhetkeen, jossa Billin olo ei tunnu paranevan, ainakaan pysyvästi.

Tarina huipentuu kolmanteen osaansa, joka kantaa samaa nimeä *It's Such a Beautiful Day* kuin koko elokuvakin. Jo edellisessä osassa vähentynyt tapa pitää suuri osa kuva-alasta mustana korvautuu täyden 4:3 -kuvan käytöllä perinteiseen tapaan, kun yhä vakavammin muistisairas Bill yrittää tulla toimeen tilanteensa kanssa. Animaatioon sisältyy tällöin paljon livenä kuvattua mutta myös voimakkaasti jälkikäsiteltyä kuvamateriaalia. Loppuhuipennus kuuluu elokuvahistorian ikimuistoisimpiin.

It's Such a Beautiful Day käsittelee petollisen pelkistetyn ulkoasunsa alla suuria filosofisia teemoja. Mitä on olla ihminen? Mitä on olemassaolo, ja mitä sen jälkeen tapahtuu? Mitä ovat muistot ja voiko niihin aina luottaa? Millaista on tietää olemassaolonsa päättyvän ja yrittää lykätä väistämätöntä niin pitkälle kuin mahdollista? Millaista on kokea minuutensa hajoavan muistin hiipumisen tahdissa?

Näiden erittäin aikuisten teemojen käsittely hirmuisella vauhdilla tekee elokuvasta todella vaativan, mutta samalla äärimmäisen palkitsevan kokemuksen. Olemassaoloon, muistiin ja minuuteen liittyvien teemojen ohella Hertzfeldt käsittelee sydäntäraastavasti myös vanhempien ja lapsen välistä suhdetta – isän ja äidin erikseen. Kaikesta tästä koostuu yksi kaikkien aikojen palkitsevimmista elokuvakokemuksista, jonka päätyttyä tuntuu tarpeelliselta olla hetken aikaa vain ihan hiljaa.

Kahdella ensimmäisellä kerralla katsoin *It's Such a Beautiful Dayn* USA:n Netflixistä. Sen jälkeen käytössä on ollut amerikkalainen bluray, jonka on julkaissut Hertzfeldtin kaikki elokuvat tuottanut Bitter Films. Levyn kuvanlaatu on todella loistava, suosittelen tutustumaan siihen jos se kohdalle osuu. Sen painos ei tosin liene ollut suuren suuri, joten sen löytäminen saattaa olla nykyään vaikeaa.

Levyjulkaisusta tekee entistä arvokkaamman se, että sillä on ekstrana myös Hertzfeldtin myöhempi, Oscar-ehdokkuudellakin huomioitu lyhytelokuva *World of Tomorrow* sekä vino pino tämän aiempia lyhäreitä. Myös näiden kuvanlaatu on häikäisevän upea.

Elokuvan lopusta haluaisin vielä kertoa sen, minkä pitäisi olla aivan ilmeistä silloin jos on alun perinkin ryhtynyt katsomaan elokuvaa, jonka päähenkilö on paljastunut kuolemansairaaksi. *It's Such a Beauti-ful Dayn* lopussa Bill siis... kuolee! Tämä ei minusta ole spoileri, koska on ollut ilmeistä koko ajan, että niin tulee käymään. Billin viimeisiksi sanoiksi jää elokuvan nimi: *"It's such a beautiful day"*, jota ei lausuta ääneen sen missään muussa kohdassa.

Don Hertzfeldtin nerouden multihuipentuma tulee esille vasta Billin kuoleman jälkeen, jolloin elokuvasta on jäljellä vielä muutama minuutti. Juuri minkään koskaan näkemäni elokuvan loppu ei ole ollut niin pakahduttava kuin nämä viimeiset minuutit, jolloin Hertzfeldt kääntyy pohtimaan, mitä voisi seurata siitä, että tapahtuisikin päinvastainen: Bill ei kuolisi, vaan päinvastoin eläisi ikuisesti. Jos tämän ajatusketjun kuvallisen käsittelyn aikana katsojan suu ei aukea ällistyksestä, en enää keksi mikä tuon reaktion voisi ylipäänsä saada aikaan.

•

Vuosi 2012 on ilmeisesti ollut kovatasoinen vuosi kotimaisen elokuvan kentässä. Olen katsonut viime aikoina jopa kolme suomalaista elokuvaa tuolta vuodelta, kaikki olivat hyviä, yksi niistä jopa paras tiedossani oleva kotimainen sitten *Pahan maan.* Näin siis minun kirjoissani, joku muu on varmasti toista mieltä.

Tuo paras kotimainen vuosiin ei kuitenkaan ole **Mika Kaurismäen** *Tie pohjoiseen,* vaikka sekin kyllä osoittautui erittäin kelvolliseksi katsottavaksi. Aloittaessani en edes muistanut että kyseessä on Kaurismäen elokuva. Vasta alkutekstit palauttivat tämän mieleen. Ensimmäisellä katselulla vuoden 2013 alussa olin merkinnyt sille peräti 8 pistettä.

Vesa-Matti Loiri on ulkomailta väärällä passilla Suomeen tuleva, seitsemääkymppiä lähestyvä mies joka hakeutuu stressaantuneel-

TIE POHJOISEEN
Suomi 2012
Ohjaus: Mika Kaurismäki
Pääosissa: Samuli Edelmann,
Vesa-Matti Loiri, Leena Uotila
Katsottu: 12.3.2024
Formaatti: Blu-ray

7

ta vaikuttavan konserttipianisti Timon (**Samuli Edelmann**) puheille ja paljastaa olevansa tämän kauan sitten hatkat ottanut isä.

Kaksikko päätyy yhdessä road tripille joka alkaa Helsingistä ja jatkuu useiden pysähdysten kautta aina Kemijärvelle saakka. Matkan varrella Timo tietenkin oppii paljon isästään ja myös omasta perhetaustastaan sekä päätyy hieromaan sovintoa asumuserossa elävän vaimonsa kanssa.

Loirin roolihahmo on kuitenkin elokuvan alkupuolella pitkän aikaa pelkästään ärsyttävä toisen asioihin sekaantuva tunkeilija ja päällepäsmäri. Elokuvaan pääsee kunnolla sisälle vasta kun isän ja pojan road trip on päässyt alkuun ja katsoja alkaa päästä kärryille tämän motiiveista.

Mika Kaurismäen ainoa näkemäni oikeasti hieno elokuva *Arvottomat* hyödynsi myös tie-elokuvan formaattia mutta teki sen vielä paremmin. Ensikatselulla annetusta kahdeksikosta on pakko ottaa yksi piste pois, vaikka kyllä *Tie pohjoiseen* kohtuullisen hyvä suoritus on.

Mielenkiintoinen yksityiskohta: *Tie pohjoiseen* sai ensi-iltansa 24. elokuuta, eli täsmälleen samana päivänä jona edellä juuri esitelty *It's Such a Beautiful Day* sai ensiesityksensä Amerikassa.

Tien pohjoiseen sivurooleissa nähdään runsaasti tuttuja kasvoja kuten **Mari Perankoski**, **Jukka Virtanen**, **Elina Knihtilä**, **Krista Kosonen** ja **Peter Franzén**.

PUHDISTUS
Suomi 2012
Ohjaus: Antti J. Jokinen
Pääosissa: Laura Birn, Krista Kosonen, Peter Franzén
Katsottu: 12.3.2024
Formaatti: Blu-ray

8

Kyllä, 12. maaliskuuta 2024 minulla oli suomi-elokuvan teemailta. Katsoin silloin neljä kotimaista putkeen ja tämä on niistä esittelyjärjestyksessä toinen. Kaikki neljä tullaan käsittelemään.

Sofi Oksasen romaaniin perustuvan *Puhdistuksen* katsoin ensimmäistä kertaa helmikuussa 2013 vain päivää *Tien pohjoiseen* ensikatselun jälkeen. Hyvinpä sattui että katsoin ne peräkkäin myös 12.3.2024 ja sitten ne vielä osuvat peräjälkeen arvioitaviksi. Tuosta aiemmasta katselusta jäi mieleen, että *Puhdistus* oli aika raju elokuva ja pisteitä kertyi silloin kahdeksan.

Lähempänä nykyaikaa tapahtuvan kehystarinan takaumat sijoittuvat 1940- ja 1950-luvuille, jolloin aina yhtä brutaali, häikäilemätön ja pahantahtoinen Venäjä on silloisen Neuvostoliiton nimissä miehittänyt Viron. Se tietää hirvittäviä oloja tavallisille siviileille, joita kidutetaan, tapetaan ja raiskataan mielin määrin, tuon aikakauden tekosyinä mm. sopeutumattomuus kommunistisiin ihanteisiin ja epäilty kyvyttömyys uskoa Leninin ja Stalinin erehtymättömään johtajuuteen.

Keskushenkilö Aliideä tulkitseva, rooliinsa hurjalla antaumuksella heittäytyvä **Laura Birn** on melkein pelottava tehdessään totisesti kaikkensa suojatakseen läheisiään: etenkin venäläisiltä piilossa olevaa vastarintaliikkeen miehenä tunnettua Hansia (Peter Franzén), joka on naimisissa hänen siskonsa Ingelin (Krista Kosonen) kanssa.

Oivalsin elokuvaa tällä kertaa katsoessani miksi siitä ei ole erinomaisuudestaan huolimatta tullut klassikkoa. Se on kyllä hienoa työtä, mutta Oksasen teksteistä ammennettu perinpohjainen raakuus tekee siitä liki katselukelvottoman suurelle osalle potentiaalista yleisöä. *Puhdistus* ei tunnu ollenkaan viihteeltä vaan koettelemukselta. Rajuihin ja väkivaltaisiin kauhuelokuviin tottunut tätä voi varmasti käsitellä, moni muu ei.

HERE COMES THE DEVIL
Meksiko 2012
Ohjaus: Adrián García Bogliano
Pääosissa: Francisco Barreiro, Laura Caro, Michele Garcia
Katsottu: 1.11.2023
Formaatti: Blu-ray

6

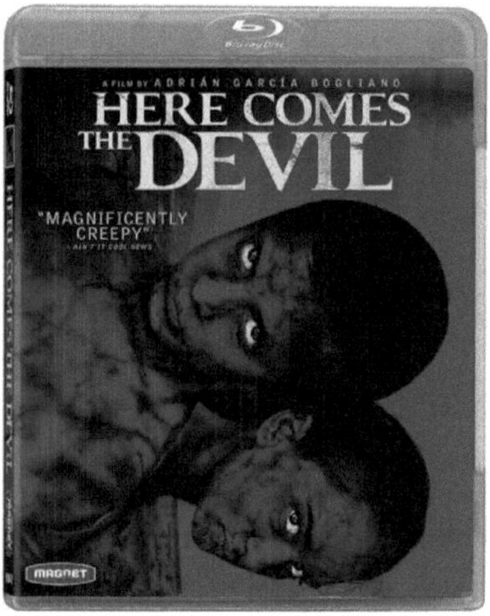

Tilasin kauhuvaikutteisen meksikolaisen jännärin *Here Comes the Devil* jonkinlaisena heräteostoksena osana isompaa jenkki-Amazonista tilattua kauhupakettia alkuvuodesta 2014 ja katsoin sen ensimmäistä kertaa tuon vuoden toukokuussa.

Yhdeksän ja puolen vuoden tauon jälkeen tuli vihdoin tilaisuus tarkistaa, oliko silloin annettu kahdeksan pistettä ansaittu. No eipä tietenkään ollut! Olen selvästikin toisinaan antanut hiukan umpimähkäisesti ostetuille elokuville korkeampia pisteitä kuin ne olivat ansainneet, ettei niiden tilaaminen harmittaisi jälkeenpäin.

Toki *Here Comes the Devil* on silti täysin mukiinmenevä elokuva. Sen keskushenkilöinä nähdään aviopari, jolla on kaksi varhaisteini-ikäistä lasta, tyttö ja poika. Eräänä päivänä lapset saavat luvan kiivetä Tijuanan liepeillä sijaitsevalle kiviselle kukkulalle. Yksi motiivi luvan antamiseen on vanhempien huomaama tilaisuus viettää "laatuaikaa" keskenään.

Päätös osoittautuu kuitenkin pian virheeksi. Kukkulalla on, kuten sittemmin selviää, maagisia voimia. Vanhempien sekstaillessa autossa lapset kiipeävät sinne ja katoavat sen tien.

Poliisit hälytetään tietenkin paikalle ja ollaan paniikissa. Seuraavana aamuna lapset kuitenkin löytyvät näennäisesti vahingoittumattomina. Kaikki hyvin? Ei, sillä pian käy ilmiselväksi että jotakin outoa katoamisyönä on sittenkin tapahtunut, eikä perheen elämä palaa enää entiselleen. Tapahtumia tutkiva äiti saa selville pelottavia asioita yliluonnollisuutta henkivästä kukkulasta.

Täysin puhtaaksi kauhuelokuvaksi *Here Comes the Devil* on aika pidättyväinen, mutta mukava mysteerifiilis siinä kuitenkin on. Vähän splatteriakin on: sitä edustaa yksi vähän ennen elokuvan puoliväliä nähtävä erittäin verinen murhakohtaus, jota ilman elokuvan ikäraja olisikin vain jossakin K12:n paikkeilla.

Ylimääräistä miinusta elokuvahistorian huonoimmasta lopputekstien taustamusiikista, jonka ohjaaja oli vielä muistaakseni itse tehnyt.

PARANORMAL ACTIVITY 4
USA 2012
Ohjaus: Henry Joost, Ariel Schulman
Pääosissa: Kathryn Newton, Stephen Dunham, Matt Shively
Katsottu: 1.11.2023
Formaatti: Blu-ray

5

Jälleen täysin sattumalta katsoin 1. marraskuuta välittömästi *Here Comes the Devilin* jälkeen *Paranormal Activity 4:n,* ollenkaan arvaamatta että ne päätyisivät peräkkäin myös tähän kirjaan, koska ne olivat tulleet ensi-iltaan ajallisesti peräkkäin vuoden 2012 syksyllä. Tämähän on melkeinpä paranormaalia.

Jaksoin kerätä *Paranormal Activity* -elokuvia levyinä omaan hyllyyni tähän neljänteen osaan saakka. Siihen into viimein lopahti ja jälkikäteen katsottuna jo kaksi ensimmäistä osaa olisivat riittäneet ihan hyvin.

Ensikatselulla maaliskuun alussa 2013 annoin tälle nelososalle kuutosen. Homman nimi on aika lailla sama kuin aiemminkin, tosin nyt kun tässä viitataan aiempiin jatko-osiin ja niiden henkilöihin on varmaankin syytä katsoa ne ensin, jotta tästä saa kaiken irti.

Oli miten oli, tutustumme tällä kertaa kokonaan uuteen, varsin varakkaan näköiseen nevadalaiseen perheeseen, jonka kotona alkaa tapahtua ihmeellisiä juttuja sen jälkeen kun heidän naapurissaan asunut pikkupoika Robbie joudutaan ottamaan tilapäisesti hoitoon äitinsä jouduttua sairaalaan.

Kyseinen äiti on alkuperäisen elokuvan pääosassa ollut ja myös myöhemmissä osissa esiintynyt Katie, joten on selvää, että Robbie toi mukanaan näkymättömän demonin, joka alkaa sen jälkeen säikytellä sekä perhettä että katsomoa.

Paranormal Activity 4 olisi varmastikin paljon tylsempi, ellei tarinan keskushenkilöä, teinitytär Alexia näyttelevä **Kathryn Newton** olisi niin hyvä. Hän osaa olla sympaattinen ja esiintyä luontevasti kameran edessä, joten hänen kohtaloaan myötäeläen tätä jaksaa katsoa.

Muuten sarjan eväät alkavat olla vähissä: vanhan toistoa mutta vähemmin tehoin. Tällä katselulla nelososan arvosana muljahti pisteellä alaspäin. Loput osat olen tilaisuuden tullen striimannut, enkä ole ihan varma olenko edes nähnyt kaikkia, mahdollisesti kyllä.

•

Jouluksi 2012 teattereihin tulleessa, romanttisuutta tavoittelevassa draamakomediassa *Rakkauden rasvaprosentti* **Mikko Nousiainen** on Stigu, mainostoimistossa työskentelevä, menestyvä nelikymppinen art director, joka saa odottamattoman ehdotuksen.

Kaunis, nappisilmäinen Ella (**Miina Maasola**) lähestyy komistusta naisystävänsä yllyttämänä, antaa tälle osoitteensa ja kutsuu tämän luokseen 45 minuutin määräajaksi harrastamaan seksiä. Ja pelkästään sitä! Kyseessä on friends *with benefits* -tyyppinen suhde, jonka ei haluta missään nimessä syventyvän sitä pidemmälle, tai ai-

RAKKAUDEN RASVAPROSENTTI Suomi 2012 Ohjaus: Mikko Kuparinen Pääosissa: Mikko Nousiainen, Miina Maasola, Jarkko Niemi Katsottu: 12.3.2024 Formaatti: Blu-ray 9

nakaan Ella ei halua. Sitten tapaillaan näissä merkeissä 45 minuutin pätkissä, aikaa oikein munakellolla tarkasti mitaten.

Tapahtumaympäristö on heinäkuinen Helsingin keskusta, jossa sattuma kohtelee paria oikukkaasti: Ellan työnantaja on sattumoisin Stigun edustaman toimiston asiakas. Kaksikko päätyy yllätykseksen tekemään yhdessä töitä parisuhteiden pysyvyyttä kuvaavan kampanjan parissa; Stigu AD:na, Ella asiakkaan projektipäällikkönä. Kun lisäksi on vielä hehkeä kesäsää, miten pari onnistuu pitämään tunteensa kurissa?

Alussa minulla oli hiukan vaikeuksia samastua henkilöihin, mutta lopulta elokuvan parissa viihtyi oikein mainiosti. Näyttelijöiden kemiat toimivat, tarina on sympaattinen ja tilannehuumori hetkittäin mukavan hykerryttävää. Tämä oli se paras näkemäni kotimainen elokuva vuosiin, johon edellä viittasin.

Elokuvan suurin ongelma lienee sen nimi, joka kuulostaa pelkästään kummalliselta eikä anna minkäänlaista viitettä siitä miten sydämeenkäypä tarina on lopulta kyseessä. Suomalaiseen levynkanteen lisätty kökköhuumori puhekuplineen johtaa potentiaalista katsojaa vielä lisää harhaan. (Laitoin oheen saksalaisen levynkannen tosin enemmän siitä syystä, ettei suomalaisesta löytynyt kunnollista kuvaa.)

Positiivinen, elämänmyönteinen loppu jättää hyvän mielen ja vaikka kokonaisuus on periaatteessa vain kahdeksikon arvoinen (minkä sille ensikatselulla maaliskuun alussa 2014 annoinkin), on näistä syistä sekä etenkin ihanalle mutta surullista kyllä edesmenneelle Miina Maasolalle pakko antaa yksi ylimääräinen piste.

MAMA
Kanada/Espanja 2013
Ohjaus: Andy Muschietti
Pääosissa: Jessica Chastain,
Nikolaj Coster-Waldau,
Megan Charpentier
Katsottu: 30.5.2023
Formaatti: Blu-ray

5

Mama oli aiemmin lyhäreitä tehneen ohjaaja **Andy Muschiettin** ensimmäinen pitkä elokuva. Kaksi seuraavaa olivat kohtalainen *IT* (2017) ja aivan törkeän huono *IT Chapter Two* (2019), jonka jälkeen hän siirtyi vielä sitäkin alemmalle tasolle supersankarielokuvien pariin.

Kun itsetuhoinen perheenisä, roolissa **Nikolaj Coster-Waldau** *(Game of Thrones, Shot Caller, Nattevagten),* ajaa puoliksi tahallaan itsensä auto-onnettomuudessa kuoliaaksi kaukana talvisessa erämaassa, tämän kaksi pientä tytärtä jäävät kadoksiin. Heidät löydetään vasta viitisen vuotta myöhemmin.

Tytöt ovat selvinneet kuluneen ajan oudossa erämaamökissä, jossa jokin on pitänyt heistä huolta. Kun he nyt pääsevät setänsä kotiin, roolissa myös Coster-Waldau, tämä jokin seuraa mukana ja alkaa kummitella paikoin ihan tehokkainkin keinoin. Yliluonnollinen ”mama” ei ole valmis luovuttamaan tyttäriä uudelle kasvatusäidille, jota näyttelee **Jessica Chastain**.

Mama tuntui tuoreeltaan heinäkuussa 2013 varsin mukavalta lisältä tuon vuosikymmenen yliluonnollisten kauhuelokuvien joukkoon. Uusi katselu kuitenkin paljasti sen olevan lopulta varsin keskinkertainen teos josta löytyy vähän mitään todella omaperäistä. Osa säikäytyksistä on kyllä tehokkaita, vaikka niiden ympärille kehitelty draama pitkästyttää ja tuntuu olleen tekijöille ikään kuin välttämätön paha.

EVIL DEAD
USA 2013
Ohjaus: Fede Alvarez
Pääosissa: Jane Levy, Shiloh Fernandez, Jessica Lucas
Katsottu: 13.6.2023
Formaatti: 4K Ultra HD

6

Sam Raimin alkuperäinen *The Evil Dead* (1981) on legendaarinen pienen budjetin kauhuelokuva, johon varmaan itse kullakin vanhan liiton kauhuelokuvaharrastajalla liittyy mukavia muistoja VHS-kauden alkuajoilta.

Lahjakkaan uruguaylaissyntyisen **Fede Alvarezin** *(Don't Breathe, Alien: Romulus)* ohjaamaan *Evil Dead* -uusintaversioon minulla on huomattavasti ongelmallisempi suhde. Tavallaan siinä tehdään paljon asioita oikein, mutta minulla on esimerkiksi ollut haasteita päästä yli elokuvan yleisesti ottaen niin kovin muovisesta ylöspanosta. Teos on aikansa lapsi näyttäen kuin tietokonepelin sisällä kuvatulta.

Tarina on sinänsä hyvin samanlainen: ryhmä nuoria aikuisia autoilee syrjäiseen metsämökkiin. Siellä he joutuvat yllättäen kohtaamaan muinaisia demoneita, jotka tekevät viikonlopusta äärimmäisen verisen. Uusintaversiossa syy sulkeutua syrjäiseen mökkiin on uskottavampi kuin alkuperäisessä, kun joukko käyttää syrjäistä mökkiä yhden heistä huumevieroitukseen. Tuntui aina oudolta, miksi alkuperäisessä porukka lähti vain juhlimaan purkukunnossa olevaan metsämökkiin.

Näistä lähtökohdista Alvarez lähtee tekemään efektielokuvaa, joka yrittää kaikin keinoin ylittää alkuperäisen elokuvan tehot ja tavallaan siinä onnistuukin, mutta niin tehdessään näyttää jotenkin falskilta. Kehon hajoamiseen liittyvät efektit eivät tee ainakaan minuun vaikutusta edellä mainitusta muovisesta vaikutelmasta johtuen, vaikka veri kyllä roiskuu hetkittäin näyttävästi.

Katsomani amerikkalainen 4K UHD Collector's Edition sisältää elokuvan pidemmän unrated-version, joka vaikka kuulostaakin hurjalta ei tuo paljoakaan lisää sen sisältämiin verimääriin. Kyseessä on pikemminkin erilainen leikkaus: verisimmät kohdat olivat pääosin mukana myös R-versiossa, mutta jotkut niistä jatkuvat tässä hiukan pidempään.

4K-kuvanlaatu on huikean hyvä, lähellä referenssitasoa.

THE WOLF OF WALL STREET
USA 2013
Ohjaus: Martin Scorsese
Pääosissa: Leonardo DiCaprio, Margot Robbie, Jonah Hill
Katsottu: 2.1.2024
Formaatti: 4K Ultra HD

8

Martin Scorsesen komediallinen *The Wolf of Wall Street* on rakenteeltaan melko tyypillinen ryysyistä rikkauksiin ja takaisin -tarina. Se on vähän kuin Brian De Palman *Scarface* (1983), jossa väkivalta on korvattu fuck-sanoilla ja **Michelle Pfeiffer Margot Robbiella**. Huumeita kuluu saman verran.

DiCaprio on Jordan Belfort, kunnianhimoinen meklari joka aloittaa työnsä Wall Streetillä pahimpaan mahdolliseen aikaan: juuri ennen poikkeuksellisen isoa pörssiromahdusta, ns. mustaa maanantaita lokakuussa 1987. Heti ensimmäinen työpaikka menee siten alta.

Huono kokemus ei kuitenkaan lannista Belfortia vaan saa hänet kokeilemaan jotakin uutta. Rahanhimoinen mies pestautuu pikkufirmaan, joka myy puhelimitse korkeariskisiä senttiosakkeita helposti jymäytettäville taviksille. Hän osoittautuu loistavaksi manipulaattoriksi ja ennen pitkää hänellä on oma yritys, joka erikoistuu tällaiseen isompien pelurien välttelemään osakemarkkinasektoriin.

Belfort alaisineen ei pidä kynttiläänsä vakan alla. Heidän elämänsä muuttuu ylelliseksi sikailuksi, jossa tienatut voitot kulutetaan ulkoisiin menestyksen merkkeihin. Huumeita vedetään kuin viimeistä päivää, prostituoidut tanssahtelevat pääkonttorin käytävillä ja satamassa kelluu uutuuttaan kiilteleviä huvijahteja. Belfortin alkuperäinen kumppanikin vaihtuu kuvankauniiseen trophy-vaimoon (Robbie).

Leonardo DiCaprio tuntuu hiukan liian siloposkiselta ja poikamaiselta ansaitakseen tulla kutsutuksi minkään kadun sudeksi, mutta kuten elokuvan viimeisessä kohtauksessa lyhyen cameo-roolin tekevä oikea Jordan Belfort osoittaa, on hän kyllä esikuvansa oloinen.

Scorsese on tässä elokuvassa tyytynyt erittäin ulkokohtaiseen otteeseen aiheestaan. Me emme opi juuri mitään Wall Streetin meklarien työn lainalaisuuksista. Jo alussa Belfortia työnsä luonteeseen johdatteleva mentor (**Matthew McConaughey**) puhuu hänkin vain huumeista, paukuttaa rintaansa ja juo martineja.

Belfortin tekemien talousrikosten tarkempi luonne ei myöskään elokuvaa katselemalla aukea. Hän johtaa firmaansa rock-tähden elkein, kaikki rikastuvat siinä sivussa jotenkin, mutta keskittyvät kuvissa pelkkään kokaiinin sniffaamiseen ja kreisibailaamiseen. Yhden listautumisannin he sentään saavat hoidettua.

Fuck-sanojen lukumäärän maailmanennätyskin tuntuu lepsulta, kun siihen tarvitaan kolmen tunnin kesto. *South Park: Bigger, Longer & Uncut* sentään puristi peräti 399 fuck-sanaa 81 minuuttiin.

Vuoden 2014 ensikatselulla olen merkinnyt *The Wolf of Wall Streetille* kympin! En tajua miksi, olenkohan ollut humalassa. Sivurooleissa nähdään elokuvaohjaajat **Rob Reiner** ja **Spike Jonze**.

•

Andrew (**Miles Teller**) on päättänyt, että hänestä tulee aikanaan maailman paras rumpali. Hän näyttäytyy tämän tavoitteen suhteen

WHIPLASH
USA 2014
Ohjaus: Damien Chazelle
Pääosissa: Miles Teller, J. K. Simmons, Melissa Benoist
Katsottu: 30.5.2023
Formaatti: 4K Ultra HD

9

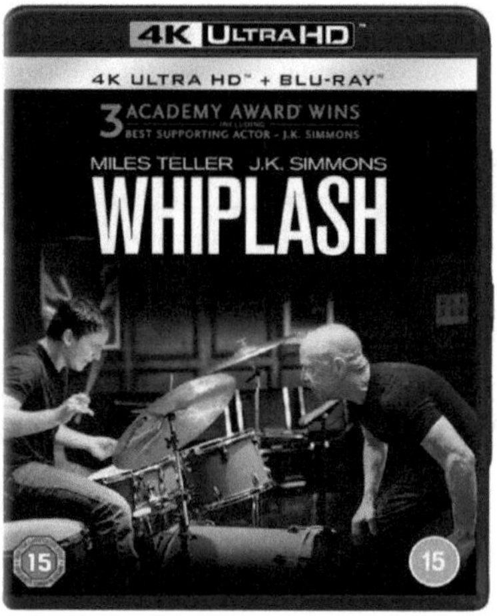

jopa aika pakkomielteisenä. Perheillalliset kotona menevät pilalle kun hänet saa paasaamaan asiasta, ja jopa söpö tyttöystävä Nicole (**Melissa Benoist**) tulee tylysti hylätyksi kun herää epäilys siitä, että suhde tähän voisi häiritä keskittymistä rumpalin opintoihin.

Andrew on ansainnut opetuksen ja sen hän myös saa, kun erityisen häijy opettaja Fletcher (Oscarin roolistaan pokannut J. K. Simmons) ottaa hänet silmätikukseen. Tämä on päättänyt, että tie todelliseen suuruuteen aukeaa vasta kun oppilaan sietokyvyn rajat on sekä löydetty että ylitetty. Missä on lahjakkaan oppilaan murtumispiste ja auttaako sen löytäminen simputuksen kautta tekemään hänestä huipun omalla alallaan?

Whiplash esitteli maailmalle uuden ohjaajalahjakkuuden, **Damien Chazellen** jonka en ole huomannut sittemmin lunastaneen lupauksia, jotka tämä hänen toinen pitkä elokuvansa ja läpimurto-ohjauksensa näytti antavan. En ole nähnyt miehen debyyttiä *Guy and Madeline on a Park Bench* (2009), mutta kaikki muut olen. Niistä *La La Land* oli hyvin keskinkertainen, *First Man* todella huono ja *Babylon* vain joten kuten siedettävä.

Whiplash on sen sijaan täyttä rautaa ja äärimmäisen suositeltava katselukokemus. 4K UHD -levyn kuvanlaatu on selkeä parannus aiempiin HD-julkaisuihin, joten sitäkin voi jokseenkin varauksetta suositella.

CREEP
USA 2014
Ohjaus: Patrick Brice
Pääosissa: Mark Duplass, Patrick Brice, Katie Aselton
Katsottu: 6.4.2023
Formaatti: Netflix (HD)

5

Monen muun elokuvan sivuroolissa vilahtanut **Mark Duplass** on suuressa syrjäisessä talossa yksin asuva Josef, joka on kutsunut luokseen videokuvaaja Aaronin (roolissa ohjaaja **Patrick Brice**) taltioimaan yhden päivän normaalia elämäänsä. Syynä tähän on hänen kertomansa mukaan pitkälle edennyt aivosyöpä, joka tulee tappamaan hänet parin, kolmen kuukauden kuluessa. Videopäiväkirja on tarkoitus jättää perillisille muistoksi.

Josef käyttäytyy kuitenkin heti alusta alkaen hyvin oudosti. Hän on kyllä ystävällinen, mutta samanaikaisesti aika kummallinen. Vähitellen alkaa herätä epäilys, onko hän puhunut palkkaamalleen kuvaajalle lainkaan totta.

Suurelta osin improvisoitu, epämiellyttävien tai muuten vain outojen tilanteiden mustana komediana alkava *Creep* kääntyy loppua kohden hiukan kauhun suuntaan, kun urhea kuvaajamme ei ensin ole millään päästä pakoon tilanteesta ja sitten kun vihdoin pääsee, huomaa ettei itse asiassa päässytkään.

Elokuvasta pitäminen riippuu paljon siitä, kuinka hyvin katsoja jaksaa seurata suurta määrää höpötystä ja alati heiluvaa videokuvaa. Itselläni oli hetkittäin vaikeuksia, vaikka mukana oli hyviä yksittäisiä ideoita ja loppu oli kieltämättä iskevä.

WILD TALES
Argentiina 2014
Ohjaus: Damían Szifron
Pääosissa: Ricardo Darín, Érica Rivas, Walter Donado
Katsottu: 15.3.2023
Formaatti: Blu-ray

8

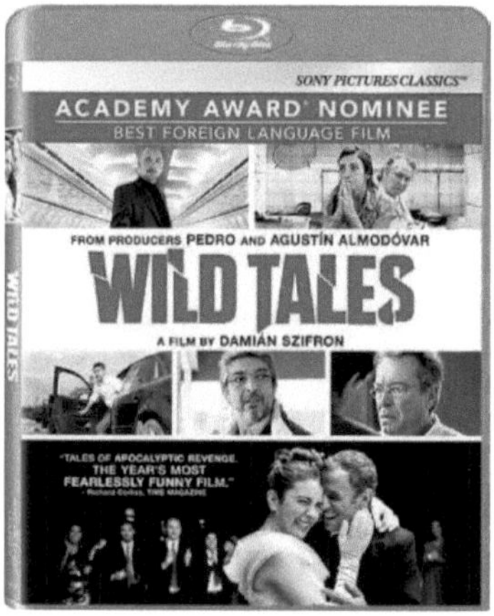

Argentiinalainen episodielokuva *Wild Tales* oli Oscar-ehdokkaana parhaan vieraskielisen elokuvan sarjassa alkuvuodesta 2015, mutta hävisi tietenkin kuolettavan tylsälle mustavalkoiselle puolalaiselle nunnaelokuvalle *Ida,* jonka läpi asti katsomista pidän yhtenä elokuvaharrastukseni urheimmista extreme-suorituksista.

Wild Tales on sen sijaan oikein mainio teos. Episodielokuvia ei taideta tehdä nykyään paljoakaan, tai ainakaan en ole niihin viime aikoina törmännyt. Tässä tarinoita on saatu mahdutettua kuusi kappaletta 122 minuuttiin. Kaikki ovat tyylilajiltaan sysimustan komediallisia.

Yhdistävä teema niille on, että joku, yleensä tarinan päähenkilö, menettää hermonsa ja tekee jotakin aivan kaistapäistä, minkä jälkeen katsotaan kauhunsekaisella odotuksella mitä siitä seuraa. Viidennen tarinan rikosjuoniminen on tästä ainoa poikkeus.

Aluksi seuraamme lentoa, jonka kaikki matkustajat keksivät yhtäkkiä tuntevansa yhden ja saman henkilön nimeltä Pasternak, joka ei tosin ole lennolla mukana. Onko kyseessä vain sattuma? Yhdessä tarinassa koetaan niin piinaavaa rattiraivoa erämaassa, että Steven Spielbergin *Duel* kalpenee sen rinnalla. Auton hinaaminen virheellisen pysäköinnin takia pois aiheuttaa kiistan, joka eskaloituu huikealle tasolle. Petetty morsian laittaa todella haisemaan omissa häissään.

Suosikkini on tarinoista ensimmäinen, joka on niistä myös lyhyin ja ehditään nähdä kokonaisuudessaan jo ennen alkutekstejä. Odottamattomia käänteitä riittää kuitenkin jokaisessa, ja huumori on mustaa.

IT FOLLOWS
USA 2014
Ohjaus: David Robert Mitchell
Pääosissa: Maika Monroe, Keir Gilchrist, Olivia Luccardi
Katsottu: 21.2.2024
Formaatti: 4K Ultra HD

8

Brittiläinen Second Sight on julkaissut kymmenen vuoden takaisesta kauhuhitistä 4K UHD -julkaisun. Se on laadultaan varsin hyvä mutta ei varsinaisesti inspiroi tekemään aaltoja.

It Followsin idea kuuluu sinänsä viime vuosikymmenen omaperäisimpiin, mutta monin paikoin flegmaattinen toteutus vähentää sen tehoja. On kuin ohjaajalla olisi ollut nerokas idea kauhuelokuvan aiheeksi, mutta hän on päättänyt käsitellä sitä kuten taide-elokuvaa saavuttaakseen samalla kertaa arvostusta ”piireissä”.

Oli miten oli, **Maika Monroen** tulkitsema Jay saa yliluonnollisen, hänen tappamiseensa pyrkivän seuraajan harrastettuaan seksiä nuoren miehen kanssa, jota oli siihen asti seurattu. Kukaan muu kuin kirouksen uhrit eivät näe seuraajaa. Tämän tullessa lähelle saadaan aikaan monia varsin tehokkaita säikyttelyjä.

Erityisen tehokkaita ovat jaksot, joissa yliluonnollinen seuraaja lähestyy määrätietoisesti uhriaan, mutta tämä ei ole vielä havainnut asiaa. Koska seuraaja voi ottaa kenen hyvänsä hahmon, ei aina voi olla edes varma onko kyse uhkaavasta tilanteesta. Tämä tuo aiheensa puolesta yliluonnolliseen kauhuelokuvaan mainion vainoharhaisen tunnelman.

It Followsin logiikka on enimmäkseen toimiva, vaikka parissa kohtaa olisikin tehnyt mieli kysyä ohjaajalta lisäselvennystä. Jatko-osan, työnimeltään *They Follow* valmistelu julkistettiin varsin hiljattain ja mikäpä siinä, kyllä tällaisia persoonallisia kauhuelokuvia mielellään toivottaa maailmaan pienine puutteineenkin.

THE WITCH
USA 2015
Ohjaus: Robert Eggers
Pääosissa: Anya Taylor-Joy, Ralph Ineson, Kate Dickie
Katsottu: 14.5.2019
Formaatti: 4K Ultra HD

9

Lavastajana ja pukusuunnittelijana aiemmin työskennellyt ohjaaja **Robert Eggers** voitti heti ensimmäisellä pitkällä elokuvallaan Sundancessa parhaan draamaohjaajan palkinnon. Hänen esikoisohjauksensa *The Witch* tuo piristysruiskeen kauhugenreen odottamattomasta suunnasta. Sen sijaan, että yritettäisiin keksiä jotakin kokonaan uutta, palataan kauhutarinoiden alkulähteille: useamman vuosisadan takaiseen kerrontaperinteeseen.

Jo *The Witchin* alaotsikko *A New-England Folktale* paljastaa sen perustuvan vanhoihin suusta suuhun kulkeneisiin kansantarinoihin jopa sillä tarkkuudella, että osa sen dialogeista on suoraan niistä peräisin.

Tapahtumat sijoittuvat vuoden 1630 Uuteen Englantiin nykyisten Yhdysvaltojen koillisosissa. William (**Ralph Ineson**) ja Katherine (tv-sarjasta *Game of Thrones* tuttu **Kate Dickie**) ovat aviopari, joka ensiksi mainitun jääräpäisyyden seurauksena tulee ajetuksi yhteisönsä ulkopuolelle ja päätyy aloittamaan uuden elämän sivistyksen rajamailla, pienellä tilalla sankan aarniometsän reunalla.

Parilla on viisi lasta: teini-ikäinen Thomasin (**Anya Taylor-Joy**), tätä hiukan nuorempi Caleb (**Harvey Scrimshaw**), arviolta noin kymmenvuotiaat kaksoset Jonas (**Lucas Dawson**) ja Mercy (**Ellie Grainger**) sekä pieni vauva Samuel.

Uudisraivaajien elämä olisi muutenkin vaikeaa, mutta ylipääsemättömän haastavaa siitä tekee pienen Samuel-vauvan selittämätön katoaminen perheen vanhimman tyttären Thomasinin vahtivuorolla. Vaikuttaa siltä, että pienen tilan vierellä sijaitsevasta metsästä tuli jotakin, kaappasi vauvan ja teki sillä mitä mieli. Äiti Katherine ei voi antaa tapahtumaa anteeksi Thomasinille, jonka asema perheessä alkaa tämän takia muuttua kestämättömäksi.

Elokuva antaa alussa viitteitä siitä, että vauvan kaappaus liittyy noituuteen ja että alueella tapahtuu jotakin yliluonnollista ja selittämätöntä. Tämä kuitenkin unohtuu nopeasti, kun siirrytään kuvaamaan perheen sisäisiä jännitteitä, jotka ovat lopulta elokuvan todellinen aihe. Vaikka Samuelin selittämättömään katoamiseen näyttää liittyvän jotakin yliluonnollista, todellinen ongelma ovat perheen sisäiset suhteet.

Perheen äiti tuntuu avoimesti vihaavan Thomasinia, kaksoset samoin, eivätkä muidenkaan keskinäiset suhteet vaikuta normaaleilta. Nuori Caleb kokee eksistentialistista tuskaa Samuelin katoamisesta. Jos jo vastasyntynyt on kalvinistisen ajattelumallin mukaisesti perisynnin saastuttama, onko kadonnut vauva nyt siis helvetin liekeissä?

Isä William tekee parhaansa rauhoittaakseen epäilyjä, mutta myös hänellä on omat haasteensa. Perheenpää ei ole kummoinen viljelijä, eikä edes metsästys ota sujuakseen luodikon lauetessa hänen omille silmilleen. William ei koe olevansa riittävän taitava niissä askareissa, joissa hänen nimenomaan pitäisi onnistua kyetäkseen elättämään suuren perheensä villillä rajaseudulla.

Upeasti kuvattu ja naturalistisesti sekä lavastettu että puvustettu *The Witch* vie katsojan aidosti 1600-luvun tunnelmiin, joissa noituus ei tunnu hupaisalta mielikuvitukselta vaan muutenkin vaikeiden olojen luontevalta jatkeelta, haasteelta muiden joukossa. Vaikka se onkin keskeisessä osassa elokuvan alussa ja lopussa, tarina tuntuu kuitenkin ensisijaisesti perheen sisäisten jännitteiden kuvaukselta, joita nämä eivät kykene ratkomaan eivätkä tunnu sitä kovin tosissaan edes yrittävän.

Synkässä metsässä kenties asuu sanoinkuvaamaton pahuus, mutta keskittyessään vihaamaan toisiaan perheen jäsenet eivät todella edes huomaa sen läsnäoloa ja vaikutusta ennen kuin on myöhäistä.

Kauhuelokuvana *The Witch* on lähes täydellinen. Se naamioituu periodidraamaksi ja kuvaa hienosti piirrettyjen henkilöhahmojen välisiä konflikteja niin pitkään ja perusteellisesti että katsoja miltei unohtaa alussa tapahtuneen vauvan katoamisen ja siihen liittyvän yliluonnollisen mysteerin. Kun tämä mysteeri lopussa vihdoin ratkaistaan, katsojalta lyödään ilmat pihalle niin suurella voimalla, ettei vastaavaa tule helpolla mieleen. *The Witch* on katselukokemuksena armoton mutta erittäin suositeltava.

Amerikkalainen 4K UHD on hyvälaatuinen. Ei referenssitasoa, mutta moitteeton ja siistikuvainen.

THE FINAL GIRLS
USA 2015
Ohjaus: Todd Strauss-Schulson
Pääosissa: Taissa Farmiga,
Malin Akerman, Adam Devine
Katsottu: 27.5.2024
Formaatti: Blu-ray

9

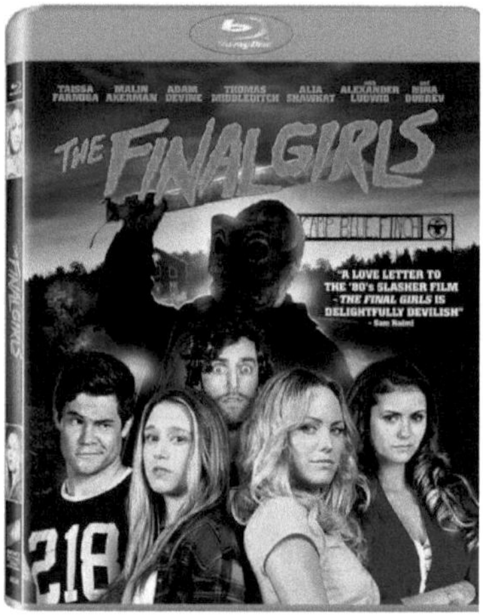

1980-luvun elokuvia läpikäytäessä käsittelimme useita teinislashereita, joista osa sijoittui perinteikkäästi kesäleirille *(Friday the 13th, The Burning)*. Se oli varsin yleinen tapahtumaympäristö genren elokuville tuohon aikaan.

Vuonna 2015 valmistui niille rakkaudella tehty kunnianosoitus *The Final Girls,* joka onnistui siinä sivussa olemaan parempi elokuva kuin lähes kaikki esikuvansa. Tästä suorituksesta tekee vieläkin ihmeellisemmän se, että kyseessä on kauhukomedia, jollaiset ovat yleensä pelkästään rasittavia.

The Final Girlsin neronleimaus oli tehdä siitä hauskanpidon ohella koskettava elokuva tyttären kaipuusta kolme vuotta aiemmin auto-onnettomuudessa menehtyneen äitinsä luo. Kyseinen tytär on Max (**Taissa Farmiga**), jonka äiti näytteli nuoruudessaan kesäleirislasherissa nimeltä *Camp Bloodbath*.

Kaverit houkuttelevat Maxin tuon elokuvan juhlanäytäntöön, mitä tämä epäröi koska menetetyn äidin näkeminen valkokankaalla olisi luultavasti kivuliasta. Kun elokuvateatterissa syttyy tulipalo, Max kavereineen pakenee turvaan valkokankaan läpi ja joutuu taianomaisesti keskelle elokuvaa sen uusina henkilöinä.

Seuraa komediaa, kun muut elokuvan henkilöt ovat juuri niin kliseisiä teinislasherien hahmoja kuin mahdollista. Max kavereineen taas on poissa tolaltaan: miten tänne jouduttiin ja miten täältä pääsee pois? Mutta Max on toisaalta surumielisesti haltioissaan saatuaan tällä tavoin tilaisuuden olla jälleen äitinsä lähellä.

The Final Girls on nautittava sekoitus koskettavaa äidin ja tyttären välistä draamaa (silmäkulmat eivät välttämättä pysy kuivina) ja kesäleirikauhun kliseille naureskelua. Erittäin, erittäin suositeltavaa katsottavaa etenkin niille, jotka tuntevat jälkimmäiset hyvin. Katsoin viimeksi amerikkalaiselta blu-rayltä, mutta elokuva oli aikanaan myös ihan kotimaisessa Netflixissä, josta sen alun perin löysin.

•

Muistin lukeneeni jostakin, että tässä on todella äärimmäinen elokuva ja siksi kiinnosti nähdä se. En aavistanut, että äärimmäisyys tarkoittikin äärimmäistä huonoutta. Tarkkaan ottaen *Atroz* ei ole edes elokuva: se on vain muutaman täysin lahjattoman meksikolaisen tekemä kotivideo, johon nämä ovat saaneet mitä ilmeisimmin idean V/H/S -sarjan elokuvista.

Kehystarinassa pari isoa meksikolaista körmyä joutuu auto-onnettomuuteen, jonka seurauksena vittumainen poliisi löytää heidän hallustaan äärimmäistä kidutusta sisältävän videotallenteen. Kun miesten käyttämä kidutuskammio löydetään ja sitä tutkitaan vähän tarkemmin, sieltä löytyy pari samantapaista videota lisää.

Nämä kolme videota muodostavat sitten ikään kuin episodielokuvan "episodit", joissa kidutetaan niin että veren lisäksi myös paska lentää. Viimeksi mainittu on hyvä termi kuvaamaan myös tätä elo-

ATROZ
Meksiko 2015
Ohjaus: Lex Ortega
Pääosissa: David Aboussafy,
Abigail Bonilla, Ricardo Brito
Katsottu: 22.5.2023
Formaatti: Blu-ray

2

kuvaa; ei pelkästään sen sisällön takia vaan siksi, että sen tekijöiden osaaminen on juuri sillä tasolla.

Noloa, että tällaisia amatöörivideoita edes julkaistaan laajalla levityksellä. Toinen piste siitä, ettei tästä siitäkään huolimatta suorastaan vihaiseksi tullut. Kuuluu silti itseoikeutetusti tämän kirjan kolmen huonoimman elokuvan joukkoon.

•

Kauhuelokuvassa *The Forest* tv-sarjasta *Game of Thrones* tuttu **Natalie Dormer** on Sara, amerikkalainen nainen joka matkustaa Japaniin etsimään siellä kateisiin joutunutta kaksossiskoaan Jessiä. Tämä on viimeksi nähty Fuji-vuoren laitamilla sijaitsevassa itsemurhien metsässä, jonne alun perinkin menevät vaeltamaan vain lopullista ratkaisua hautovat ihmiset, eikä moni heistä palaa takaisin.

Onko myös Jess päätynyt tappamaan itsensä, ja jos on niin miksi ihmeessä? Ehtiikö Sara paikalle ajoissa estääkseen epätoivoisen teon? Hänen avukseen tuppautuu paikalle osunut australialainen journalisti, jolla saattaa ehkä olla omakin agendansa.

The Forest kuuluu niihin hiukan ärsyttäviin kauhuelokuviin, joka kulkee pikavauhtia suoraviivaisesti alusta loppuunsa edes yrittämättä selittää kaikkia kertomansa tarinan omituisuuksia. Miksi edes kylvää vihjeitä, jos aikoo kuitenkin jättää ne vaille selitystä?

THE FOREST
USA 2016
Ohjaus: Jason Zada
Pääosissa: Natalie Dormer, Eoin Macken, Stephanie Vogt
Katsottu: 11.4.2023
Formaatti: Netflix (HD)

5

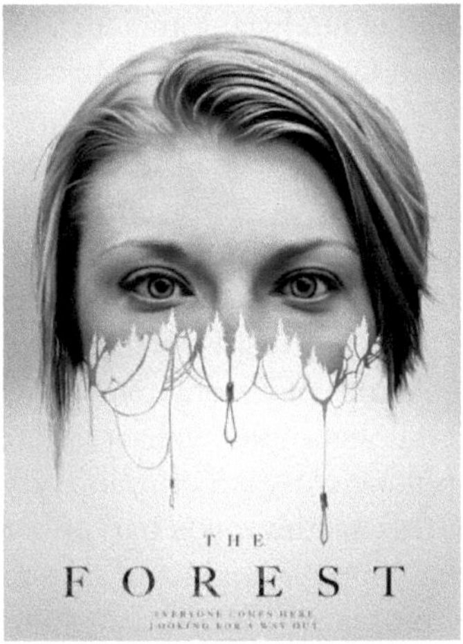

Kummittelevassa metsässä vaeltaminen sinänsä kyllä tuottaa tehokasta tunnelmaa ja Dormer hoitaa pääosansa hyvin. Mutta lopussa katsoja saattaa silti helposti päätyä ihmettelemään, että tässäkö oli tosiaan kaikki.

TRAIN TO BUSAN
Etelä-Korea 2016
Ohjaus: Yeon Sang-ho
Pääosissa: Gong Yoo, Jung Yumi, Ma Dong-seok
Katsottu: 24.1.2024
Formaatti: 4K Ultra HD

8

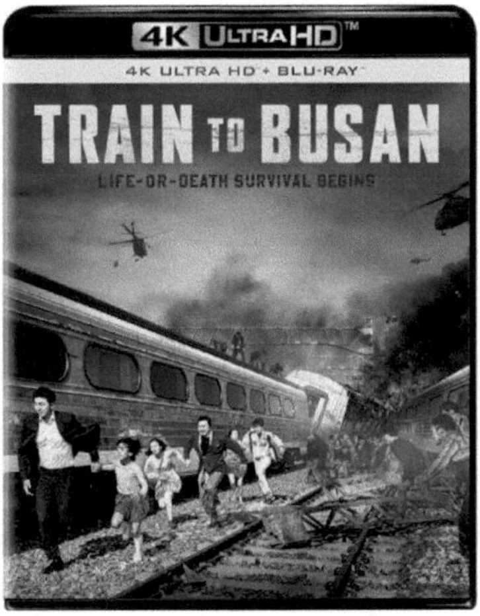

Korealainen *Train to Busan* on kasvanut valmistumisensa jälkeen nopeasti kulttiklassikoksi ja saanut jatko-osiakin (joita en ole nähnyt). Taidokkaasti tehdyn toimintaelokuvan zombie-epidemia saa alkunsa oudosta taudista, jonka leviäminen ei herätä riittävissä määrin huolta ennen kuin on liian myöhäistä.

Train to Busanin zombiet ovat näitä uuden mallisia nopeita zombeja. Itse olen aina pitänyt enemmän hitaista. Itsekeskeinen vähän päälle kolmekymppisen näköinen pankkiiri oppii inhimillisyyttä ja myös muiden edun huomioon ottamista kuljettaessaan pientä tytärtään Soulista kohti Busania samalla kun zombiehyökkäys on tekemässä Etelä-Koreasta yhtä suurta, veristä sotatannerta.

Alkupuolella draama ei vielä täysin vakuuta, mutta lopulta myös henkilöhahmojen väliset jännitteet tulivat kiinnostavasti esiin ja olin lopulta elokuvaan erittäin tyytyväinen. Aika komeasti junalastillista ihmisiä saatiin myös harvennettua, kovinkaan moni ei selvinnyt hengissä loppuun saakka eikä tässä pahemmin välteltty päähenkilöidenkään ohjaamista zombien suihin.

Amerikkalainen 4K UHD on helposti riittävän laadukas oikeuttaakseen päivityksen blu-raystä.

MUDBOUND
USA 2017
Ohjaus: Dee Rees
Pääosissa: Carey Mulligan, Jason Clarke, Jason Mitchell
Katsottu: 27.2.2024
Formaatti: Blu-ray

8

Mudbound on erinomainen amerikkalainen draama, jonka sisältö ei kuitenkaan jostakin syystä jää ensimmäisellä katselulla helposti mieleen. Kyseessä on aito Netflix Original -elokuva, joita ei yleensä julkaista levyllä, mutta tässä tapauksessa ilmeisesti tehtiin poikkeus, koska tarunhohtoinen Criterion pyysi. Samaan tapaanhan esimerkiksi Netflix-elokuvat *The Irishman* ja *Marriage Story* (molemmat 2019) on julkaistu Criterionin levyinä.

1930-luvun loppupuolelta alkava ja pitkälle 1940-luvun puolelle jatkuva tarina sijoittuu syvään etelään, Mississippin osavaltioon jossa sijaitsevaa farmia pyörittämään muuttava valkoinen perhe saa tilanhoitajakseen mustan miehen, joka hänkin on naimisissa ja lapsikatraan isä. Keskenään hyvin erilaisten perheiden elämä muuttuu radikaalisti sen jälkeen, kun molempien poika palaa kotiin vuonna 1945 toisesta maailmansodasta Euroopassa.

Sinänsä hyvin tehty elokuva tuntuu ensimmäisen tuntinsa aikana vähän päämäärättömältä arjen kuvaukselta ennen kuin toisen pojista vajoaminen alkoholismiin ja toisen joutuminen paikallisten klaanilaisten vainoamaksi johtavat todella täräyttäviin seurauksiin.

Pitkään olin seiskassa, mutta hyvä ja iskevä loppu toi pisteen lisää. Blu-rayn kuvanlaatu on korkeintaan keskitasoa. Hieno draama, toivottavasti en unohda sitä uudelleen.

TOIVON TUOLLA PUOLEN

Suomi 2017
Ohjaus: Aki Kaurismäki
Pääosissa: Sherwan Haji, Sakari Kuosmanen, Kaija Pakarinen
Katsottu: 12.3.2024
Formaatti: Blu-ray

7

Toivon tuolla puolen on suosikkini Aki Kaurismäen tuotannossa, suurelta osin positiivisen sanomansa ansiosta. Kyseessä oli jo kolmas katselu, minkä takia teoksen impakti ei enää ollut niin voimakas, kun sen sisältö oli jo verrattain tuoreessa muistissa.

Turvapaikanhakijaksi Suomeen sattuman kautta päätyneen Khaledin (**Sherwan Haji**) tarina kulkee rinnakkain **Sakari Kuosmasen** tulkitseman erittäin jäyhän ravintolanpitäjän lakonisella tavalla koomisen tarinan kanssa, kunnes juonilangat lopulta risteävät.

Tyypilliset Kaurismäki-elementit ovat hyvin kasassa: todella huonoa rautalanka- ja vanhaa tanssimusiikkia, jäyhää mutta monin paikoin myös hauskaa replikointia, ärsyttävä koira. Virkistävästi tavallaan ei-kaurismäkeläistä fiilistä elokuvaan tuovat pitkät jaksot, joissa turvapaikanhakijat puhuvat keskenään omaa kieltään aivan normaalisti replikoiden, suomeksi tekstitettynä.

Vaikka Kaurismäen viehätys usein piilee nimenomaan jäyhässä dialogissa, nämä jaksot piristävät poikkeuksellisuudessaan. Toki monet kaurismäkeläisittäinkin lausutuista dialogeista ja tilanteista ovat oikein hauskoja, ohjaajalle tyypillisin tavoin.

SHOT CALLER
USA 2017
Ohjaus: Ric Roman Waugh
Pääosissa: Nikolaj Coster-Waldau, Jon Bernthal, Lake Bell
Katsottu: 12.2.2018
Formaatti: Blu-ray

9

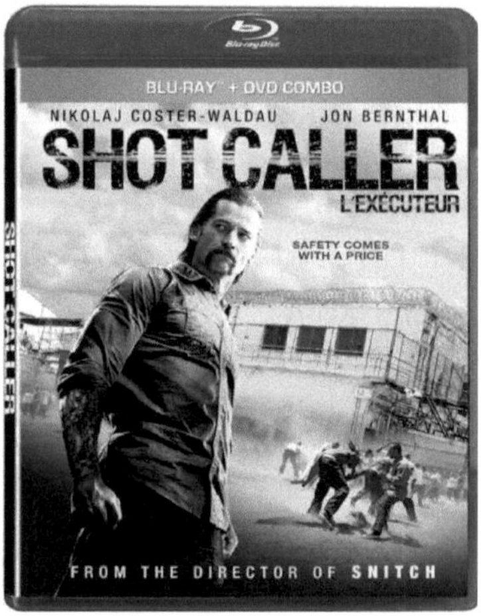

Shot Caller on toinen vuoden 2017 kahdesta paikoin varsin brutaalista, mutta samalla erinomaiseksi todetusta vankilaympäristöön sijoittuvasta elokuvasta. Se valmistui jostakin syystä samoihin aikoihin kuin sitäkin brutaalimpi *Brawl in Cell Block 99*. On makuasia kumpi elokuvista on sellirivistön todellinen kingi, mutta ainakin *Shot Caller* onnistui vakuuttamaan erinomaisella käsikirjoituksellaan ja hyvillä näyttelijöillään.

Elokuvan käsikirjoittaja-ohjaaja **Ric Roman Waugh** on aiemmin tehnyt pitkän uran stunt-miehenä. Vuosituhannen vaihteessa hän hylkäsi tuon uran ja ryhtyi ohjaamaan pitkiä elokuvia. Ennen

Shot Calleria hän on ehtinyt tehdä jo neljä pitkää elokuvaa, joista yksi on dokumentti.

Waugh'n järjestyksessä toinen ohjaustyö *Felon* (2008) sijoittuu hänen uusimpansa tavoin vankilaympäristöön, minkä lisäksi myös *Snitch* (2013) sivuaa aihetta. Käsikirjoittaja-ohjaaja tuntuu siis erikoistuneen vankilaelokuviin, ja *Shot Calleria* voitanee pitää hänen todellisena diplomityönään tuossa aihepiirissä.

Loistavasta tanskalaisesta kauhuelokuvasta *Nattevagten* (1994) alun alkaen laajemmin tunnetuksi tullut ja sittemmin yhdessä maailman suosituimman tv-sarja *Game of Thronesin* päärooleista loistanut Nikolaj Coster-Waldau on Jacob, jonka siihen saakka menestyksekäs elämä saa kokonaan uuden suunnan erään ravintolaillan jälkeen.

Hyväpalkkaisessa työssä toiminut perheenisä joutuu pitkäksi aikaa eroon vaimostaan ja pienestä pojastaan, kun hänet tuomitaan kahdeksi vuodeksi ja kahdeksaksi kuukaudeksi vankeuteen lievästi juopuneena auton ratissa aiheuttamastaan kuolemasta. Ensikertalaisena Jacob pääsisi vapaaksi puolessa tuosta ajasta, mutta sekin vankeusaika osoittautuu hänelle liian pitkäksi. Vuoden ja neljän kuukauden tullessa täyteen on jo liian myöhäistä.

Shot Caller kuljettaa rinnan kahta aikatasoa. Toinen niistä kertoo tapahtumista, jotka johtavat Jacobin auto-onnettomuuteen, vankeuteen sekä alkuajoista vankilassa. Toisessa Jacob vapautuu ehdonalaiseen istuttuaan vankilassa jo kymmenen vuotta. Kokemustensa kovettama, tunteensa muulta maailmalta piilottava mies ei edes yritä rakentaa uutta yhteyttä perheeseensä vaan alkaa välittömästi toteuttaa uutta rikosta.

Näiden kahden aikatason välillä on räikeä epäsuhta: mikä voi muuttaa sympaattisen, rehellisen ja rakastavan perheenisän liki ilmeettömäksi kovanaamaksi, joka tuntuu ehdonalaiseen päästyään kuin tarkoituksella pyrkivän takaisin kiven sisään? Elokuvan koukku onkin siinä, miten tämä totuus alkaa vähitellen paljastua aikatasojen vuorotellessa ja niiden välisten yhteyksien selkeytyessä.

Waugh kuvaa vankilan omana pienoismaailmanaan, jossa vallitsevat tiukat säännöt, hierarkia ja ehdoton uskollisuuden vaatimus oman klaanin johtajaa kohtaan. Klaaniin valikoidutaan ihonvärin perusteella. Jotta tuossa maailmassa pystyy lainkaan selviämään, on pystyttävä kovettamaan itsensä soturiksi ja välttämään uhriksi joutumista. Jacob oivaltaa tämän heti vankeutensa alussa, ensimmäisessä konfliktitilanteessa, mutta ei osaa kuvitella millaisiin tekoihin hänen on jatkossa yllettävä välttääkseen karun kohtalon.

Tämän enempää *Shot Callerin* tarinasta ei kannata eikä oikein voi spoilaamatta kertoa. Waugh tuntee aiheensa hyvin, ja käyttää asiantuntemuksensa kirjoittamalla tarinan, joka etenkin loppua kohden alkaa nopeaa vauhtia loitontua realismista mutta onnistuu silti säilyttämään riittävän määrän katu-uskottavuutta vaikuttaakseen halutulla tavalla.

Tarinan käänteet eivät ole loppua kohden enää kovin uskottavia, mutta ne kerrotaan vakuuttavasti, ja se riittää. Jacobin todellisten motiivien paljastuminen lopussa johtaa yhteen vaikuttavimmista välienselvittelyistä aikoihin ja niiden takaisinkytkentä tarinan alkuun toimii upeasti.

Shot Caller on paikoitellen varsin väkivaltainen, mutta väkivaltaa oleellisempaa ovat kuitenkin ensiluokkaisen käsikirjoituksen välittämät ajatukset ja maailmankuva. Tämän elokuvan nähtyään ohjaajan seuraavaa työtä odottaa todella suurella mielenkiinnolla.

VERÓNICA
Espanja 2017
Ohjaus: Paco Plaza
Pääosissa: Sandra Escacena,
Bruna González, Claudia Placer
Katsottu: 6.4.2023
Formaatti: Netflix (HD)

7

Muistin jo ennen *Verónican* katselun aloittamista espanjalaisen **Paco Plazan** ohjaajana, joka osaa tehdä keskinkertaisen kauhuelokuvan aiheesta kuin aiheesta. Tällä kertaa hän on kuitenkin onnistunut odottamattoman hyvin.

Vuoden 1991 Madridiin sijoittuvan tarinan päähenkilö Verónica on 15-vuotias espanjalainen koulutyttö, jolle elämä on langettanut raskaita velvollisuuksia. Isän kuoltua äiti tekee ilmeisesti useampia töitä (tätä ei koskaan täysin selitetä) koska on kotona vain öisin, ja Verónican vastuulle jää kolmesta nuoremmasta sisaruksesta huolehtiminen.

Yrittäessään saada yhteyden edelleen kaipaamaansa isään hän käyttää kahden koulukaverinsa kanssa ouija-lautaa, mutta se vain pahentaa tilannetta kun esille manattu demoni tms. alkaa seurata häntä ja tekee elämästä kotona liki sietämätöntä.

Kauhuelementeiltään elokuva on melko perinteistä säikyttelyä, mutta se nousee muiden kaltaistensa yläpuolelle sympatiaa herättävällä keskushenkilönsä kuvauksella. Verónica on saanut elämässä muita heikomman käden, ja kun kaveritkin hylkäävät, jäljelle jää kovin vähän asioita joista hakea onnea arkeen.

LEATHERFACE
USA 2017
Ohjaus: Alexandre Bustillo, Julien Maury
Pääosissa: Stephen Dorff, Lili Taylor, Sam Strike
Katsottu: 1.11.2023
Formaatti: Blu-ray

7

Legendaarisen ranskalaisen extreme-kauhuelokuvan *Inside* (2007) ohjaajien Alexandre Bustillon ja Julien Mauryn *Leatherface* nauttii tietääkseni varsin huonosta maineesta kauhufanien keskuudessa En ole varma miksi. Minulle jäi jo syyskuussa 2020 tapahtuneesta ensikatselusta melko positiivinen mielikuva siitä ja tällä katselulla se vain vahvistui. Silloin olin näköjään tosin merkinnyt elokuvalle vain 6 pistettä.

Edeltäjänsä, vuoden 2013 mainion *Texas Chainsaw 3D:n* tavoin tämä on minusta oikein viihdyttävä jatko-osa, etenkin verrattuna siihen aika hirveään kuonaan jota vielä 1990-luvulla TCM-nimellä tehtiin. Tällä kertaa tarkoituksena on tehdä esiosa, joka kertoo miten Leatherfacesta alun perin tuli Leatherface.

Vuoteen 1955 sijoittuvan lyhyen johdantojakson jälkeen suurin osa elokuvasta tapahtuu vuonna 1965, jolloin Teksasin syrjäseuduilla tapahtuu kammottavia asioita. Vasta teini-iässä oleva Leatherface pääsee tuolloin pakenemaan mielisairaalasta muutaman muun hoidokin kanssa. Pakeneva joukko kuljettaa yhtä hoitajista panttivankinaan ja kulkee väkivaltaisesta tilanteesta toiseen perässään. Heitä seuraa kostonhimoinen, brutaali sheriffi (**Stephen Dorff**).

Varsinaista moottorisahaamista on kyllä melko vähän, mutta muuten *Insiden* ohjaajat nauttivat kyllä veren lennättämisestä hyvinkin samaan tapaan kuin tuossa vuoden 2007 klassikossaan.

Huomiota herättävästi murhaamisessa ei pahemmin säästellä tarinan keskushenkilöitäkään. Kaiken kaikkiaan oikein positiivinen kokemus, ei ollut liian pitkäkään (87 minuuttia).

BRAWL IN CELL BLOCK 99
USA 2017
Ohjaus: S. Craig Zahler
Pääosissa: Vince Vaughn, Jennifer Carpenter, Don Johnson
Katsottu: 3.4.2018
Formaatti: Blu-ray

9

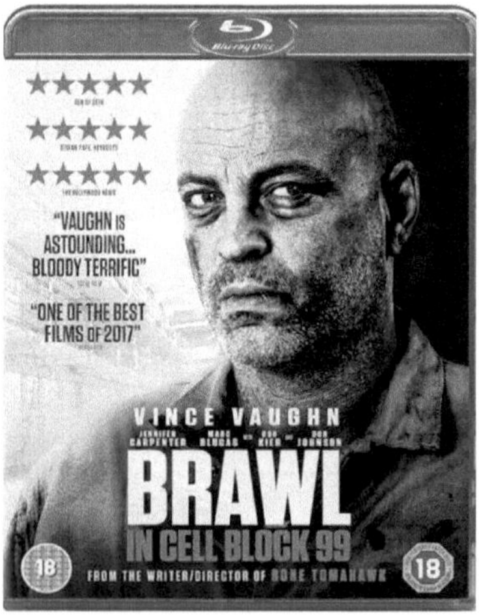

Väkivaltaisesta kannibaaliwesternistä *Bone Tomahawk* (2015) aiemmin tunnetun **S. Craig Zahlerin** toinen ohjaustyö *Brawl in Cell Block 99* sijoittuu nimensä mukaisesti suurelta osin vankilaympäristöön ja on vielä edeltäjäänsäkin väkivaltaisempi.

Vuoden 2004 komedian *Dodgeball* jälkeen virheellisesti komedioihin kerta toisensa jälkeen castattu **Vince Vaughn** on Bradley Thomas, jolla on heti elokuvan aluksi huono päivä. Tilapäisiä hanttihommia tekevä kookas entinen nyrkkeilyharrastaja saa lyhyen ajan sisällä sekä potkut työstään että tietää vaimonsa Laurenin (**Jennifer Carpenter**) pettäneen häntä.

Pariskunnan avioliitto on muutenkin ollut heikoissa kantimissa sen jälkeen kun vaimon odotetun raskauden päätyttyä keskenmenoon sen kumpikin osapuoli on vetäytynyt omalle taholleen, omaan suruunsa käpertyneenä.

Asioihin on tultava muutos, ja niin Bradley päätyy tekemään kohtalokkaaksi osoittautuvan päätöksen. Hän pestautuu tuntemansa huumediileri Gilin (**Marc Blucas**) kuriiriksi. Lyhyellä tähtäyksellä tämä pelastaa pariskunnan talouden, mutta hieman pitemmällä johtaa isoihin ongelmiin.

Eräällä keikalla Bradley päätyy omista syistään pettämään Gilin liikekumppanin luottamuksen, jää kiinni ja joutuu vankilaan. Seitsemän vuoden tuomio saa vaikeimman mahdollisen alun, kun petetyn huumeparonin palveluksessa oleva luutnantti (**Udo Kier**) ilmaantuu vankilan vierastunnille uhkaamaan nyt uudelleen raskaana olevaa Laurenia sanoinkuvaamattomalla kohtalolla, ellei Bradley suostu tekemään korvaukseksi petoksestaan äärimmäisen vaativaa palkkatappoa vankilan muurien sisäpuolella.

Vince Vaughn on aina ollut aivan surkea, kömpelö koomikko mutta vakavissa rooleissa hänen fysiikkansa ja taitonsa ilmentää synkkiä tunteita pääsevät oikeuksiinsa. Bradleyn roolissa hän on ilmiömäinen katseenvangitsija, josta ei ole tarpeen pitää, mutta jonka kohtaloa ei voi olla suurella kiinnostuksella seuraamatta. Ja seurattavaa siinä totisesti riittääkin, vaimonsa ja syntymättömän lapsensa suojeluun vankilasta käsin pyrkivän miehen kujanjuoksun käydessä elokuvan edetessä yhä hurjemmaksi.

Ohjaaja-käsikirjoittaja Zahler on uusi, erittäin kiinnostava kyky jonka töitä seuraa jatkossakin mielenkiinnolla. Hän osaa kirjoittaa katu-uskottavaa dialogia ja on erittäin kiinnostunut 1980-luvun splatter-elokuvaperinteen laajentamisesta uusiin elokuvan lajityyppeihin. *Bone Tomahawkin* loppuvaiheiden kannibaaliheimon herkutteluiden tavoin hän saa myös vankilaelokuvaan ympättyä niin äärimmäisen törkeää, vaikkakin pääosin vilahduksenomaisesti ohi menevää väkivaltaa, ettei sellaista ole tällaisessa yhteydessä kenties koskaan aiemmin nähty.

Erityisen toimivaa *Brawl in Cell Block 99:ssä* on sen sysimusta huumori, joka tekee useista tilanteista ja yksittäisistä letkautuksista ääneennaurattavan hauskoja, vaikka niistä monet ovat samanaikaisesti aika karmivia.

Bradleyn taistelu huumekartellin torpedoja vastaan vankilan seinien sisällä tarjoaa myös nautittavia myötäelämisen mahdollisuuksia: vaikka lopputulos onkin koko ajan hyvin epävarma, ainakin pieni yksilö pystyy hetkellisesti panemaan menestyksellisesti kampoihin suurta, kasvotonta ja häikäilemätöntä rikollisorganisaatiota vastaan fyysistä voimaansa ja pelotonta asennettaan hyödyntäen.

Brawl in Cell Block 99 on äärimmäisen suositeltavaa katsottavaa väkivaltaisten jännärien ystäville. S. Craig Zahler on sen jälkeen ohjannut myös **Mel Gibsonin** ja Vince Vaughnin tähdittämän varsin mielenkiintoisen poliisielokuvan *Dragged Across Concrete* (2018), jota ei tässä kirjassa käsitellä, mutta johon voitaisiin ehkä palata Cine-Active 2:ssa.

Tuon elokuvan jälkeen Zahler on pitänyt muutaman vuoden hiljaiseloa, mutta on nyt viimeisimmän tiedon mukaan saanut esituotantoon seuraavan ohjauksensa nimeltä *The Bookie & the Bruiser*, jonka pääosissa nähdään jälleen Vaughn sekä **Adrien Brody**.

•

Katsoin *Creepin* jatko-osan välittömästi sen ykkösosan jälkeen Netflixistä. Sen IMDb-keskiarvo on erikoista kyllä hiukan korkeampi kuin alkuperäisen, eli ennakkoon katsoen sen olisi pitänyt sitä parempi. Minun listoillani se jäi hiukan heikoimmaksi vaikkakaan ei silti varsinaisesti huonoksi.

Kauhuelokuvaksi *Creep 2* ei voi enää oikein millään kehittyä, koska ykkösessäkin tuo puoli nojasi Josefin (Mark Duplass) pahaenteiseen arvoituksellisuuteen ja odottamattomaan käytökseen. Nyt kun tämän salaisuus on ykkösosassa paljastunut, nuo elementit jäävät puuttumaan.

Josef on nyt vaihtanut nimensä Aaroniksi. Hän kutsuu jälleen luokseen videokuvaajan mutta hiukan eri syystä, tekemään itsestään dokumenttia tuhannen dollarin päiväpalkalla. Kuvaajaksi valikoituu

CREEP 2
USA 2017
Ohjaus: Patrick Brice
Pääosissa: Mark Duplass, Desiree Akhavan, Karan Soni
Katsottu: 6.4.2023
Formaatti: Netflix (HD)

5

tällä kertaa nainen: peloton Sara, joka haluaa heikosti menestyneelle nettidokumenttien sarjalleen iskevän päätösosan. Kumpi voittaa tämän oudon mittelön?

Kauhua elokuvassa ei juuri ole, ja paikoin hyvästä dialogista huolimatta se on kokonaisuutena varsin vaatimaton. Muuten olisin päätynyt neloseen, mutta elokuvan sielua Saraa hyvin näytellyt **Desiree Akhavan** pelasti elokuvalle yhden lisäpisteen.

•

Ranskalainen Alexandre Aja on tullut pitkälle edellä esitellyn *High Tensionin* (2003) jälkeen. Tuo extreme-kauhuilu oli varsin pienelle yleisölle suunnattu; *Crawl* sen sijaan on mainstream-kauhua jonka on toivottu varmastikin vetoavan paljon useampaan potentiaaliseen katsojaan.

Totinen, suurisilmäinen kilpauimari Haley (**Kaya Scodelario**) huolestuu, kun ei saa yhteyttä **Barry Pepperin** näyttelemään isäänsä valtavan hurrikaanin lähestyessä Floridaa. Tämä nimittäin asuu juuri sillä alueella, johon myrskyn odotetaan iskevän.

Myrskyn raivoa uhmaten Haley ajelee maasturillaan isänsä luokse katsomaan mikä on hätänä. Paljastuu, että tämä on jäänyt loukkuun kotitalon kellarikerrokseen, johon ryöminyt valtava alligaattori on puraissut häntä kunnolla reiteen ja estää pakenemisen paikalta. Vain

CRAWL
USA 2019
Ohjaus: Alexandre Aja
Pääosissa: Kaya Scodelario, Barry Pepper, Morfydd Clark
Katsottu: 28.3.2023
Formaatti: 4K Ultra HD

5

hetkeä myöhemmin Kaya on samassa loukussa itsekin. Mitä tehdä, kun alligaattoreita ilmaantuu paikalle pikku hiljaa lisää, ja pitäisi päästä suojaan siltä myrskyltäkin?

Ensimmäinen alligaattorin hyökkäys tapahtuu 21 minuutin kohdalla, ja sen jälkeen elokuva vain enimmäkseen toistaa samaa kaavaa. Yritetään jotakin ovelaa, sitten tulee alligaattori kimppuun, sitten uudenlainen pakosuunnitelma ja taas tulee alligaattori. Kun tätä kaavaa toistetaan tunnin ajan putkeen, se alkaa tuntua hieman uuvuttavalta ja voikin sanoa, että vain 87 minuutin mittaisessakin elokuvassa on lähes puoli tuntia löysää.

Sitä suurempi harmi on, että 4K UHD -julkaisu on laadultaan erinomainen. Äänet ryskyivät joka puolella komeasti ja kuvanlaatu on hyvin lähellä referenssitasoa.

Aja paransi tästä huomattavasti seuraavalla ohjauksellaan, joka on erinomainen kauhuvaikutteinen tieteisjännäri *Oxygen* (2021). Sille erittäin vahva suositus, löytyy Netflixin valikoimasta.

2020-LUKU

HIS HOUSE
Iso-Britannia 2020
Ohjaus: Remi Weekes
Pääosissa: Sope Dirisu, Wunmi Mosaku, Malaika Wakoli-Abigaba
Katsottu: 6.4.2023
Formaatti: Netflix (HD)

6

Sundance-festivaaleilla juuri ennen koronapandemian alkua, tammikuun lopussa 2020 ensi-iltansa saanut brittiläinen *His House* tuo kauhugenreen omaperäisen tuulahduksen, vaikka sitä ei voi täysin onnistuneena pitääkään. Kyseessä on ohjaaja **Remi Weekesin** debyyttielokuva ja sellaiseksi se on varsin varmaotteinen.

Elokuvan alussa seuraamme jotakin Afrikan lukuisista sisällissodista paennutta pariskuntaa, joka selviää hengissä vaarallisesta Välimeren ylityksestä menettäen kuitenkin tyttärensä aaltoihin. Perillä Lontoossa pakolaiset asutetaan karmean näköiseen slummiin koeajalle: pärjäävätkö brittien joukossa vai joudutaanko palauttamaan.

Alkupuoli näyttää joltakin **Ken Loachin** alaluokan kurjuutta korostavalta draamalta, ennen kuin tulokkaille osoitetussa asunnossa alkaa yhtäkkiä kummitella. Kiehtovan tarinasta tekee se, että kauhun lähde on afrikkalainen: sotaa pakenevan pariskunnan mukana on seurannut sikäläisestä kansanperinteestä tuttu paha henki, jonka aiheuttamat huimat kauhunäyt tekevät elokuvasta kiintoisan sekoituksen kummitus- ja zombietarinaa.

Lopulta myös päähenkilöiden pakotarinan taustalta löytyy salaisuus, joka kääntää tarinan aivan uuteen asentoon: johdannossa meille ei kerrottukaan ihan kaikkea. Elokuvan kauhuelementit ovat omaperäisiä ja hyviä, arkidraama sen sijaan varsin tylsää.

Elokuva on löydettävissä Netflixistä varsin siistillä HD-kuvalla.

TENET
USA 2020
Ohjaus: Christopher Nolan
Pääosissa: John David Washington, Robert Pattinson, Elizabeth Debicki
Katsottu: 12.12.2020
Formaatti: 4K Ultra HD

7

Tätä kirjoitettaessa minulla on hyllyssäni **Christopher Nolanin** kaikki muut elokuvat 4K Ultra HD -formaatissa, paitsi *Memento* (2000) ja *Insomnia* (2002) blu-raynä, sekä *Following* (1998) puuttuu kokonaan. Tähän kokoelmaan sisältyy myös nyt käsiteltävää *Tenetiä* uudempi *Oppenheimer* (2023). CineActive 2:een jää siis paljon tilaa Nolanin elokuvien käsittelylle, kun tähän ensimmäiseen kirjaan tilaa riitti jostakin syystä vain ja ainoastaan tälle yhdelle.

Tenet tuntui heti tuoreeltaan monimutkaisine aikatasoineen ja tunnekylmyydessään liian vaikealta suurille yleisöille. Se oli ainakin pieni pettymys sellaisellekin katsojalle, joka pitää Nolanin aiempia ei-supersankarisarjakuvaelokuvia *Memento, The Prestige* (2006) ja *Inception* (2010) mestariteoksina.

Tenetin maailma on hermeettisesti suljettu vaihtoehtoinen todellisuus, jossa ei ole sympaattisia henkilöhahmoja, jonka arkkitehtuurin ja ympäristöjen kylmyys jäätää sielun, ja jonka fysiikan lait ovat tarpeen tullen vapaasti rikottavissa.

Selvästi James Bond -elokuvia muistuttava toiminnallinen agenttitarina on kuin yksi niistä, paitsi ettei se pyri erityisesti viihdyttämään, siinä ei ole minkäänlaista seikkailuhenkeä, eikä vähäinen huumorikaan toimi kuin satunnaisesti. Vertailu **Daniel Craigin** kauden Bondeihin ei siis ole kaukaa haettu.

Tenet käynnistyy, kun Päähenkilö (**John David Washington**), edellisellä keikallaan pahoin ruhjottu CIA-agentti, saa uudeksi tehtäväkseen estää kolmas maailmansota. Joku lähettää tulevaisuudesta meidän nykyisyyteemme ajassa takaperin kulkevia esineitä, ja kyseessä on ydintuhoakin vakavampi uhka kaikelle olevaiselle. Tulevaisuus haluaa näyttävän tuhota paitsi nykyisyyden, myös menneisyyden; pyyhkiä meidät kokonaan olevaisuuden kartalta ikään kuin ihmiskuntaa ei olisi koskaan ollut olemassakaan.

Tämän valottamiseksi katsojalle elokuvan ensimmäiset noin 40 minuuttia ovat melkein sietämätöntä konekivääriselittämistä. Päähenkilö käy eri henkilöiden kanssa erittäin nopeiksi leikattuja dialogeja, jotka herättävät epäilyksen välttämättömyyden tekemisestä hyveeksi: ilman huippunopeaa etenemistä elokuva olisi varmaan päälle kolmetuntinen? Onneksi hillitön, katsojan sulattelukykyä koetteleva hyperaktiivinen tahti sittemmin hellittää, mutta alkupuolella siinä on totisesti kestämistä.

Epäusko herää kuitenkin pian muista syistä, kun Päähenkilö ja tämän sidekick Neil (**Robert Pattinson**) päättävät merkityksettömältä kuulostavan sivujuonen ratkaisemiseksi rysäyttää aivan oikean rahtijumbojetin päin lentokenttärakennuksen seinää. Tämä jakso alkaa koetella Nolanin maailman uskottavuutta.

Lentokone tosiaankin aivan oikeasti ajettiin kuvauksissa oikeaa rakennusta päin; tämä ei ole mikään tietokoneilla toteutettu erikoistehoste. Juonellisesti näyttää kuitenkin siltä, että elokuva on joko eksymässä sivupoluille, tai ainakin hakeutumassa varsinaiseen asiaansa niin pitkän kiertotien kautta, ettei sen seuraaminen luultavasti maksa vaivaa.

Tämän pidemmälle tarinaa ei voi enää spoilerien pelossa valottaa, mutta on pakko myöntää, että vastoin alkupuolen tuottamia odotuksia päähenkilökaksikkomme sinkoilu ajassa edestakaisin maailmanlopun estämistä yrittäessä alkaa vihdoin jossakin määrin toimia ja kiinnostaa. Seiska on silti melko vaatimaton tulos Nolanille, etenkin elokuvasta jossa on periaatteessa paljon hyviä elementtejä.

Erittäin luotaantyöntävänä ja kylmänä toimintaseikkailu kyllä säilyy loppuun saakka, aivan kuten Daniel Craigin Bond-elokuvat. Henkilöhahmoilla ei ole minkäänlaisia samastuttavia piirteitä, ja heidän keskinäiset välinsä perustuvat lähinnä väkivaltaan ja hyväksikäyttöön. Tämä koskee yhtä lailla hyviksiä ja pahiksia.

Näistä syistä *Tenet* on elokuva, josta on melkein mahdotonta aidosti pitää, riippumatta siitä kuinka paljon sen älyllistä akrobatiaa arvostaa. Se on periaatteessa oikein hyvä scifi-toimintaelokuva, jolle on kuitenkin lähes mahdoton aidosti lämmetä.

Nolanin aiempi elokuva *Interstellar* (2014) tuntui falskilta, koska siinä insinööri yritti kuvata tunteita, joita hänellä ei oikeasti ollut. *Tenetin* heikkous on täsmälleen päinvastainen: insinööri yrittää olla niin epätoivoisesti insinööri, että vähäinenkin mahdollinen emotionaalinen tarttumapinta katoaa.

Nolan tuntuu itsekin tiedostaneen asian laittamalla **Elizabeth Debickin** roolihahmon olemaan jatkuvasti huolissaan kouluiässä olevasta pojastaan, jolloin äidin ja pojan välinen tunneside voisi ehkä paikata muun elokuvan kylmyyttä. Elokuvalle soveltuva drinkkipeli onkin yksinkertaisesti ottaa paukku aina kun Debicki lausuu sanat *"my son"*.

Jopa Päähenkilön varoitellessa, että tapahtumat saattavat johtaa koko ihmiskunnan kuolemaan, nainen ei voi olla lisäämättä perään *"including my son"*. Lopussa pakkomielle tarttuu myös pojan isään, **Kenneth Branaghin** tuimailmeiseen pääroistoon, joka komentaa alaisiaan huvijahdillaan: *"get my son to the boat"*.

Sovittakoon, että paukun saa ottaa myös siinä kohtaa.

•

M. Night Shyamalan nousi kiintotähdeksi elokuvaohjaajien taivaalle kokonainen neljännesvuosisata sitten jättihitiksi nousseella elokuvallaan *The Sixth Sense* (1999). Seurasi muutama muukin oikein hyvä elokuva, ennen kuin ote alkoi pahasti horjua.

Nykyään on mahdotonta arvata etukäteen mitä Shyamalanilta tulee: merkittävä osa elokuvistaan on ollut surkuhupaisan huonoja, mutta osumiakin tulee toisinaan. Tässä kirjassa Shyamalan saa tuplasti laajemman käsittelyn kuin Christopher Nolan. Käymme siis läpi miehen tätä kirjoitettaessa kaksi uusinta elokuvaa, jotka ovat *Old* (2021) ja *Knock at the Cabin* (2023). Luen molemmat ohjaajan tuotannon laadukkaampaan laitaan.

Oldissa oudolle tropiikin rannalle loukkuun jäänyt sekalainen turistiryhmä huomaa alettuan vanheta kiihtyvällä tahdilla. Jokainen kulunut tunti ikäännyttää heitä kokonaiset kaksi vuotta. Mistä on kyse ja miten pelastua hurjaa vauhtia lähenevältä kuolemalta?

Pitkän rivin vain välttäviä tai heikkoja elokuvia viime aikoina teh-

OLD
USA 2021
Ohjaus: M. Night Shyamalan
Pääosissa: Gael García Bernal, Vicky Krieps, Rufus Sewell
Katsottu: 21.3.2023
Formaatti: 4K Ultra HD

7

nyt mysteerimaakari onnistuu mielestäni tällä kertaa varsin hyvin. *Old* onkin minusta hänen parhaansa sitten *The Villagen* (2004). Suurin osa näiden kahden välissä valmistuneista elokuvista ei saa aikaan ainakaan minussa juuri muuta kuin naurunpyrskähdyksiä ja epäuskoista pään pyörittelyä.

Toki *Old* on sekin kaukana täydellisestä. Pari, kolme vaivaannuttavaa ratkaisua eivät kuitenkaan vielä riitä tuhoamaan kokonaisuutta. Ranta, jolle henkilöhahmot ovat jääneet loukkuun on rakennettu ulospääsyttömäksi ja tämä suljetun tilan mysteeri on erittäin kiehtova. Onneksi sille on kehitelty oman scifi-kehyksensä sisällä melko looginen selitys.

Knock at the Cabin on vielä hieman *Oldia* parempi, palataan siihen kun ehdimme vuoden 2023 elokuviin.

•

Joe Carnahanin elokuvien taso on ollut varsin vaihteleva. Loistavalla toisella ohjauksellaan *Narc* vuonna 2002 läpimurron tehneen kalifornialaisen muista töistä jotkut ovat olleet aika keskinkertaisia. Huomaan muuten nähneeni niistä tv-elokuvia lukuun ottamatta kaikki muut paitsi debyytin *Blood, Guts, Bullets and Octane* (1998).

Vuoden 2020 mainio *Boss Level* nostatti odotuksia *Copshopia* kohtaan, mutta se tuntui kuitenkin pieneltä pettymykseltä ensimmäisellä

COPSHOP

USA 2021
Ohjaus: Joe Carnahan
Pääosissa: Gerard Butler, Frank Grillo, Joe Carnahan
Katsottu: 28.3.2023
Formaatti: 4K Ultra HD

7

katselulla ja jäin pisteissä kuutoseen. Nyt toisella yrityksellä tämä moderni *Hyökkäystä poliisiasemalle* varioiva, ajoittain brutaali mutta myös komediallinen toimintaelokuva toimi hieman paremmin.

The Purgen jatko-osista ja *Boss Levelistä* tuttu **Frank Grillo** näyttelee toista pääosaa mysteerimiehenä, joka tinttaa poliisia päästäkseen asemalle ja selliin. Pian Gerard Butler ilmaantuu paikalle ilkeä ilme naamallaan, tekee samantyyppisen kikan ja istuutuu vastapäiseen selliin.

On ilmeistä, että kyseessä ovat takaa-ajettu ja tämän takaa-ajaja, ja pian aseet alkavat laulaa. Meno yltyykin pian melkoiseksi, minkä lisäksi kuullaan myös varsin nasevia dialogeja. Carnahan osaa edelleen kirjoittaa ja juonenkäänteet onnistuvat yllättämään.

Vankilaympäristöstä tulee mielenkiintoinen, muusta ympäristöstä erillinen taistelutanner. Butlerin ja Grillon roolihahmojen ohella joukosta alkavat pian erottua urhea mustaihoinen naispoliisi (**Alexis Louder**, *Violent Night*) sekä täysin sekopäinen ikämiespalkkamurhaaja (**Toby Huss**), joka ilmaantuu paikalle suunnilleen elokuvan puolivälissä tappamaan ihan kaikki. Siis todella ihan kaikki. Melkein siinä onnistuukin.

Betoninen poliisiasema ei tarjoa toiminnalle kovin näyttäviä puitteita, mutta kuten edellä todettiin sen käyttö toimii eräänlaisena suljettuna tilana. *Copshop* on kokonaisuutena keskitasoa parempi omassa lajityypissään.

FIRESTARTER
USA 2022
Ohjaus: Keith Thomas
Pääosissa: Zac Efron, Ryan Kiera Armstrong, Sydney Lemmon
Katsottu: 15.11.2023
Formaatti: SkyShowtime (HD)

4

Jo vuonna 1980 julkaistu *Firestarter* on yksi Stephen Kingin parhaista romaaneista, vaikka sitä ei olekaan kovin helppo arvata erittäin keskinkertaisen vuoden 1984 elokuvaversion perusteella. Kirja oli myös ensimmäinen, joka aikanaan suomennettiin ja juuri tuon suomennoksen aikanaan luin kovakantisena versiona.

Kirjan ja alkuperäisen elokuvan tarina on pääosin sama, mutta elokuvaversio jätti pois kirjan tärkeitä teemoja ja pelkisti sen isän ja tyttären pakomatkaksi hämäräperäisiltä kirjainlyhenneorganisaatioilta. Nämä ovat viimeksi mainitun perässä, koska tämä kykenee sytyttämään tulipaloja pelkällä ajatuksen voimalla, millä taidolla voisi olla käyttöä aseteollisuudessa.

Vuonna 2022 valmistunut *Firestarterin* uusintaversio alkaa erittäin hyvin ja jonkin aikaa vaikuttaa siltä, että se olisi vanhaa versiota parempi: vakavammin otettava ja uskollisempi alkuperäiselle tekstille. Tämä vaikutelma säilyy noin elokuvan puoliväliin saakka, mutta sen jälkeen näkymät muuttuvat tasaista vauhtia koko ajan hölmömmiksi ja kun lopputaisteluihin saakka päästään, on kaikki toivo jo menetetty.

Hiukan plussaa siitä, että pelottavan Rainbirdin rooliin on saatu synkkäilmeinen alkuperäiskansan edustaja täysin överiksi maskeeratun **George C. Scottin** tai pikemminkin jonkun tämän nykyaikaisen vastineen sijasta.

Toisaalta kirjan hyytävimmät näkymät amerikkalaisesta pinnan alla piilevästä kirjainyhdistelmävirastojen harjoittamasta, fasistisesta oman käden oikeudesta puuttuvat myös tästä versiosta, kuten ne toki puuttuivat vuoden 1984 versiostakin.

Kokonaisuutena elokuva hukkaa potentiaalinsa jopa pahemmin kuin tuo vanhempi versio, mikä tuntuu hyvän alun jälkeen erityisen pahalta pettymykseltä.

Elokuva löytynee edelleen SkyShowtimen valikoimista. Kuva on laadultaan oikein siisti, mutta ei näyttänyt perus-HD:tä tarkemmalta. Ja monikanavaääniä tuossa palvelussa ei lainkaan tunnettu ainakaan silloin, kun tilaukseni oli vielä voimassa.

TRIANGLE OF SADNESS

Ruotsi + 9 muuta maata 2022
Ohjaus: Ruben Östlund
Pääosissa: Harris Dickinson, Woody Harrelson, Zlatko Buric
Katsottu: 28.2.2023
Formaatti: Blu-ray

10

Ruotsalaisen **Ruben Östlundin** miltei kokonaisuudessaan englanninkielinen *Triangle of Sadness* voitti vuonna 2022 Cannesin elokuvajuhlien pääpalkinnon Kultaisen palmun ja oli seuraavan vuoden alussa lisäksi Oscar-ehdokkaana parhaan elokuvan, ohjauksen ja käsikirjoituksen sarjoissa. Voittoja ei tullut, mutta tällainen huomio tuntuu vihjaavan, että elokuva on vähintään katsomisen arvoinen.

Triangle of Sadnessin varsin pitkäksi venyvä johdantojakso kuvaa mies- ja naispuolisen valokuvamallin (**Harris Dickinson** ja nyt jo edesmennyt **Charlbi Dean**) keskinäisiä kähinöitä liittyen siihen, kenen kuuluu maksaa ravintolassa kun mies ja nainen aterioivat, ja mikä on sukupuolten tasa-arvon tilanne tästä näkökulmasta.

Seuraavassa vaiheessa siirrytään luksusluokan jahdille risteilemään ja porsastelemaan. Aluksen aurinkokannelta löydämmekin jo alussa kiistelleen malliparikunnan loikoilemasta.

Mukana on sekalaista seurakuntaa. Woody Harrelson *(Natural Born Killers)* nähdään jahdin marxilaisuuteen taipuvaisena kapteenina, matkustajat ovat osin eksentrisiä ökyrikkaita, ja henkilökuntakin jakautuu kahteen kerrokseen: valkoisiin pukeutuneen kansimiehistön ja siniseen pukeutuneen huoltohenkilökunnan nokkimisjärjestys on selkeä. Hmm, haistanko yhteiskunnallisen allegorian?

Matkustajien joukossa erottuu edukseen kovaääninen liikemies, jossa roolissa nähdään *Pusher* -trilogiasta tuttu Zlatko Buric. Juhlava illallinen menee aikamoiseksi kohellukseksi, kun kaikki matkustajat eivät kestä voimakasta merenkäyntiä.

Östlund kuljettaa tragikoomista tarinaa virtuoosimaisella otteella. Satiiri huipentuu laivan haaksirikkouduttua autiolle saarelle, jossa sekalaisen seurakunnan aiempi arvojärjestys heittää yllättäen häränpyllyä. Nyt sinisiin pukeutunut naispuolinen siivoushenkilö ottaa ohjat.

Östlundin herkullinen luokkayhteiskunta-allegoria on kaksi ja puoli tuntia aivan täydellistä elokuvaa, jossa ei ole yhtään tylsää hetkeä! Myönnän, että ensimmäisellä katselulla uskalsin antaa sille vain 9 pistettä, mutta tämä tuli korjattua toisella kerralla.

Kotimainen blu-raykin on oikein siistikuvainen, mikä viimeistelee täydellisen hienon katselukokemuksen.

•

Samaisilla Cannesin elokuvajuhlilla 2022 *Triangle of Sadnessin* kanssa sai ensi-iltansa myös **Ali Abbasin** ohjaama hyytävä sarjamurhaajaelokuva *Holy Spider,* joka oli mukana samassa kilpasarjassa.

Iraniin sijoittuva tarina on tositapahtumien inspiroima. Se kertoo sarjamurhaajasta, joka haluaa siivota kotikaupunkinsa kadut prostituoiduista. Mies teeskentelee olevansa näiden asiakas, vie naiset kotiinsa ja kuristaa nämä sitten siellä hengiltä.

Elokuva ei pidä murhaajan henkilöllisyyttä mysteerinä vaan se paljastetaan melko varhain: kyseessä on hurskas perheenisä, oikea kunnollisuuden perikuva. Motiivit ovat kiinnostavampia. Murhaaja ei ihan oikeasti koe tekevänsä mitään väärää, koska hänen jumalansa

HOLY SPIDER
Tanska + 5 muuta maata 2022
Ohjaus: Ali Abbasi
Pääosissa: Alice Rahimi, Diana Al Hussen, Soraya Helli
Katsottu: 22.5.2023
Formaatti: Apple TV (HD)

8

ei uhrien toimintaa hyväksy. Ja kun hänen perheelleen selviää mitä isä iltaisin tekee, sieltäkin tulee vain ja ainoastaan tukea.

Loppua kohden hyväksynnän mittakaava pelkästään kasvaa. Kun murhaaja jää elokuvan loppupuolella kiinni, kaupunkilaiset kokoontuvat mielenosoituksiin vaatimaan tämän vapauttamista. Mitään pahaa ei ole mies tehnyt! Oikeuslaitoksen kamareissakin mietitään miten miehen tuomitseminen teoistaan voitaisiin välttää.

Holy Spider on puistattava elokuva oikein vaikuttavasti toteutettuna. Uskonnon läpitunkemassa yhteiskunnassa moraalikäsitykset kykenevät kääntämään perinteisen käsityksen oikeasta ja väärästä täysin epäinhimilliseen asentoon.

•

Japanilaisen kirjailija **Kōtarō Isakan** hitman-trilogian keskimmäiseen teokseen *Maria Beetle* (2010) perustuva *Bullet Train* osoittautui todella ylipitkäksi toimintakomediaksi.

Brad Pitt *(Burn After Reading)* näyttelee periaatteessa pääosaa henkistymistä hakevana, tässä tehtävässä koodinimellä Leppäkerttu tunnettuna palkkatappajana, jonka uusin tehtävä on vienyt hänet Japaniin. Kiotoa kohti kiitävässä luotijunassa on useita muitakin hänen kollegoitaan, joilla on myös juonen kannalta keskeinen rooli ja runsaasti repliikkejä.

BULLET TRAIN
USA 2022
Ohjaus: David Leitch
Pääosissa: Brad Pitt, Joey King, Aaron Taylor-Johnson
Katsottu: 9.8.2023
Formaatti: Prime Viedo (4K)

5

Elokuvaa ei tarvitse katsoa kovin pitkään, ennen kuin sen keinotekoinen nokkeluus alkaa jo tuntua ainakin lievästi rasittavalta. On kuin käsikirjoittaja olisi varta vasten rakentanut elokuvaan tilanteita, joiden jälkeen hän voisi taputtaa itseään selkään toistellen ääneen "ai hitsi että mä oon hauska". En tiedä miten suuri osa näistä hassutteluista on peräisin jo kirjasta.

Minua ei varmaankaan tunneta yhtenä ensimmäisistä elokuvanharrastajista, joka tuomitsee elokuvissa ylenpalttisen verenroiskutuksen, mutta tässä jopa siihen alkoi nopeasti leipääntyä. Se tuntui vähän päälleliimatulta rankistelulta. Lisäksi ei erityisen hienot CGI-efektit ottivat pannuun ja tuntuivat aivan erityisen kehnoilta lopun romutusjaksossa. Lisäksi vielä jo mainitsemani selkeä ylipituus.

Kyllä tässä on nyt pakko tyytyä antamaan vain 5 pistettä. Prime Videon 4K-kuva näytti kyllä laadukkaalta.

•

Seuraavaksi jotakin täysin erilaista! Tasan viikkoa *Bullet Trainin* ensi-illan jälkeen maailman ensiesityksensä sai Fantasia International Film Festivalilla **Kyle Edward Ballin** *Skinamarink*, joka ei voisi mitenkään olla enää erilaisempi amerikkalaiselokuva. Karvan verran päälle vuotta myöhemmin työnsin sen amerikkalaisen blu-rayn koneeseen ja ällistyin.

SKINAMARINK

USA 2022
Ohjaus: Kyle Edward Ball
Pääosissa: Lucas Paul, Dali Rose Tetreault, Ross Paul
Katsottu: 3.8.2023
Formaatti: Blu-ray

5

En enää muista mihin taide-elokuvaan liittyen aloitettiin aikoinaan keskustelu elokuvasta ”liikkuvana maalauksena”, mutta nyt siitä löytyi vihdoin ihan aito esimerkki. *Skinamarink* on nimenomaan pikemminkin liikkuva maalaus kuin oikea elokuva.

Kannen mukaan on kuin **David Lynch** olisi ohjannut *Poltergeist-in;* mainitsematta jää, että hän on tehnyt sen David Cronenbergin *Stereon* (1969) ja *Crimes of the Futuren* (1970) estetiikkaa noudattaen ja niiden ääniraitaa matkien.

Jos ihan tarkkoja ollaan, 100 minuutin mittaisessa elokuvassa ei varsinaisesti tapahdu mitään. Kaksi pientä lasta, joista toinen on poika ja toinen tyttö, herää keskellä yötä siihen että heidän isänsä on kadonnut - ja samalla kertaa myös kotina toimivan rakennuksen kaikki ovet ja ikkunat. Siitä eteenpäin yritämme eläytyä elokuvaan ikään kuin heidän painajaisenaan.

Tämän asetelman kehittämistä kauhuksi vaikeuttaa se, ettei meille missään vaiheessa määritellä normaaliutta, josta poiketa. Koko elokuva jo alkaa normaalin tuolla puolen. En tiedä millaisilla kameroilla *Skinamarink* on kuvattu, mutta ilmeisesti on käytetty filmiä, koska pimeät kohdat ovat täynnä kohinaa ja niitä on paljon. Kuvissa nähdään pääosin joko täydellistä pimeyttä tai yksityiskohtia lasten kodin seinistä. Lapset puhuvat harvakseltaan ja silloinkin kun he niin tekevät, heitä ei yleensä näytetä kuvissa.

Lasten äiti ilmaantuu kuviin taustalle väliaikaisesti jonkinlaisena aaveena. Aito kauhun lähdekin kyllä pienellä viiveellä löytyy: jokin tarkemmin määrittelemätön olio antaa lapsille silloin tällöin komentoja hirviömäisellä äänellä. AARGH! yhtäkkiä kuvassa näkyy pelottava hahmo, joka näyttää siltä kuin silmät olisi kaivettu päästä! Tätä jump scarea tehostettiin onneksi kovalla äänellä, johon heräsin ja katsoin elokuvan sitten menestyksellisesti loppuun.

Mielestäni lopulta myös ymmärsin mistä oli kyse! Nimittäin: elokuvan alussa ohjaaja demonstroi talon ovien katoamisen siten, että hän ensin näytti oven normaalilla paikallaan tietyn ääniefektin säestyksellä, ja sitten sen puuttumisen ilman ääniefektiä. Elokuvan lopussa nähtiin jotakin ihan muuta saman ääniefektin säestyksellä ja sitten sen puuttuminen ilman. En spoilaa mitä se oli, mutta minusta se selitti mistä tässä oli kyse.

Elokuvan, tai siis liikkuvan maalauksen alkupuolella olin pitkän aikaa melko kyllästynyt ja ajattelin että levy pitäisi vain yrittää myydä eteenpäin. Loppu oli kuitenkin sen verran ällistyttävä, että taidan sittenkin säilyttää sen uutta katselua varten, johon olen varautunut paremmin. Onhan tämä aika ainoalaatuinen teos.

Nyt annettava viitonen voikin uusintakatselulla helposti joko nousta tai laskea 2 – 3 pistettä.

•

Call Me by Your Namen (2017) ja *Suspirian* (2018) ohjaaja, italialainen **Luca Guadagnino** pohjaa uuden elokuvansa *Bones and All* romaaniin, joka kertoo hyvin omalaatuisista laitapuolen kulkijoista.

18-vuotias Maren (**Taylor Russell**) on mustan isän ja valkoisen äidin varsin omalaatuinen tytär. Äiti on lähtenyt jo aikaa sitten karkuun, kun isä vielä yrittää pitää tytärtään kurissa lukitsemalla tämän öiksi omaan huoneeseensa ettei tämä vaan karkaisi ulos syömään syyttömiä sivullisia. Maren on nimittäin kannibaali!

Lopulta hän onnistuu pakenemaan pitkälle road tripille, jossa nähdään amerikkalaisen unelman karumpaa laitaa. Matkansa aikana Maren tapaa muita kaltaisiaan, joista luonnottoman laihaksi itsensä riuduttaneen **Timothée Chalametin** *(Dyyni)* näyttelemä Lee kasvaa läheisimmäksi.

Bones and Allin ihmissyöntikohtaukset ovat hätkähdyttävän veri-

BONES AND ALL
USA 2022
Ohjaus: Luca Guadagnino
Pääosissa: Timothée Chalamet, Taylor Russell, Mark Rylance
Katsottu: 20.6.2023
Formaatti: Prime Video (4K)

6

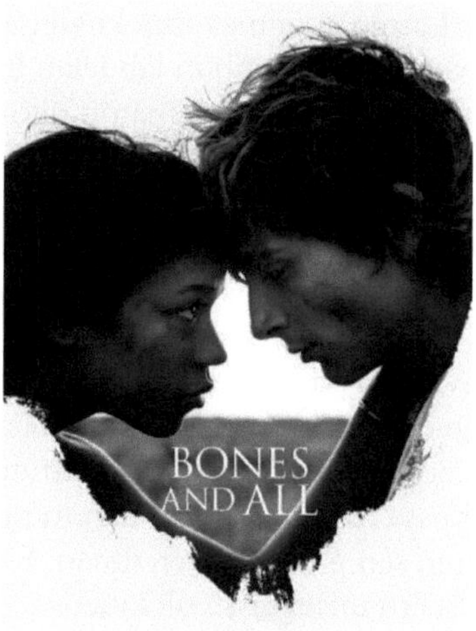

siä, mutta yleisesti ottaen kyseessä on (väkivaltaeksploitaation sijasta) road movien henkeä tapaileva taide-elokuva, joka venyy lopulta aika lailla ylipitkäksi. Yllättävän mukava tätä oli silti seurata ensimmäiset puolitoista tuntia, ennen kuin vasta sen jälkeen väsymys alkoi iskeä.

Prime Videon tarjoaman 4K-kuvan laatu oli muuten erinomainen, mutta ajoittainen voimakas kohina laajoilla väripinnoilla häiritsi jonkin verran.

•

Olivia Wilden ohjaamassa elokuvassa *Don't Worry Darling* **Florence Pugh** *(Midsommar)* on keskellä Yhdysvaltain lounaisosien karuja erämaita rakennetulle idylliselle 1950-luvun tyyliselle lähiöalueelle miehineen (**Harry Styles**) muuttanut lapseton kotiäiti, josta alkaa vähin erin tuntua siltä, että asuinympäristössä ja sen tapahtumissa on jotakin outoa.

Mies tekee lähistöllä huippusalaista työtä arvoituksellisen Victory-projektin parissa eikä siitä saa kertoa mitään kotona. Koko projektin käytössä oleva alue on itse asiassa suljettu muilta kuin työntekijöiltä, eikä lähiössäkään asu lainkaan ulkopuolisia.

Omituiset tapahtumat alkavat kumuloitua ja niiden kanssa elokuva viettää minusta tarpeettoman kauan aikaa: ensin pikkurouva näkee tai kokee jotakin omituista, kauhistuu ja ihmettelee suu avoi-

DON'T WORRY DARLING
USA 2022
Ohjaus: Olivia Wilde
Pääosissa: Florence Pugh, Harry Styles, Chris Pine
Katsottu: 26.3.2024
Formaatti: 4K Ultra HD

9

mena ja sen jälkeen kertoo asiasta joko miehelleen tai ystävättärelleen (roolissa ohjaaja Wilde), mutta kukaan ei usko. Kuvittelet vaan.

Sen jälkeen kierros alkaa alusta, ja kun tätä kehää on tarpeeksi kauan kierretty, se alkaa hieman puuduttaa. Mennään jo eteenpäin! Lopulta niin sitten tapahtuukin ja oudon asuinalueen salaisuudet alkavat paljastua.

Don't Worry Darling on yksi parhaista näkemistäni vuoden 2022 elokuvista, mutta tuo ensimmäisen tunnin ylihidas eteneminen verottaa siltä kokonaisen pisteen, itse asiassa melkeinpä kaksi.

Hienon elokuvan 4K UHD -julkaisu on pieni pettymys vaikka kuvanlaatu onkin varsin OK. Se on kuitenkin aika lyhyt harppaus eteenpäin aiemmin omistamastani blu-raystä. Lisäksi kuvan valovoima tuntuu vajaalta eikä sitä saa kunnolla korjattua kuvan säädöillä. Tämä ei ole kovinkaan harvinainen ilmiö 4K-levyjulkaisuissa.

•

Espanjalainen mysteerijännäri *Jaula* käynnistyy, kun hienolla E-sarjan Mersulla (joka muuttuu elokuvan lopussa oudosti GLE-mallin maasturiksi) ajava pariskunta on vähällä törmätä öisellä kadulla paljasjalkaiseen 6-vuotiaaseen tyttöön, joka ei puhu mitään eikä uskalla liikkua ellei häntä ole ensin ympäröity liidulla lattiaan tai tiehen piirretyillä, hänet sisälleen rajaavilla ääriviivoilla.

JAULA
Espanja 2022
Ohjaus: Ignacio Tatay
Pääosissa: Elena Anaya, Pablo Molinero, Eva Tennear
Katsottu: 6.4.2023
Formaatti: Netflix (4K)

6

Sairaalakäynnin jälkeen lapsi viedään jostakin syystä hänet löytäneen pariskunnan hulppeaan kotiin toipumaan. **Elena Anayan** näyttelemä, lapsettomuushoitoja parasta aikaa läpi käyvä vaimo haluaisi ilmeisesti pitää tytön ihan pysyvästikin. Mutta mistä tämä ilmestyi keskelle öistä tietä ja millainen arvoitus on tapahtumien takana?

Olin jotenkin ymmärtänyt väärin, että selitys olisi yliluonnollinen mutta ei se sitä lopulta ollut eikä tämä ollut edes kauhuelokuva, trilleri vain. Se löytyy Netflixistä myös suomenkielisellä nimellä *Pelkoraja* ja sen 4K-kuvanlaatu on ensiluokkainen, kuten Netflixissä yleensäkin on.

•

Jalmari Helanderin uutuuselokuvan *Sisu* maailman ensi-ilta Toronton elokuvajuhlilla osui samalle päivälle jolloin edellä juuri käsitelty *Jaula* sai Espanjan ensi-iltansa. Kun elokuva seuraavan vuoden puolella julkaistiin eri puolilla maailmaa videotallenteena, oli jo ennaltakäsin tiedossa ettei Suomessa julkaistaisi 4K UHD:tä. Tilasin sen siis jenkeistä.

Kuten yleisesti tiedetään, elokuvan juoni on varsin yksinkertainen. Äärimmäisen vähäpuheinen suomalainen kullankaivaja alkaa vuoden 1944 Lapissa teurastaa juuri kaivamaansa kulta-aarretta havittelevia natseja niin että veri ja irtojäsenet vain lentävät. Spoilerien

SISU
Suomi/Iso-Britannia/USA
2022
Ohjaus: Jalmari Helander
Pääosissa: Jorma Tommila, Aksel Hennie, Jack Doolan
Katsottu: 15.3.2024
Formaatti: 4K Ultra HD

8

pelossa en nyt kerro tarkemmin miten nerokkaita tapoja natsien eliminoimiseen keksittiin, vaikka olin aivan erityisen innoissani yhdestä niistä.

Jorma Tommilan näyttelemä Aatami Korpi osoitti hienoa kekseliäisyyttä tilanteessa, jossa natsit olivat piirittäneet tämän lampeen ja jotenkin piti saada hengitettyä vaikka pinnalle ei voinut nousta ettei tullut ammutuksi. Täytyy sanoa, että kotimaisessa elokuvassa tämän mittaluokan mättö on aivan ainoalaatuista.

Hauskasti nostattavaa on myös Aatamin menneisyyden paljastaminen venäläisten sotilaiden painajaisena. Hiukan samalla tavallahan Rambonkin taustoja alettiin toiminnan alettua hehkuttaa toisessa *Rambossa* (1985) tyyliin "what you call hell he calls home".

Ulkomaisissa arvioissa on mainittu, että *Sisu* etenee ihailtavasti koko ajan eteenpäin kuin tankki (siis vähän niin kuin *Mad Max: Fury Road).* Minulle tuli ohimennen häiritsevä tunne, että elokuva hyytyi joksikin aikaa paikoilleen siinä kohdassa, jossa oli hetkeä aiemmin näytetty poltetun Rovaniemen maisemia. Ne jotka ovat nähneet elokuvan, tietävät mitä tarkoitan.

Mutta silti tämä on aika pieni valituksen aihe, suurimman osan aikaa tämä oli riemastuttavaa, elävää ja luovaa elokuvaa. Tämä oli jo toinen katselu ja pisteet pysyivät edelleen kahdeksassa.

Amerikkalainen 4K-levy oli kuvanlaatunsa osalta referenssitasoa, mutta ääniformaatin suhteen on netissäkin ollut narinaa, kun ei ole

Dolby Atmosta, vaikka kotimaisessa blu-ray -julkaisussakin on, vaan pelkkä Dolby TrueHD. Mutta hyvin ääni toimi joka tapauksessa.

ALL QUIET ON THE WESTERN FRONT
Saksa/USA/Iso-Britannia 2022
Ohjaus: Edward Berger
Pääosissa: Felix Kammerer, Albrecht Schuch, Aaron Hilmer
Katsottu: 11.4.2023
Formaatti: Netflix (4K)

5

Oscareita alkuvuodesta 2023 rohmunnut saksalainen sotaelokuva *Länsirintamalta ei mitään uutta* ei minua etukäteen muuten pahemmin kiinnostanut, mutta olin utelias siitä millä ansioilla se oli nuo kaikki palkinnot saanut. Täytyihän siinä olla silloin jotakin erityistä.

En sitten kuitenkaan keksinyt mitä se oli. Geneeriset saksalaiset sotilaat, joita ei katsojalle sen kummemmin esitellä lähtevät innokkaasti mukaan ensimmäiseen maailmansotaan ja taistelevat sen jälkeen verisesti kaksi ja puoli tuntia, minkä jälkeen elokuva päättyy. Varsinaista tarinaa ei ole. Taistelujen välissä haahuillaan keskieurooppalaisella maaseudulla tai seurataan rauhanneuvotteluja, joissa ranskalaiset esitetään melkoisina kukkoilijoina.

Netflixin 4K-kuvanlaatu on kuitenkin todellista huippua, ja sotaa ympäröivää luontoa kuvataan toistuvasti silmiähivelevällä **Terrence Malick** -tyylillä. Ei olekaan ihme, että yksi elokuvan voittamista Oscareista tuli nimenomaan kuvauksesta – sehän annetaan yleensäkin parhaille maisemille.

8. joulukuuta 1975, ollessani vielä nuori mies näin televisiosta silloisen MTV:n esittämänä vuoden 1930 version tästä samasta tarinasta ja se teki silloin minuun suuren vaikutuksen. Tämä vain ei tehnyt. Hienosti tehty elokuva toki, mutta jätti kylmäksi. En ole varma onko

vika minussa vai oliko tuo aiempi versio vain ylivertainen verrattuna tähän.

JEEPERS CREEPERS: REBORN
USA 2022
Ohjaus: Timo Vuorensola
Pääosissa: Gary Graham, Dee Wallace, Timo Vuorensola
Katsottu: 27.2.2024
Formaatti: HBO Max (HD)

1

Erään elokuvaillan lopussa minulla oli aikaa enää mahdollisimman lyhyen, mielellään alle puolitoistatuntisen elokuvan katseluun. HBO Maxin tilaus oli tuolloin voimassa ja sen tarjontaa selatessani löysin elokuvan nimeltä *Jeepers Creepers: Reborn.*

Alkuperäinen *Jeepers Creepers* vuodelta 2001 minulla on blu-raynä hyllyssä ja se on oikein mainio elokuva. Uteliaisuus voitti, joten päätin sitten katsoa illan päätteeksi tämän uudelleenlämmittelyn. Kuten arvata saattaa, se oli huono idea.

Alussa *Jeepers Creepers: Reborn* näytti vielä vähän oikealta elokuvalta, kun toistettiin alkuperäisen elokuvan ensimmäiset parikymmentä minuuttia sellaisenaan, ainoastaan sen elokuvan nuoripari vanhuksiin vaihtaen. Pelkääjän paikalla autossa istui itse Dee Wallace *(Cujo, The Howling, E.T.)!*

Mutta sitten kun päästiin itse tarinaan, jossa geneerinen nuoripari vierailee kauhuteemaisessa tivolissa, huomio alkoi kiinnittyä suunnilleen kaiken totaalisen paskuuteen. Dialogi, näytteleminen, halpa ympäristö, kaiken surkeus aiheutti pelkästään myötähäpeää. *Everybody who is nobody is in this film.*

Olin tässä vaiheessa jo huomannut IMDb:stä, että suomalainen ohjaaja **Timo Vuorensola** nähtäisiin elokuvassa ”mystery creeperin" roolissa. Todellisen järkytyksen koin kuitenkin kun lopputekstit alkoivat ja huomasin hänen myös ohjanneen tämän hirvityksen! Että sellainen käyntikortti Hollywoodiin. Eivät taida Marvelilta soitella.

Koko elokuva oli ykkösosasta kopioidun alkujaksonsa jälkeen uskomattoman amatöörimäinen kliseekokoelma ja on hävytöntä myydä sitä *Jeepers Creepersin* arvokkaalla nimellä, joka voi saada pahaa aavistamattomat kauhun ystävät jopa katsomaan elokuvan. Nimiä mainitsematta.

Ainoana puhtaan ykkösen vetäneenä elokuvana *Jeepers Creepers: Reborn* voidaan nyt julistaa koko CineActive 1 -kirjan surkeimmaksi esitykseksi.

GOODNIGHT MOMMY
USA 2022
Ohjaus: Matt Sobel
Pääosissa: Naomi Watts, Cameron Crovetti, Nicholas Crovetti
Katsottu: 7.3.2023
Formaatti: Prime Video (4K)

6

Naomi Wattsin tähdittämä *Goodnight Mommy* on amerikkalainen uusintaversio itävaltalaisesta kauhuelokuvasta *Ich seh, Ich seh* (2014). Olisin tietysti mieluummin katsonut alkuperäisen, mutta en tiennyt mistä sen voi nähdä. Uusintaversiolla siis mennään.

Tarinan alussa isä vie identtiset kaksospoikansa vierailulle äitinsä luo ja jättää sinne. Äiti on kuuluisa, keski-ikäistymässä oleva elokuvatähti, joka on juuri teettänyt itselleen kasvojenkohotusleikkauksen ja ottaa pojat siksi vastaan kasvot kääreissä. Tai niin meille ainakin kerrotaan.

Tunnelma talossa on erikoinen. Poikia alkaa epäilyttää, onko kasvot kääreissä oleva nainen ollenkaan heidän äitinsä vai onko joku tunkeilija asettunut tämän tilalle. Talossa ja sen pihapiirissä on paikkoja, joihin ei saa mennä. Äidin käyttäytyessä alati kummallisemmin mysteeri alkaa tuntua painostavammalta. Mistä on kyse?

Kaiken takaa paljastuu yllätyskäänne, jonka jälkeen tekisi mieli katsoa elokuva alusta uudelleen sen tarkistamiseksi mitä meille alkupuolella kerrottiinkaan. Aivan niin kiinnostava tämä ei silti ole, että niin tulisi koskaan tehtyä. Mutta voisi tähän käytetyn ajan paljon huonomminkin viettää.

SMILE
USA 2022
Ohjaus: Parker Finn
Pääosissa: Sosie Bacon, Jessie T. Usher. Kyle Gallner
Katsottu: 26.3.2024
Formaatti: 4K Ultra HD

7

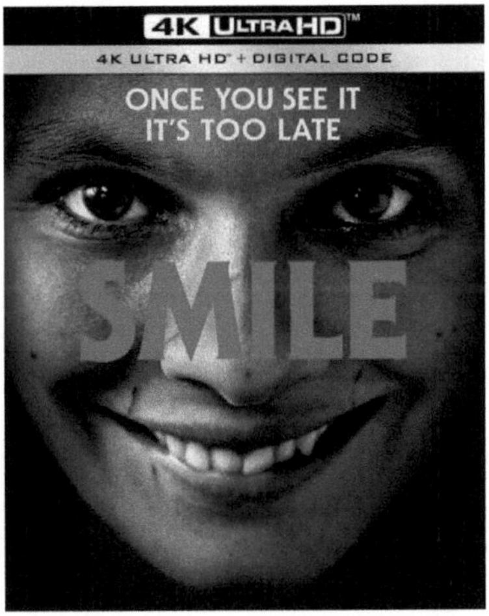

Kauhuhitti *Smilen* ensimmäisellä katselukerralla vuoden 2022 joulupäivän illalla merkitsin sille rimaa hipoen kahdeksan pistettä, mutta aavistelin että pisteytys saattaisi pudota uusilla katselukerroilla. Niin sitten tosiaan kävikin. Uusintakatselut eivät olleet yhtä tehokkaita, eikä se johtunut pelkästään tarinan tuttuudesta.

Vasta silloin nimittäin kiinnitin tarkemmin huomiota siihen, että touhukas naispuolinen päähenkilömme, psykiatri Rose (**Sosie Bacon**) edusti jo melkein tarinan alusta alkaen yhtä kaikkein ärsyttävimmistä kauhuelokuvan arkkityypeistä: keskushenkilöä, joka haluaa muiden uskovan itseään, mutta sen jälkeen ikään kuin tarkoituksella puhuu ja käyttäytyy tavoilla jotka kaikkein varmimmin estävät sen.

Samanlaisia tyyppejä kauhuelokuvissa on paljon, ja heidän seuraamisensa katsomon puolelta on joskus rasittavaa. *Don't Worry*

Darlingin nuori rouva oli tästä toinen hyvä esimerkki, *Candymanin* Helen kolmas.

Kun Rosen vastaanotolle tullut nuori opiskelijanainen (**Caitlin Stasey**) tekee hänen edessään itsemurhan hymyiltyään ensin hänelle karmivasti, käynnistyy tapahtumaketju joka saa hänet epäilemään, että häntä seuraa yliluonnollinen entiteetti. Tämä pystyy ottamaan kenen hyvänsä hahmon ja sen tunnistaa tuosta karmivasta hymystä. Kirous johtaa kuolemaan, ellei sitä saa siirrettyä eteenpäin.

Tarina on siis aika paljon sukua aiemmin käsitellylle *It Followsille* (2014), kun kauhun lähde samaan tapaan vainoaa päähenkilöä siirtymällä "isäntäkehosta" toiseen ja käyttäytymällä sen jälkeen häiriinnyttävästi. Hiukan samaan tapaan myös *Smile* saa tällä tavoin luotua säikäyttäviä tilanteita.

Rosen kujanjuoksu paljastaa myös sen, miten heikoissa kantimissa hänen onnelliselta ja vauraalta näyttänyt miessuhteensa oli. Tukea ei saa edes kaikkein lähimmältä luotetulta ja uskotulta. Myös oma sisko perheineen hylkää eikä kukaan usko. Tästä kulmasta katsottuna tarina on varsin lohduton.

Smilen pohjoismainen 4K UHD -julkaisu on todella erikoinen tapaus. Vaikka sen kannessa on täysin normaalisti esittelytekstit kaikilla pohjoismaisilla kielillä ja etukannessa ikärajapallukat, levyllä ei silti ole tekstitystä suomeksi. Tämä tuli itselleni yllätyksenä. Ehkä kannen alareunassa olevasta "Original version" -tekstistä olisi tuo jotenkin pitänyt arvata.

4K-levyn kuvanlaatu ei myöskään ole kaikkein parhaasta päästä, joten jos jo omistat blu-rayn, en suosittele päivityksen tekemistä. Blu-rayssä on lisäksi tekstitys suomeksi.

•

Inhosin jo ensimmäistä **David Gordon Greenin** vuoden 2018 *Halloween* -remakea (3 pistettä). Sen jatko-osa *Halloween Kills* oli vieläkin sietämättömämpi (2). Trilogian huipennus *Halloween Ends* oli saanut netissä varsin yksimielisen tuomion ongelmajätteeksi, joten odotin että pisteet putoaisivat loogisesti vielä yhdellä alaspäin. En kuitenkaan pyrkinyt teoksen ääreen ennen kuin se oli mahdollista nähdä ilman eri maksua, samalla kuukausimaksulla kuin muutkin elokuvat.

HALLOWEEN ENDS
USA 2022
Ohjaus: David Gordon Green
Pääosissa: Jamie Lee Curtis, Andi Matichak, James Jude Courtney
Katsottu: 15.11.2023
Formaatti: SkyShowtime (HD)

5

Ja mitä näinkään! Trilogian ainoan osan, jossa oli jonkinlainen tarina ja aidontuntuisia henkilöhahmoja. Muilta osin täysin osaamaton ohjaaja teki mielestäni täysin oikean ratkaisun ottamalla hiukan etäisyyttä Michael Myersin hahmoon ja kertomalla aivan uudesta henkilöhahmosta, jonka yhteydet massamurhaajaan rakentuvat vähitellen.

Niin ikään ymmärrän, että juuri tämä Myersin siirtäminen vähäiseen sivuosaan on ärsyttänyt nettikommentoijia. Kahta ensimmäistä osaa katsoessa v-käyrä oli kuitenkin koko ajan korkealla, tässä ei missään vaiheessa, vaikka ei tämä tietysti mikään hyväkään elokuva ollut. Pisteissä laskien kuitenkin yhtä hyvä kuin kaksi ensimmäistä osaa yhteensä.

Pilattuaan *Halloweenit* David Gordon Green ehti jo aloittaa myös *Manaajan* pilaamisen uudella trilogialla, mutta se onneksi katkaistiin jo ensimmäisen osan jälkeen (jota en ole nähnyt, lieneekö hyvä). Nyt uusimman tiedon mukaan ohjaajaksi vaihdetaan **Mike Flanagan** *(Gerald's Game)* sekä sen lisäksi Greenin aloittamaa tarinaa ei jatketa vaan aloitetaan uudelleen puhtaalta pöydältä.

•

Seuraavaksi siirrytään suhteellisen tuoreen ruotsalaiskauhun pariin. **Johannes Perssonin** ohjaama *Feed* sai ensi-iltansa niinkin äskettäin kuin lokakuussa 2022. Ohjannee-

FEED
Ruotsi 2022
Ohjaus: Johannes Persson
Pääosissa: Molly Nutley, Sofia Kappel, Vincent Grahl
Katsottu: 16.5.2023
Formaatti: C More (HD)

6

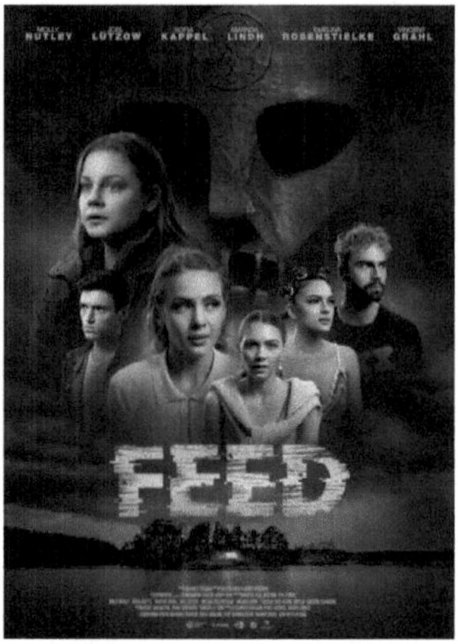

ko halloweenin läheisyys kauhuelokuvia ensi-iltoihinsa juuri lokakuussa, mene ja tiedä.

Elokuvan alkuteksteissä esiintynyt nimi **Sofia Kappel** kuulosti epämääräisen tutulta, mutta tunnistin kuitenkin näyttelijän vasta kun tämä tuli kuviin. Hänhän olikin sama näyttelijä, joka kirjaimellisesti venyi parhaimpaansa ihanassa pornodraamassa *Pleasure!*

Nyt Sofia näytteli erittäin suosittua Instagram-influensseria, joka oli saanut kavereineen kutsun viettämään luksuslomaviikonloppua ruotsalaisella saarella sijaitsevaan syrjäiseen ekologiseen lomakylään. Ideana oli, että konkurssin partaalla vaappuva lomakohde saisi jonkin verran some-näkyvyyttä nuorten aikuisten joukossa ja ehkä sitä kautta uusia asiakkaita.

Pian käy kuitenkin ilmi, että saarta ympäröivässä järvessä asuu muinainen pahuus, joka raatelee veteen uskaltautuvat paljon pahemmin kuin joku tappajahai. Kännykät eivät tietenkään toimi, venettä ei ole, eikä veteen voi mennä. Loukkuun jääneen joukon kohtalot ovat aika verisiä.

Yllättäviä juonenkäänteitä alkaa loppupuolella kasautua niin paljon, että tarinan uskottavuus alkaa kärsiä, mutta se ei liene ollut prioriteetti alun perinkään. Melkein seiska silti viihdyttävyysarvojen perusteella, vaikka ihan en siihen venynyt.

C More -palvelussa katseluaikaan ollut kopio elokuvasta oli oikein mainio kuvanlaadultaan, terävä ja kirkas.

TALK TO ME
USA 2022
Ohjaus: Danny & Michael Philippou
Pääosissa: Ari McCarthy, Hamish Phillips, Kit Erhart-Bruce
Katsottu: 14.10.2023
Formaatti: 4K Ultra HD

3

Riippumatta siitä, saiko *Feed* ensi-iltansa lokakuussa halloweenin läheisyyden vuoksi vaiko ei, pienimuotoiseksi hitiksi kasvanut *Talk to Me* ainakin sai. Sen ensi-ilta jenkeissä oli juhlapyhän aattona 30.10.

Talk to Me on Australiassa kuvattu kauhuelokuva, johon oli viimeistään vuoden 2023 puolella vaikea olla törmäämättä jos seuraili elokuva-aiheisia saitteja, Facebook -sivuja tai -ryhmiä. Olinkin ihan täpinöissäni kun elokuvan 4K-julkaisu tuli postitse suhteellisen nopeasti ja lisäksi sen ylöspano oli aivan ensiluokkainen: kuva on veitsenterävä ja kirkas, monikanavaääni toimii kerrassaan komeasti.

Valitettavasti itse elokuva jopa hieman yllättäen jättää, miten sen nyt kauniisti sanoisi, ”toivomisen varaa”. Kuvittelin ihan oikeasti ryhtyväni katsomaan uutta, mielenkiintoista ja omaperäistä teosta mutta sain jotakin ihan muuta.

Premissi lienee tuttu niille jotka ovat elokuvasta aiemmin lukeneet: nuorisoporukka on saanut haltuunsa mystisiä voimia omaavan kuolleen ihmisen käden, jota voidaan käyttää samaan tapaan kuin ouija-lautaa spiritistisissä istunnoissa. Kun sytytetään kynttilöitä, pimennetään valot ja keskitytään, se joka ottaa kädestä kiinni ja lausuu maagisen loitsun ”talk to me”, saa yhteyden kuolleeseen ihmiseen. Joka näyttää yleensä aika karmealta.

Niin, siinä olikin oikeastaan kaikki. Tässä tosiaan kuljetaan kauhuelokuvien viitekehyksessä ”lähtöruudun kautta”. Tämä sinänsä olisi vielä viattomuudessaan ihan söpöä, mutta rasittavaa siitä tekee nuorisoporukan urpous sekä ennen kaikkea se, että nämä pitävät sessioitaan hauskana viihteenä: kaikkia naurattaa, heillä on totta kai puhelin kädessä ja kuolleiden kohtaamiset striimataan videoina Instagramiin.

Voiko orastavia kauhufiiliksiä enää sen tehokkaammin nollata? Toisaalta saatan olla vain vanha mies huutelemassa pilville, ehkä tämä on toimiva konsepti nykynuorille.

Ongelmia nuorten hauskanpidosta tietenkin seuraa. Yksi heistä jää puoliksi jumiin yhteydenpidossaan kuolleisiin, toinen melkein tappaa itsensä sinänsä ihan tehokkaassa kohtauksessa, ja lopun aikaa odotellaan sitten lopputwistiä, jonka jopa minä pystyin näkemään olevan tulossa vaikka olen yleensä todella huono niitä arvaamaan.

Varsin kalliiksi tulleen, vaikkakin kuten sanottua laadukkaan, amerikkalaisen 4K-levyn sain onneksi myytyä pikaisesti eteenpäin.

VIOLENT NIGHT
USA/Kanada/Japani 2022
Ohjaus: Tommy Wirkola
Pääosissa: David Harbour, John Leguizamo, Beverly D'Angelo
Katsottu: 23.12.2023
Formaatti: 4K Ultra HD

8

Katsoin väkivaltakomedian *Violent Night* itse asiassa ensin SkyShowtime -palvelusta, mutta havaittuani sen erinomaiseksi hommasin pikavauhtia hyllyyni kuvassa näkyvän brittiläisen 4K UHD -julkaisun, joka sitten katsottiin koko perheen voimalla jouluaatonaattona.

En tiedä mikä tilanne on nykyään, mutta ainakin vielä vuoden 2023 lopulla SkyShowtime oli palveluna sikäli hanurista, ettei sen selailuvalikko kerro mitään siitä mitä tasoa elokuvan kuvanlaatu on, eikä myöskään tarjoa katsojille lainkaan diskreettiä monikanavaääntä.

Tilausjaksoni aikana katsomistani elokuvista *Violent Night* oli ainoa, jonka kuva näytti niin terävältä, että se oli mielestäni 4K-tasoa. Perinteinen Dolby Surround tietysti latisti tunnelmaa, mutta samaa ääntä kuultiin kaikissa muissakin elokuvissa ja sekin kuulosti aivan erityisen huonolta.

Dialogi keskikanavasta kuului monin paikoin paljon voimakkaammalta kuin räjähdykset, ampumiset ym. äänitehosteet pääkanavissa. Lisäksi huomattava osa musiikista kuului keskikanavasta. Ei näin!

Mutta elokuvana *Violent Night* oli oikein riemastuttava. Lyhyesti kerrottuna kyseessä on *Die Hard* upporikkaiden ihmisten kartanoon sijoittuvassa joulunvietossa, jossa John McClanen roolia näyttelee viinaanmenevä joulupukki (**David Harbour**). Kun terroristit ottavat koko juhlaväen panttivangiksi kiristääkseen suvun matriarkalta ison omaisuuden, on joulupukin pelastettava joulu ja yllettävä sankaritekoihin. Juhlaväen seasta voi bongata *Copshopin* Alexis Louderin.

Verisiä tappamisisa on runsain määrin pitkin elokuvaa. Oma suosikkini on kohtaus, jossa joulupukki onnistuu työntämään käsikranaatin yhden hyökkääjistä vaatteiden sisälle. Sokka on irti ja joulupukki juoksee karkuun. Mutta sitten hän muuttaakin mielensä ja kääntyy takaisin, "tämä pitää sittenkin nähdä".

Hiukan liian verinen tämä on pienten katsottavaksi, mutta ikäraja on toisaalta Britanniassakin vain 15, kuten kuvasta näkyy. Norjalainen ohjaaja **Tommy Wirkola** tunnetaan aiemmin *Dead Snow* -elokuvista.

•

Hauska yhteensattuma jälleen: katsoin *M3ganin* samana iltana kuin *Violent Nightin* aivan ensimmäistä kertaa, ja nyt ne osuvat peräkkäin myös kirjan sivuille.

Olin skipannut *M3ganin* aiemmin kokonaan luultuani sitä samanlaiseksi pahoja yliluonnollisia voimia sisältävästä nukesta kertovaksi kauhuelokuvaksi kuin *Annabelle* jatko-osineen (joita en ole viitsinyt katsoa). Mutta tämähän olikin jotakin ihan muuta.

Jykeväleukainen **Allison Williams** *(Get Out)* on lahjakas lelu-

M3GAN
USA 2022
Ohjaus: Gerard Johnstone
Pääosissa: Allison Williams,
Violet McGraw, Ronny Chieng
Katsottu: 15.11.2023
Formaatti: SkyShowtime (HD)

6

suunnittelija Gemma, jonka viimeisin mestariteos on tekoälyä sisältävä ja ympäristöstään oppiva, myös itsekseen liikkuva ja oma-aloitteisesti puhuva nukke M3gan.

Vanhempansa juuri auto-onnettomuudessa menettänyt Gemman siskontyttö Cady (**Violet McGraw**) saa nukesta niin kovan fiksaation, että tämän saa siitä ennen pitkää irti enää pakottamalla, vähän niin kuin nykynuoret älypuhelimista.

Mutta kuinka paljon älynukke oppii ympäristöstään ja alkaako se tarpeeksi opittuaan kostaa rajuilla tavoilla omistajansa kokemia vääryyksiä? No totta kai! Ja niitä saamme sitten rystyset valkoisina seurata.

Nukke itsessään on niin kolhon näköinen, että on vaikea kuvitella kenenkään kiintyvän siihen, mutta elokuvissa kaikki on mahdollista, *suspension of disbelief* ja sitä rataa. *M3gan* ei ole mikään mestariteos, mutta kyllä sitä yllättävän sujuvasti seurasi, ilman että mielenkiinto oikeastaan missään vaiheessa herpaantui.

•

M. Night Shyamalanin tätä kirjoitettaessa uusin elokuva oli sekin positiivinen yllätys. Jälleen yhden hassun cameo-roolin elokuvassaan tekevä ohjaaja tuntuu nyt olevan parantamassa juoksuaan. Jo hänen edellinen elokuvansa *Old* (2021) oli yllättävän hyvä parista yksittäi-

KNOCK AT THE CABIN

USA/Japani/Kiina 2023
Ohjaus: M. Night Shyamalan
Pääosissa: Dave Bautista,
Jonathan Groff, Ben Aldridge
Katsottu: 10.11.2023
Formaatti: Blu-ray

8

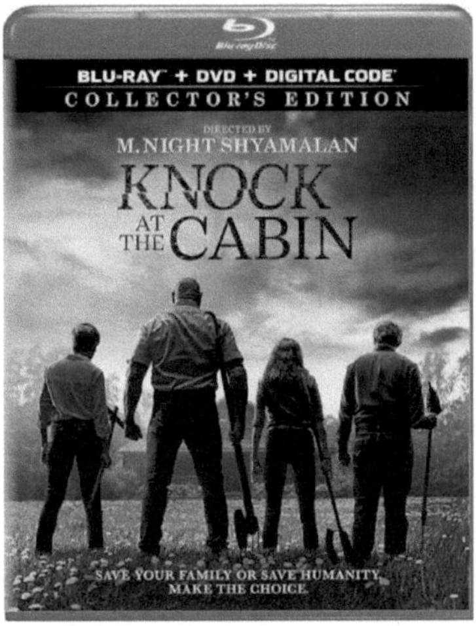

sestä noloudesta huolimatta, ja niin on tämä uutuuskin.

Spoilaamatta kerrottakoon vain se, että alkutilanteessa tapaamme muutamaa päivää vaille 8-vuotiaan Wenin, joka on tullut viettämään loma-aikaa syrjäiseen metsämökkiin kahden isänsä kanssa. Wen on sen piha-alueen tuntumassa keräilemässä heinäsirkkoja, kun yhtäkkiä paikalle ilmaantuu kuin tyhjästä jättikokoinen, tatuoitu, ei erityisen hyvin näyttelevä **Dave Bautista** tekemään tuttavuutta hänen kanssaan.

Oudon miehen perässä paikalle ilmaantuu kolme muutakin tyyppiä aseilta näyttävien astaloiden kanssa, minkä jälkeen syntyy piiritystilanne. Wen molempine isineen sulkeutuu mökin sisälle: ulkopuolella oleva nelikko vaatii päästä sisään, jotta kaikki voisivat yhdessä estää ei sen vähempää kuin maailmanlopun.

Tästä tarina sitten lähtee tarkentumaan ja pysyy varsin kiintoisana koko ajan. Realistisuudesta ollaan kaukana, mutta Shyamalanin selvä tarkoitus onkin pelata ajatusleikkiä: oletko valmis tekemään henkilökohtaisen uhrauksen suuremman hyvän eteen?

Knock at the Cabin ei ole mikään maailman paras yliluonnollisia elementtejä sisältävä trilleri, mutta erittäin hyvä kuitenkin. Jos on kova allergia Shyamalania kohtaan, tällä se tuskin paranee mutta itse viihdyin.

COCAINE BEAR
USA + 4 muuta maata 2023
Ohjaus: Elizabeth Banks
Pääosissa: Keri Russell, Alden Ehrenreich, Hannah Hoekstra
Katsottu: 21.8.2023
Formaatti: Apple TV (4K)

2

Näyttelijänä paremmin tunnetun **Elizabeth Banksin** ohjaama *Cocaine Bear* oli vuokrattuna versiona aivan häikäisevän upea kokemus: veitsenterävä 4K ja tilan tuntua tuova Dolby Atmos. Olisipa elokuva yltänyt kuvan- ja äänenlaatunsa tasolle.

Banks tuntui oudolta valinnalta elokuvaohjaajaksi, mutta ymmärsin mistä oli kyse kun tuottajien nimet tulivat kankaalle. **Phil Lord** ja **Christopher Miller**! Tämä on siis heidän ideansa, ja Banks on vain "fall guy" joka saa syyt niskoilleen surkeasta lopputuloksesta.

Kuten jotkut ehkä muistavat, Lord ja Miller tekivät ohjaajaparina ainakin kolme oikein mainiota komediaa kymmenisen vuotta sitten. Sen jälkeen heillä on ollut vastoinkäymisiä. Kaksikko sai näyttävästi kenkää Star Wars -elokuvan *Solo* puikoista (tosin ei siitä **Ron Howardin** loppuun ohjaamanakaan erityisen hyvää tullut).

Nyt Lord ja Miller ovat ottaneet tuossa elokuvassa nuorta Han Soloa eli siis pääosaa näytelleen tyypin (**Alden Ehrenreich**) täysin turhaan sivurooliin tähän elokuvaan, että tällä olisi vielä jotakin työtä. Sääli, että mukana on myös Ray Liotta, joka olisi ansainnut viimeiseksi elokuvakseen jotakin parempaa.

Tarina on äkkiä kerrottu: huumekuskien lentokoneesta putoaa tonneittain kokaiinia vuoristoalueelle, jossa liikuva karhu muuttuu sitä sniffattuaan aggressiiviseksi ihmisiä kohtaan. Ja tästä yritetään sitten rakentaa komediaa!

Splatteria riittää yllättävissäkin määrin, mutta muuten epätoivoinen hauskuuttamisen yrittäminen tuotti ainakin minulle vain yhden kohdan, jossa melkein naurahdin. Minusta oli nimittäin hauskaa, kun pikkupoika kiivettyään puuhun karhua karkuun varoitti aikuista huutaen ”that bear is fucked”. Tarkemmin ajatellen, ehkä sekään ei ollut oikeasti hauskaa ja vika oli minussa.

THE STRAYS
Iso-Britannia 2023
Ohjaus: Nathaniel Martello-White
Pääosissa: Ashley Madekwe, Bukky Bakray, Jorden Myrie
Katsottu: 11.4.2023
Formaatti: Netflix (4K)

5

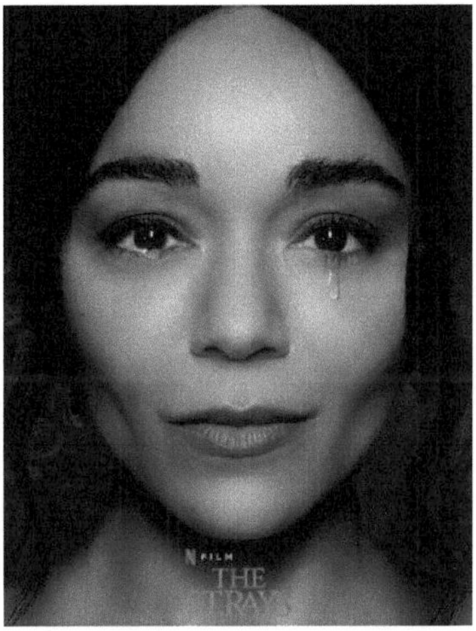

Netflixiin helmikuun lopulla 2023 tulleen uuden brittielokuvan *The Strays* keskushenkilö on värillinen lontoolaisnainen Neve, joka tuskailee alun takaumassa halvassa pikkuasunnossa rahapulaansa. Mutta kun siirrytään 18 vuotta eteenpäin nykyhetkeen hänestä onkin tullut kartanomaisessa omakotitalossa pienessä kaupungissa miehen ja kahden teinin kanssa asuva hienostorouva, joka työskentelee paikallisen yksityiskoulun vararehtorina ja on arvostettu niin työssä kuin seurapiireissäkin.

Neve alkaa kuitenkin nähdä ympäristössään outoja tummaihoisia hahmoja, joiden hiljainen tuijotus vaikuttaa uhkaavalta. Kuvitteleeko hän kaiken vai onko syytä huoleen?

Psykotrillerinä alkava elokuva ei tunnu pyrkivän kovin tosissaan uskottaviin käänteisiin, mutta on sillä silti kieltämättä hetkensä. Onneksi Neven näkökulma korvataan välillä myös muiden henkilöiden näkökulmalla ja katsellaan tapahtumat sitten uudelleen, se selventää. Lopun juonenkäänteitä joutuu silti seuraamaan hiukan epäuskoisena.

Toisin kuin yleensä, Netflixin 4K-kuva jättää runsaasti toivomisen varaa: etenkin laajat väripinnat ovat täynnä tummanharmaata, hyönteisparvea muistuttavaa kohinaa jollaista olen toisinaan nähnyt 4K-levyilläkin. Rasittava piirre, mistä johtunee.

65
USA/Kanada 2023
Ohjaus: Scott Beck, Bryan Woods
Pääosissa: Adam Driver, Ariana Greenblatt, Chloe Coleman
Katsottu: 17.12.2023
Formaatti: 4K Ultra HD

5

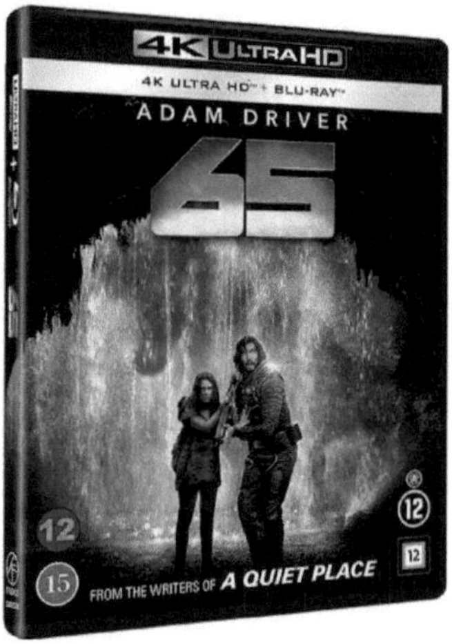

Tuoreessa scifi-toimintaelokuvassa *65* **Adam Driver** on vieraan sivilisaation täysin ihmisen näköinen edustaja, rohkea avaruuslentäjä, joka haaksirikkoutuu kesken matkansa hurjien hirviöiden tuolloin asuttamalle maapallolle 65 miljoonaa vuotta sitten.

Koska kyse on nimenomaan tuosta ajankohdasta, se joka arvaa että dinosaurukset tuhoava asteroidi nähdään elokuvassa hieman myöhemmin, ei saa siitä lisäpisteitä. Totta kai se nähdään.

Mutta sitä ennen avaruuslentäjän on yritettävä pärjätä vihamielisessä maailmassa ja pitää siinä sivussa huolta pakkolaskusta kanssaan ainoana hengissä selvinneestä pienestä tytöstä, joka muistuttaa häntä hänen omasta tyttärestään kaukana kotiplaneetalla. Kaksikon tavoitteena on kulkea hengenvaarallisen viidakon läpi päästäkseen kiipeämään vuorelle, jonka rinteelle pakomahdollisuuden antava escape pod on pääaluksen pakkolaskun yhteydessä pudonnut.

Tämä saattaa ehkä kuulostaa jännittävältä seikkailulta, mutta mitään erityisen mukaansatempaavaa kankaalla tai ruudulla ei nähdä. Sitäkin suurempi harmi on, että levyn kuvanlaatu on aivan tajuttoman hieno ja Dolby Atmos -formaatin ääniraitakin yksi parhaista mitä olen kuullut. Tämä tekninen erinomaisuus tuntuu menevän melko hukkaan kun elokuva itsessään on niin kovin keskinkertainen ja persoonaton.

JOHN WICK:
CHAPTER 4
USA/Saksa 2023
Ohjaus: Chad Stahelski
Pääosissa: Keanu Reeves, Laurence Fishburne, George Georgiou
Katsottu: 31.3.2024
Formaatti: Prime Video (4K)

4

Chad Stahelskin alkuperäinen *John Wick* oli mainio kostoteemainen toimintaelokuva ja minulla on se hyllyssäkin blu-raynä. Sen jälkeen sarja on kuitenkin heikentynyt kiihtyvällä vauhdilla. Jo toinen osa oli melko heikko esitys, mutta sekään ei valmistanut kolmososaan, jota vihasin ihan täysillä ja olen merkinnyt sille tilastoissani puhtaan ykkösen.

Tätä neljättä osaa en aikonut lainkaan katsoa, mutta seuran vuoksi oli kuitenkin lopulta pakko. Juonisummaus on lyhyt: Keanu Reevesin *(Point Break)* edelleen näyttelemä John Wick joutuu vielä kertaalleen taistelemaan pahiksia vastaan satunnaisten hyvisten tuella.

Vielä elokuvan alkupuolella seurasin tapahtumia varsin negatiivisella mielellä ja taisin torkahtaakin pari kertaa melkein puoli tuntia kestäneen yhtäjaksoisen, Japaniin sijoittuneen tietokonepelimäisen taistelukohtauksen aikana. Vaikka taistelukoreografiat olivat hyviä, pahisten loputon virta alkoi kyllästyttää ja sinänsä varsin vähäisten veriefektien teko tietokoneella latisti tunnelmaa vielä lisää.

Mutta sitten ihme tapahtui. *John Wick Chapter 4* alkoi vähitellen toimia ja viedä mukanaan! Sen vastustamaton tarve tehdä mahdollisimman isoa ja pitkäkestoista toimintajaksoa toisensa jälkeen alkoi vähitellen nostaa sekä mielenkiintoani että pisteitä.

Lopputaistelu taisi olla vielä alkupuolen taisteluakin pidempi ja sijoittui vuorostaan Pariisiin, jota edeltänyt Riemukaaren ympäri tapahtuva pitkä ampumisen ja tappelun täyteinen romuralli oli oikein viihdyttävä. Etenkin kun on nähnyt paikan päällä miten siellä ajetaan ja tiesi miten vähän nähty poikkesi normaalista.

Kaiken kaikkiaan, ei ollenkaan niin huono kuin odotin! Silti tämä ensimmäinen katselu jäi kyllä taatusti viimeiseksi.

INDIANA JONES AND THE DIAL OF DESTINY

USA 2023
Ohjaus: James Mangold
Pääosissa: Harrison Ford, Phoebe Waller-Bridge, Antonio Banderas
Katsottu: 3.12.2023
Formaatti: 4K Ultra HD

6

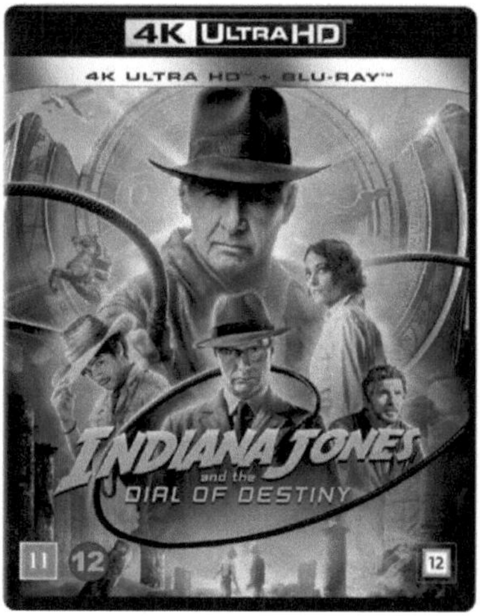

Raiders of the Lost Arkin (1981) käynnistämä Indiana Jones -elokuvien sarja ehti vuonna 2023 jo viidenteen osaansa, jonka luvattiin olevan viimeinen. Itselläni on ollut sarjaan vaikea suhde. Ensimmäistä osaa toki pidän klassikkona ja muistan nuoruudestani miten hienoa oli nähdä se teatterissa ensi-iltakierroksellaan. Jatko-osat ovat minusta olleet kaikki tavalla tai toisella huonoja, minkä mielipiteen kanssa olen tietääkseni ollut suhteellisen yksin.

Sarjan neljännestä osasta *Indiana Jones and the Kingdom of the Crystal Skull* (2008) ei sentään tykännyt kovin moni muukaan ja muutenkin se sai epäilemään koko konseptin toimivuutta 1980-luvun jälkeisessä maailmassa. Mutta useimpien mielestä sarjan toinen ja kolmas osa ovat kelpo seikkailuelokuvaa siinä missä minä vain pitkästyin.

James Mangoldin *(Walk the Line, Cop Land)* ohjaama *Indiana Jones and the Dial of Destiny* alkaa pitkällä jaksolla, jossa taas kerran natsien seuraan päätynyt Harrison Ford oli tietokone-efektein nuorennettu suunnilleen sen ikäiseksi mitä hän oli ensimmäisessä osassa. Ihan aluksi se tuntui hiukan oudolta, mutta siihen tottui nopeasti ja lopulta se toimi ihan mainiosti. Tekniikka tuntuu kehittyneen pitkin askelin sitten tässä suhteessa vaivaannuttavan *The Irishmanin.*

Indiana Jones ei hoitele natseja ihan samalla tyylillä kuin Aatami Korpi, mutta toimintaa riittää. Heti aluksi kävikin ilmeiseksi, että elokuvasta oli pyritty tekemään mukaansatempaava tekemällä siitä pitkien, toinen toistaan seuraavien hirmuisen vauhdikkaiden toimintakohtausten loputon jatkumo.

Elokuvan nimessä mainittu kapine on legendaarisen antiikin tiedemies Arkimedeksen kahteen osaan halkaisema, universumin salaisuuksia paljastava aurinkokello, jonka yksi puolikas on löytynyt, sen omistuksesta käydään kamppailua, ja toista puolikasta etsitään vauhdikkaasti ympäri eteläistä Eurooppaa.

Kahden ja puolen tunnin mittaan mahtuu yllättävän monta vähän pitkäveteistäkin toimintakohtausta, eivätkä uudet henkilöhahmot kuulu sarjan kiinnostavimpiin. Mutta kyllä tätä silti katsoi loppujen lopuksi melko mielellään.

Lopussa tulee sellaisia käänteitä, ettei niistä voi kirjoittaa mitään spoilaamatta. Annettakoon tekijöiden tunnustukseksi kuitenkin se, että jo hetken tulossa olevalta näyttänyt, noloin kuviteltavissa oleva loppuratkaisu vältettiin. Tosin sen korvaava loppukaan ei ole kovin häävi.

Taisin torkahdella kovavauhtisimpien jaksojen aikana, joten annetaan nyt rimaa hipoen 6 pistettä ja katsotaan paremmalla ajalla vielä uudelleen. 4K-kuvanlaatu oli varsin hyvä kuten korkean profiilin uutuuselokuvalta odottaa sopiikin.

•

Britti **Jonathan Glazerin** loistava *The Zone of Interest* sai ensi-iltansa Cannesin elokuvajuhlilla 19. toukokuuta 2023 festivaalin kilpasarjassa, jossa se tuli sittemmin voittamaan kakkospalkinto Grand Prix'n. Jo tuolloin julkaistujen arvioiden perusteella siitä tuli minulle vuoden odotetuin elokuva, mutta tilaisuutta nähdä se piti odottaa vielä lähes

THE ZONE OF INTEREST

Iso-Britannia 2023
Ohjaus: Jonathan Glazer
Pääosissa: Christian Friedel, Sandra Hüller, Johann Karthaus
Katsottu: 27.4.2024
Formaatti: Blu-ray

10

kokonainen vuosi.

Glazerin aiemmista elokuvista jätin hiukan nolostuttavasti kesken *Sexy Beastin* (2000), mutta sekä *Birth* (2004) että *Under the Skin* (2013) minulla on hyllyssä ja pidän molempia erinomaisina. *The Zone of Interest* ylittää nämä kaikki, on Glazerin selkeästi paras elokuva tähän mennessä ja lisäksi minun kirjoissani vuoden 2023 ylivoimaisesti paras elokuva.

The Zone of Interest kertoo Auschwitzin komendantti Rudolf Hössin (**Christian Friedel**) ja tämän perheen elämästä välittömästi kuolemanleirin muurien takana sijaitsevassa paratiisissaan. Arkiseen elämään muurien mukavammalla puolella luo pahaenteisen taustan upea, Oscar-palkittu ääniraita: toiselta puolelta kuuluu säännöllisesti laukauksia ja kirkumista sekä polttouunien jatkuva, monotoninen ja painostava jyminä.

Hössin perhe elää kuitenkin tuosta toisesta todellisuudesta irrallaan vaikka sen äänet heidän puolelleen muuria kuuluvatkin. Rudolfin vaimo Hedwig (**Sandra Hüller**) ei halua missään nimessä edes jättää tätä kodikseen kokemaansa paikkaa vaikka mies saa odottamattoman komennuksen toisaalle.

Elokuvan juliste on yksi upeimmista aikoihin, valaisten ainoastaan perheen asuinalueen ja jättäen ympäristön kokonaan mustaksi. Ja juuri tästä koko elokuvassa on kysymys: pintapuolisesti kerrotaan kesäparatiisissaan asuvasta perheestä, mutta todelliset tapahtumat kuullaan ääniraidalla muurien toiselta puolelta.

Polttouunien savupiiput hohtavat pimeydessä tulta ja muurien takaa näkyy säännöllisesti saapuvien junien savuvanoja näiden tuodessa leirille lisää poltettavaa. Perheelle ilmaantuu ties mistä jaettavaksi hienoja naisten alusasuja ja komea turkki. Leppoisa uinti- ja kalastushetki läheisellä joella on harmittavasti pakko keskeyttää kun veden pinnalla kelluu yhtäkkiä irrallinen leukaluu ja outoa mustaa tuhkaa.

The Zone of Interest on monumentaalinen mestariteos, joka kertoo myös meistä tässä ajassa. Ei ole vaikeaa rinnastaa Hössin perhettä mukavuudessa ja yltäkylläisyydessä elävään Eurooppaan, jonka suljettujen muurien toisella puolella venäläiset murhaavat ukrainalaisia aivan yhtä julmasti kuin natsit aikanaan juutalaisia, näiden fasistista ideologiaa vastaan 1940-luvulla taisteltuaan mutta nyttemmin sen itse täysin omaksuttuaan.

Loppupuolella *The Zone of Interest* näyttää lainaavan tyylikkäästi Kubrickin *Hohtoa.* Rudolf Hössin eksyneen oloinen harhailu natsien päämajassa, jonka lattia on kuvioitu samaan tapaan kuin hotelli Overlookin komeat kokolattiamatot, rinnastuu tuohon klassikkoon, kuten myös **Mica Levin** etenkin loppupuolella varsin aggressiivinen musiikkitausta.

Lopputekstien alettua oli pakko olla vähän aikaa hiljaa että sai itsensä koottua.

•

Ranskalainen oikeussalidraama *Anatomy of a Fall* sai ensi-iltansa Cannesin elokuvajuhlilla 21. toukokuuta 2023 festivaalin kilpasarjassa, kaksi päivää *The Zone of Interestin* jälkeen. Se tuli sittemmin voittamaan ykköspalkinto Kultaisen palmun. Alkuvuodesta 2024 *Anatomy of a Fall* voitti myös parhaan alkuperäiskäsikirjoituksen Oscarin, joten ainakin suositukset olivat kohdallaan.

Koska edellisen vuoden Cannes-voittaja *Triangle of Sadness* oli minusta täyden kympin elokuva ja tuon vuoden tarjonnan ykkönen, nousivat odotukset korkealle myös *Anatomy of a Fallin* suhteen. Toisen Cannes-suosikki *The Zone of Interestin* tavoin kotiteatterijulkaisua piti kuitenkin odottaa varsin pitkään.

ANATOMY OF A FALL

Ranska 2023
Ohjaus: Justine Triet
Pääosissa: Sandra Hüller, Swann Arlaud, Milo Machado-Graner
Katsottu: 6.4.2024
Formaatti: Blu-ray

8

Maaliskuun lopulla 2024 huomasin vihdoin, että elokuva oli tulossa blu-ray -julkaisuna ulos Britanniassa ja tein välittömästi tilauksen, vaikka hinta olikin melko suolainen. Kyseessä on sama julkaisu jonka kansikuva on ohessa. Kun se ilmaantui vihdoin pääsiäisen jälkeisellä viikolla postilaatikkoon, pääsin katsomaan sitä.

Elokuvassa puhutaan ensimmäkseen ranskaa, jolloin tekstit ovat englanniksi, mutta myös englanninkielisiä jaksoja on paljon. Levyn kuvanlaatu on erinomainen.

Ranskan Alpeilla asuvan kirjailijapariskunnan mies on pudonnut ikkunasta, menettänyt henkensä, eikä kestä kauan kun vaimoa aletaan epäillä. Pariskunnan riidat ovat olleet myrskyisiä ja mies on heittänyt henkensä joko yhden niistä päätteeksi, tai sitten vain tappanut itsensä.

Tätä asiaa selvitellään mitä epätodennäköisimpien ääninauhoitteiden äärellä oikeussalijaksoissa, joiden impakti on hirmuinen. Elokuva etenee niiden aikana kuin höyryjyrä, saaden katsojaan lähestulkoon haukkomaan henkeä.

Oikeussalissa saatavat paljastukset parin suhteeseen liittyen eivät olleet niin dramaattisia kuin ennakkoarvioiden perusteella odotin, mutta ei se mitään, tämä on todella viimeisen päälle toimivaa ja laadukasta elokuvaa. Johtopäätökset katsoja saa vetää itse: täydellistä selvyyttä tapahtumien kulkuun ei saada.

Anatomy of a Fall ei ollut ihan niin loistava kuin odotin, mutta se otti hetkeksi tilastossani parhaan näkemäni vuoden 2023 elokuvan paikan *Oppenheimerilta,* ennen kuin kolme viikkoa myöhemmin *The Zone of Interest* tuli ja vei ykkössijan itselleen, ilmeisen lopullisesti.

COBWEB
USA 2023
Ohjaus: Samuel Bodin
Pääosissa: Lizzy Caplan, Antony Starr, Cleopatra Coleman
Katsottu: 20.10.2023
Formaatti: Blu-ray

8

Yksi tämän kirjan uusimmista kauhuelokuvista on saanut satunnaisia kehuja, vaikkakaan ei ollenkaan samassa mittakaavassa kuin *Talk to Me.* Hyvinkin samaan tapaan rohkaistuin lukemani perusteella tilaamaan jenkeistä blu-rayn, vaikka en ollut elokuvaa ennalta nähnyt.

Cobweb osoittautui erinomaiseksi perinnetietoiseksi kauhuelokuvaksi, joka ammentaa yksittäisiä juonielementtejä mm. *Halloweenista, Carriesta, The Babadookista* ja *The Strangersista* mutta rakentaa niistä ihan omanlaisensa kokonaisuuden. (Tapahtumapaikan nimeäminen Holdenfieldiksi on kyllä jo hiukan liian hönöä.)

Tarinan keskushenkilö on 8-vuotias, koulukiusattu ja sulkeutunut Peter, jonka kotioloissa näyttäisi olevan runsaasti parantamisen varaa. Vanhemmat (**Lizzy Caplan** ja **Antony Starr**) vaikuttavat varsin dominoivilta ja muutenkin kireiltä, ja öisin makuuhuoneen seinästä kuuluu toistuvasti pelottavia koputuksia, sittemmin myös aavemaisia ääniä. Koulussakin on ankeaa.

Empaattinen sijaisopettaja *(Infinity Poolista* tuttu **Cleopatra Coleman**) sentään kiinnostuu pojan ongelmista, mutta hänen yrityksensä olla avuksi torjuu osittain koulun rehtori ja vielä perusteellisemmin Peterin vanhemmat.

Lopulta erään aika rajunpuoleisen tapahtuman tuloksena Peter erotetaan koulusta kokonaan, mikä sulkee hänet kokonaan kotinsa synkkyyteen. Mikä onkaan suorastaan psykopaattisilta vaikuttavien vanhempien piilottelema salaisuus? Kuka koputtelee seiniin ja puhuu pelottavasti niiden läpi?

Cobweb toimii kauhuelokuvana kerrassaan erinomaisesti, paljastaen salaisuutensa vähitellen ja huipentuen niin synkkään loppuratkaisuun että olin jopa vähän yllättynyt. Tällaista saisi oikein mielellään tehdä lisää!

NO ONE WILL SAVE YOU
USA 2023
Ohjaus: Brian Duffield
Pääosissa: Kaitlyn Dever, Elizabeth Kaluev, Zack Duhame
Katsottu: 28.9.2023
Formaatti: Disney+ (4K)

4

Kun aloin katsoa kauhujännäriä *No One Will Save You* Disney+ -palvelusta, sen maailmanensi-illasta oli kulunut vasta kuusi päivää. Sattumalta minulla oli tilaus voimassa ja koska elokuva oli ehtinyt saada jo useita positiivisia arvioita, etenkin hyvän naispääosan osalta, se tuntui mainiolta valinnalta illan viihteeksi.

Brynn (**Kaitlyn Dever**, *Booksmart)* asuu yksin suuressa omakotitalossa pienen Mill Riverin kaupungin ulkopuolella. Hänen elämänsä vaikuttaa ylelliseltä mutta yksinäiseltä. Hän nautiskelee gourmet-illallisen yksin talonsa pihalla polttaen kynttilää ja herkutellen punaviinillä, mutta kun hän menee kaupungille, hänen päälleen kirjaimellisesti syljetään. Miksi?

Sitä saadaankin ihmetellä ihan elokuvan loppumetreille saakka. Asioiden selviämistä odotellessa alienit hyökkäävät maapallolle ja Brynnillä on kova työ taistella näitä vastaan. Ylipäänsäkin suurin osa elokuvasta sisältää vain Brynnin hektistä ja epätoivoista itsepuolustusta avaruusolioita vastaan. Monin paikoin tuntuu siltä, kuin *No One Will Save You* olisi toiminut testipenkkinä siihen, miten CGI-alieneita vastaan voi hyökätä fyysisillä esineillä siten, että se näyttää uskottavalta.

Yksi irrallinen havainto elokuvan alkupuolelta: kun Brynn yrittää soittaa paikalle apua, hän käyttää siihen vanhanaikaista puhelinta, jossa numero valitaan kierrettävällä kiekolla. Eikö sellaisen käyttö edellytä, että ollaan yhteydessä analogiseen keskukseen? Oikeastiko sellaisia on jenkeissä edelleen? Suomessa ei kai ole ollut enää about 20 vuoteen.

Brynnin taustan valaisu ihan lopussa jää puolivillaiseksi, eikä loppuratkaisussa ole juurikaan järkeä. Mielestäni aika vaatimaton esitys, vaikka kehujakin olen lukenut. Niiden perusteella elokuvaa voi silti suositella, saatoinhan itse katsoa sitä jotenkin väärin.

THANKSGIVING
USA 2023
Ohjaus: Eli Roth
Pääosissa: Patrick Dempsey, Ty Olsson, Gina Gershon
Katsottu: 27.2.2024
Formaatti: 4K Ultra HD

7

Eli Rothin elokuvista olen harvemmin jaksanut innostua, mutta ehkä nyt tulee poikkeus kun on tuo harvinainen 18-ikärajakin, ajattelin kun ostin *Thanksgiving* 4K UHD -levyn isolla riskillä kalliiseen hintaan sitä ennalta näkemättä.

Ennuste ei ollut hyvä. Minusta jo Rothin läpimurtoelokuva *Cabin Fever* (2002) oli aika meh, ja sitä on ollut moni myöhempikin miehen ohjaustyö kuten *Green Inferno* (2013) ja *Knock Knock* (2015). Ainoa Roth-elokuva josta olen tätä ennen pitänyt on *Hostel* (2005), jolle olen merkinnyt joskus arvosanaksi 7 pistettä ja sen blu-ray löytyy edelleen hyllystä.

Thanksgiving sai tavallaan alkunsa jo vuonna 2007, kun Roth ohjasi sen nimisen feikkitrailerin Quentin Tarantinon ja **Robert Rodriguezin** *Grindhouse* -tuplan oheen. Nyt tulee sitten perästä kokonainen elokuva, jolla on siis tosiaan Suomessa lyöty pelkoa herättävä K18-leima.

Katsojaa hauskuutetaan heti elokuvan aluksi todellisella Black Friday -ostoryntäyksellä, kun alennusmyyntiin tungeksivat amerikkalaiset kirjaimellisesti rusikoivat toisiaan hengiltä saadakseen ilmaisen vohveliraudan ja kaikki haluamansa alennustuotteet. Ostorieha on ollut pakko aikaistaa jo Thanksgiving -torstain iltaan, kun asiakkaat eivät malta enää odottaa Black Fridayn puolelle.

Kuolleiden joukossa on kuitenkin joku, jonka puolesta tuntematon naamiokaveri haluaa kostaa seuraavan vuoden Thanksgivingin aikaan järjestämällä paikkakunnalla oikean verilöylyn. Ja osa seuraavaksi nähtävistä verisistä kuolemista on kyllä aika rouheaa tavaraa.

Ymmärtäisin 18-ikärajan täysin, jos teurastus olisi tehty vakavalla mielellä, mutta nyt kun se on osa yhteiskunnallista satiiria ja sijoittuu ilmiselvästi kieli poskessa tehtyyn elokuvaan, se tuntuu vähän liioittelulta, vaikka efektit ovatkin paikoin aikamoisia.

Thanksgiving toi minulle mieleen *Scream* -elokuvat, joita olen hiljattain katsonut kolmekin kappaletta. (Ensimmäisen esittely mahtui tähän kirjaan, osat 5 ja 6 tullaan käsittelemään CineActive 2:ssa.) Eli hyvin samanlaisia ärsyttäviä nuoria aikuisia joiden läppä on kuitenkin paikoin ihan nokkelaakin, verisiä murhia sekä arvailuja siitä kuka on syyllinen.

Screamien 4K-levyjen tapaan myös tässä laajakangaskuvan laatu on aivan tyrmäävän upea. Kyllä tätä mielellään katsoi ja myös omaan hyllyyn jättää.

•

The end is important in all things.

Tässä oli kaikki tällä kertaa! Ensimmäisen CineActiven elokuvakimara alkoi vuodesta 1957 ja päättyi vuoden 2023 loppupuolelle.

Tämän kirjan arvioihin liittyen viimeinen katselu oli kesäkuun alussa. Nyt tätä kirjoittaessani on alkamassaa kesälomakausi, jonka aikana elokuvia tulee täysin luontevasti katsottua paljon vähemmän kuin muulloin. On siis hyvää aikaa viimeistellä tämä kirja ja julkaista se loppukesästä.

Syksyn tullen katselut jatkuvat yli talven ja seuraavan vuoden alkukesään, jolloin arvioita pitäisi viimeistään olla riittävästi CineActive 2:n julkaisua varten. Kesällä julkaistaan, ja niin edelleen.

Stay tuned!

HAKEMISTO

Käsitellyt elokuvat:

Elokuva	**Arvio**	**Sivu**
65	5	264
Aliens	8	103
All Quiet on the Western Front	5	250
Anatomy of a Fall	8	269
Atroz	2	217
Bones and All	6	245
Brawl in Cell Block 99	9	226
Bug	5	163
Bullet Train	5	242
Bunny Game, The	5	192
Burial Ground	8	71
Burn After Reading	8	177
Burning, The	9	66
Candyman	8	116
Carrie	10	48
City of the Living Dead	6	63
Clockwork Orange, A	9	36
Cobweb	8	271
Cocaine Bear	2	262
Copshop	7	237
Crawl	5	229
Creep	5	211
Creep 2	5	228
Creepshow	10	77
Cujo	8	88
Dark Hours, The	5	159
Dead Zone, The	10	90
Death Wish	8	41
Death Wish 2	7	73
Demonoid	5	65
Departed, The	10	164
Deuce Bigalow: Male Gigolo	6	140
Deuce Bigalow: European Gigolo	7	160
Devils, The	9	32

Elokuva	Arvio	Sivu
Dogville	9	151
Don't Worry Darling	9	246
Dracula, Bram Stoker's	3	118
Drive	9	189
Duel	9	35
Eastern Promises	7	170
Ebola Syndrome	5	129
Ed Wood	10	125
Eden Lake	6	176
Event Horizon	7	133
Evil Dead	6	207
Exorcist, The	8	40
Face/Off	9	131
Feed	6	255
Final Girls, The	9	216
Firestarter	4	239
Forbidden World	5	75
Forest, The	5	218
Friday the 13th	8	57
Frontier(s)	8	167
Ghost Dog: The Way of the Samurai	9	138
Ghost Writer, The	8	187
Good, the Bad and the Ugly, The	9	23
Goodbye Uncle Tom	6	33
Goodnight Mommy	6	252
Halloween Ends	5	254
Hannibal	10	145
Here Comes the Devil	6	202
High Tension	8	153
Highlander	8	101
Hills Have Eyes, The	6	51
His House	6	233
Holy Spider	8	241
Human Centipede 2: Full Sequence, The	9	194
Humanoids from the Deep	6	59
Indiana Jones and the Dial of Destiny	6	266

Elokuva	Arvio	Sivu
Initiation, The	7	95
Invasion, The	6	169
It Follows	8	213
It's Such a Beautiful Day	10	197
Jaula	6	247
Jeepers Creepers: Reborn	1	251
JFK	9	115
John Wick: Chapter 4	4	265
Johnny Got His Gun	5	31
Kid Stays in the Picture, The	8	149
Knock at the Cabin	8	260
Lake Mungo	7	174
Lamp, The	8	104
Law Abiding Citizen	6	181
Leatherface	7	225
Limitless	7	188
Love Object	5	150
M3gan	6	259
Mama	5	206
Marathon Man	7	47
Martyrs	9	171
Mean Creek	7	155
Meaning of Life, The	9	82
Misery	8	111
Mist, The	9	165
Mudbound	8	220
Mutilator, The	7	92
Narc	10	148
Natural Born Killers	9	122
Night of the Living Dead	9	24
No One Will Save You	4	272
Nostalgia	2	84
Notorious Bettie Page, The	6	162
Nude for Satan	7	44
Old	7	236
Olga's Dance Hall Girls	2	26

Elokuva	Arvio	Sivu
Olga's Girls	4	21
Olga's House of Shame	4	22
Paha maa	9	157
Paranormal Activity 3	6	191
Paranormal Activity 4	5	203
Paths of Glory	9	17
Perfect Strangers	6	154
Pets	6	38
Piranha	8	52
Point Break	10	114
Predator	8	106
Primal Fear	9	128
Prom Night	6	60
Prowler, The	6	69
Puhdistus	8	201
Punisher: War Zone	6	179
Pusher 2	8	156
Pusher 3	7	161
Rakkauden rasvaprosentti	9	204
Religulous	7	175
Return of the Blind Dead	7	37
Return of the Living Dead, The	8	96
Rio Bravo	9	18
Rogue Trader	6	139
S. S. Camp 5: Women's Hell	6	50
Shawshank Redemption, The	10	123
Scream (1996)	7	130
Serbian Film, A	9	185
Shot Caller	9	222
Silence of the Lambs, The	10	112
Silver Bullet	7	98
Sisu	8	248
Skinamarink	5	243
Smile	7	253
Somewhere in Time	6	64
Star Trek: Insurrection	8	137

Elokuva	Arvio	Sivu
Still Smokin	6	83
Strays, The	5	263
Talk to Me	3	257
Tenet	7	234
Testament	8	91
Texas Chain Saw Massacre, The	10	42
Thanksgiving	7	273
Thing, The	10	78
Tie pohjoiseen	7	199
Titanic	10	134
To Live and Die in L.A.	9	99
Toivon tuolla puolen	7	221
Trading Places	10	86
Train to Busan	8	219
Training Day	9	146
Triangle of Sadness	10	240
True Lies	9	119
Usual Suspects, The	8	127
Verónica	7	224
Videodrome	10	80
Vigilante	7	76
Violent Night	8	258
Whiplash	9	209
White Slaves of Chinatown	5	19
Wild Tales	8	212
Witch, The	9	214
Wolf of Wall Street, The	8	208
Wrestler, The	7	178
You're Next	6	190
Zone of Interest, The	10	267

Bibliografia, Jukka Halttunen

Julkaistu:

Omituisia rakkaustarinoita (2020)
Omituisia rakkaustarinoita 2 (2021)
Uusi maailma (2023)
CineActive 1 (2024)

Tulossa:

CineActive 2
Omituisia rakkaustarinoita 3